Oldenbourg
Textausgaben

Oldenbourg
Textausgaben

Herausgegeben von
Klaus-Michael Bogdal
Clemens Kammler

Arthur Schnitzler

Leutnant Gustl
Traumnovelle

Texte, Kommentar und Materialien

Bearbeitet von Wolfgang Pütz

Oldenbourg

Bibliografische Information der Deutschen Nationalbibliothek:
Die Deutsche Nationalbibliothek verzeichnet diese Publikation in der Deutschen Nationalbibliografie; detaillierte bibliografische Daten sind im Internet über http://dnb.ddb.de abrufbar.

Das Papier ist aus chlorfrei gebleichtem Zellstoff hergestellt, ist säurefrei und recyclingfähig.

1. Auflage 2011
Druck 15 14 13 12 11
Die letzte Zahl bezeichnet das Jahr des Drucks.

Umschlagkonzept: Mendell & Oberer, München
Umschlaggestaltung: Erasmi + Stein, München
Umschlagbild: plainpicture/Westend61
Layoutentwurf: Almut Jegodtka
Lektorat: Katja Hohenstein, Claudia Schumacher,
Petra Bernhard (Assistenz)
Herstellung: Cornelia Colditz, Daniela Birnböck
Satz: fidus Publikations-Service GmbH, Nördlingen
Druck: Himmer AG, Augsburg

ISBN 978-3-637-01299-8

Inhalt

Hinweis zur Benutzung:
Kurze Worterklärungen befinden sich in der Randspalte direkt neben dem Haupttext, längere Wort- und Sacherklärungen auf S. 176 ff. Die Fundstellen werden stets nach Seite und Zeile angegeben (z. B. 80.2185)

Zeittafel zu Leben und Werk von Arthur Schnitzler

Arthur Schnitzler, Fotografie um 1878

1862 15. Mai: Arthur Schnitzler wird als erstes Kind des jüdischen Facharztes und Klinikdirektors Prof. Dr. Johann Schnitzler (1835–1893) und seiner Frau Louise Schnitzler, geb. Markbreiter (1838–1911), in der Wiener Jägerzeile (heute Praterstraße) geboren.

1865 Geburt des Bruders Julius († 1939), später Professor der Chirurgie

1867 Geburt der Schwester Gisela († 1953), ab 1889 verheiratet mit Marcus Hajek (1861–1941), Studienkollege Arthur Schnitzlers und Laryngologe (Facharzt für Kehlkopferkrankungen)

1871 bis 1879 Achtjährige Schulausbildung am Akademischen Gymnasium in Wien

1879 Beginn des Studiums der Medizin an der Universität Wien

19. März: erster Eintrag in das Tagebuch, das Schnitzler bis zu seinem Tod führt.

1880 Erste literarische Versuche und Veröffentlichungen

1882 Militärdienst als Einjährig-Freiwilliger am Garnisonsspital in Wien

1885 Erlangung des Promotionstitels Dr. med. und

Aufnahme einer Tätigkeit als Assistenzarzt am Allgemeinen Krankenhaus der Stadt Wien (**bis 1888**) sowie als Mitarbeiter seines Vaters in der auf Kehlkopferkrankungen spezialisierten Abteilung der Allgemeinen Poliklinik Wien (**bis 1893**)

1886 Begegnung mit Olga Waissnix (1862–1897), mit der Schnitzler in einer platonischen Beziehung einen langjährigen Briefwechsel führt.
Beginn regelmäßiger Publikationen von Gedichten, Prosa, Skizzen und Aphorismen in Zeitschriften

1889 Veröffentlichung von Erzählungen und Gedichten unter dem Pseudonym Anatol in der Familienzeitschrift AN DER SCHÖNEN BLAUEN DONAU

1890 Begegnung mit Hugo von Hofmannsthal (1874–1929), Richard Beer-Hofmann (1866–1945) und Hermann Bahr (1863–1934), mit denen zusammen Schnitzler unter dem Namen „Jung-Wien“ die literarische Avantgarde der Kunstbewegung der „Wiener Moderne“ und des *Fin de siècle* bildet. Die Mitglieder des Jungen Wien propagieren die Abkehr von dem an der Abbildung der Wirklichkeit orientierten Naturalismus hin zum Ästhetizismus. Dessen zentrales Anliegen ist die individuelle Gestaltung der persönlichen Wirklichkeit.

1892 Erster Kontakt mit dem Schriftsteller, Sprach-, Kultur- und Gesellschaftskritiker Karl Kraus (1874–1936), dem Begründer der satirischen Zeitschrift DIE FACKEL

1893 Tod des Vaters. Beendigung der Tätigkeit als Klinikarzt und Eröffnung einer Privatpraxis.
Im Einakterzyklus ANATOL, einer Folge von sieben

Gesprächsszenen zum Liebesleben des Protagonisten, thematisiert der Autor das für seine weitere Literatur beherrschende Grundmotiv von (sexueller) Lebensgier und existenziellem Scheitern, von Frauenheldentum und Bindungsunfähigkeit.

Uraufführung des Stücks DAS MÄRCHEN am Deutschen Volkstheater in Wien, in dem Schnitzler die schwierige, seit 1889 bestehende Liebesbeziehung mit der Schauspielerin Marie Chlum (1867–1925) verarbeitet.

1894 Beginn des Briefwechsels mit dem dänischen Literarhistoriker und Kritiker Georg Brandes (1842–1927), einem Vertreter realistischer und naturalistischer Gestaltung der Wirklichkeit in der Kunst.

1895 Beginn der Freundschaft mit dem deutsch-jüdischen Kritiker, Theaterleiter und Regisseur Otto Brahm (1856–1912), dem Wegbereiter des sozialkritischen naturalistischen Dramas (Ibsen, Hauptmann) und des naturalistischen Aufführungsstils

Veröffentlichung der Erzählung STERBEN, der Bewusstseinsanalyse eines sterbenden jungen Mannes

Die Uraufführung des Schauspiels LIEBELEI am Burgtheater Wien markiert den literarischen Durchbruch des Autors. Das Stück handelt von der enttäuschten Liebe eines kleinbürgerlichen Vorstadtmädchens zu einem jungen Offizier. Die Zerstörung ihres romantisch-empfindsamen Liebesideals veranlasst die Heldin zum Selbstmord.

1896 Beginn der Bekanntschaft mit dem deutschen Schriftsteller, Theaterkritiker und Journalisten Alfred Kerr (1867–1948)
Begegnung mit dem schwedischen Schriftsteller Henrik Ibsen (1828–1906) in Christiania (heute Oslo) während einer Nordlandreise
Uraufführung des Schauspiels FREIWILD am Deutschen Theater Berlin, einer Kritik an den Duellzwängen der Zeit
Erkrankung an einer Verknöcherung des Innenohrs (Otosklerose), die quälende Ohrgeräusche verursacht und zu Schwerhörigkeit führt

1897 Veröffentlichung von REIGEN. Verbot der Aufführung durch die Zensurbehörden

1898 Uraufführung des dreiaktigen Schauspiels DAS VERMÄCHTNIS am Deutschen Theater Berlin und Erstaufführung des Stücks am Wiener Burgtheater
Erste Kontakte mit dem deutsch-jüdischen Schriftsteller Jakob Wassermann (1873–1934)

1899 Berliner Erstaufführung der Einakter PARACELSUS und DER GRÜNE KAKADU am Deutschen Theater. In der dramatischen Groteske DER GRÜNE KAKADU führen Schauspieler unmittelbar vor der Französischen Revolution vor einem adligen Publikum Szenen auf, die mit dem Sturm auf die Bastille kurz darauf Wirklichkeit werden.
Tod der 28-jährigen Schauspiel- und Gesangsschülerin Marie Reinhard, Schnitzlers Geliebte seit 1895
Begegnung mit der Schauspielerin Olga Gussmann (1882–1970)

1900 Uraufführung Der Schleier der Beatrice am Lobe-Theater in Breslau
Das Schauspiel Reigen erscheint als Privatdruck. Es zeigt in zehn Dialogen sexuelle Begegnungen von Personen unterschiedlicher sozialer Herkunft, die in wechselnden Konstellationen und in einer endlos fortsetzbaren Reihe miteinander Geschlechtsverkehr haben. Die serielle Praxis von Verführung und Machtnahme dokumentiert die Liebesunfähigkeit der Partner und die Doppelmoral der Gesellschaft.
Lektüre der Traumdeutung von Sigmund Freud (1856–1939)

14. bis 19.7.1900 Niederschrift der Novelle Leutnant Gustl im Kurhaus von Reichenau an der Rax ca. 100 km südlich von Wien

25.12.1900 Abdruck der Novelle Lieutnant Gustl in der Weihnachtsbeilage der Zeitschrift Neue Freie Presse

1901 14. Juni: Aberkennung des Offiziersranges als Oberarzt der Reserve durch das k.k. Landwehroberkommando wegen des Vorwurfs von Angriffen auf den Ehrenkodex des österreichischen Militärs in Leutnant Gustl
Buchausgabe der Novelle Lieutnant Gustl mit Illustrationen von M. Coschell im Verlag S. Fischer. Die Ausgabe erzielt bis 1919 21 Auflagen.

1902 Besuch bei dem naturalistischen Schriftsteller und Dramatiker Gerhart Hauptmann (1862–1946) in dessen Wohnhaus „Haus Wiesenstein“ in Agnetendorf im schlesischen Teil des Riesengebirges (seit 1945 polnisch)

1903 Heirat mit der 21-jährigen Olga Gussmann, mit der er bereits den gemeinsamen Sohn Heinrich (1902–1982) hat.
Erste Buchausgabe des REIGEN in 40.000 Exemplaren beim Wiener Verlag

1904 Verbot der Buchausgabe des REIGEN in Deutschland
Berliner Uraufführung des Schauspiels DER EINSAME WEG, das von Lebensfehlern und Altersängsten zweier Künstler handelt

1905 Premiere von DER GRÜNE KAKADU am Wiener Volkstheater

1908 Verleihung des Grillparzerpreises für die Komödie ZWISCHENSPIEL
Veröffentlichung des ersten, deutlich autobiografischen Romans DER WEG INS FREIE, in dem Probleme des Judentums zwischen Assimilation und Zionismus thematisiert werden. Schlüsselroman der Wiener Gesellschaft mit zahlreichen Porträts von Freunden und Bekannten des Dichters

1909 „Schnitzler-Jahr" des Deutschen Volkstheaters mit zahlreichen Aufführungen
Geburt der Tochter Lili
Uraufführung der Komödie KOMTESSE MIZZI ODER DER FAMILIENTAG im Volkstheater Wien

1910 Erwerb einer Villa in der Sternwartestraße 71 in Wien, in der Schnitzler bis zu seinem Tod wohnt.
Uraufführung der dramatischen Historie DER JUNGE MEDARDUS am Wiener Burgtheater. Die Inszenierung des Monumentaldramas nimmt mit 79 Rollen und 16 Umbauten das gesamte Theaterensemble und sämtliche technischen

Möglichkeiten der Bühne in Anspruch. Das Stück karikiert den feigen Opportunismus der Wiener Bevölkerung zur Zeit des Freiheitskampfes gegen die Tyrannei Napoleons.

1911 Beginn der Korrespondenz mit dem deutschen Schriftsteller Heinrich Mann (1871–1950), dessen Romane PROFESSOR UNRAT und DER UNTERTAN gegen den „Ungeist der Bourgeoisie" gerichtet sind

Tod der Mutter

zeitgleiche Uraufführung der Tragikomödie DAS WEITE LAND an Theatern in Berlin, Breslau, München, Prag, Leipzig u.a. am 14.10. Thema der versäumten Möglichkeiten im Leben

1912 15. Mai: 26 Schnitzler-Aufführungen an deutschsprachigen Bühnen zur Feier von Schnitzlers 50. Geburtstag

Uraufführung des Bühnenstücks REIGEN in ungarischer Sprache in Budapest; polizeiliches Verbot

Uraufführung der Komödie PROFESSOR BERNHARDI am Kleinen Theater Berlin

Veröffentlichungen der GESAMMELTEN WERKE in 7 Bänden anlässlich des 50. Geburtstags des Autors

1913 FRAU BEATE UND IHR SOHN, tiefenpsychologische Erzählung von einem Mutter-Sohn-Inzest

1914 Beginn des Ersten Weltkriegs, Kriegserklärung Englands an Deutschland am 5. August

1915 Beginn der Niederschrift der Autobiographie

1917 Uraufführung und Buchausgabe der Komödie FINK UND FLIEDERBUSCH

1918 Veröffentlichung der Novelle CASANOVAS HEIMFAHRT, einer Auseinandersetzung mit den zerstö-

rerischen Folgen eines ausschließlich von Verführung und Abenteuer bestimmten Lebens.
Ende des Ersten Weltkriegs und Auflösung der Habsburger k.u.k. Donaumonarchie

1920 Uraufführung des REIGEN am Kleinen Schauspielhaus Berlin

1921 Wiener Erstaufführung des REIGEN an den Kammerspielen des Deutschen Volkstheaters am 1. Februar. Eine Saalschlacht am 17. Februar führt zum Verbot weiterer Aufführungen „aus Gründen der öffentlichen Ruhe und Ordnung". Nach weiteren Krawallen bei der Aufführung des REIGEN in Berlin verfügt Schnitzler, dass das Stück nicht mehr auf die Bühne gebracht werden darf.
Nach der Scheidung von seiner Frau Olga Gussmann erzieht Arthur Schnitzler seine Kinder Heinrich und Lili allein.

1922 Erste längere Begegnung mit Sigmund Freud (1856–1939) am 16. Juni.
Erweiterung der Gesamtausgabe von Schnitzlers Werken im Verlag S. Fischer anlässlich des 60. Geburtstags des Autors

1923 Ernennung zum Ehrenpräsidenten des neu gegründeten österreichischen P.E.N.-Clubs, einer insbesondere auch politisch motivierten Schriftstellervereinigung, die Teil des Internationalen P.E.N. ist.

1924 Erzählung FRÄULEIN ELSE: Tragödie eines Mädchens, das zur Abwendung des vom Vater verschuldeten finanziellen Ruins der Familie von den Eltern aufgefordert wird, einen vermögenden Kunsthändler um ein Darlehen zu bitte. Dieser

bindet seine Zusage für Geldleistungen an die Aufforderung, dass sich das Mädchen privat vor ihm unbekleidet zeigt. In der ausweglosen Situation zwischen notwendiger Selbstpreisgabe und ersehnter Selbstbestimmung entscheidet sich die Protagonistin, den ‚Akt' der Selbstenblößung in der Öffentlichkeit zu vollziehen, bevor sie Selbstmord begeht.
Uraufführung der KOMÖDIE DER VERFÜHRUNG am Burgtheater Wien

1925 Premieren DAS WEITE LAND und DER EINSAME WEG am Deutschen Volkstheater Wien
Beginn des Vorabdrucks der TRAUMNOVELLE in der Zeitschrift DIE DAME

1926 Buchausgabe der TRAUMNOVELLE bei S. Fischer

1927 Buchausgabe der Erzählung SPIEL IM MORGENGRAUEN

1928 Schnitzlers Tochter Lili stirbt am 26. Juli nach ihrer frühen Heirat mit einem mittellosen italienischen Milizionär in Venedig an den Folgen eines Selbstmordversuches. Der Tod der Neunzehnjährigen erschüttert den Vater zutiefst, der in den späten Selbstzeugnissen immer deutlicher seine bedrückende Einsamkeit beklagt.
Erstausgabe des Romans THERESE. CHRONIK EINES FRAUENLEBENS. Psycho-

Arthur Schnitzler 1927

gramm eines Kinderfräuleins in 106 Kurzkapiteln, die durch ihren fragmentarischen Charakter den Mangel an existenzieller Kontinuität und an persönlicher Identität dokumentieren.

1929 Uraufführung des Schauspiels IM SPIEL DER SOMMERLÜFTE
„Aber es gibt eben Tage – Stunden, da spürt man deutlicher als sonst, wie es in Wirklichkeit in einem ausschaut, die wahrhaftigen Stunden, in denen man ganz versteht, was man erlebt und zugleich ahnt, was man versäumt hat."
(Josefa Friedlein, Im Spiel der Sommerlüfte)

1931 Uraufführung des bereits 1923 fertig gestellten Dramas DER GANG ZUM WEIHER am Wiener Burgtheater
Veröffentlichung der bereits im Jahre 1917 ausgearbeiteten Novelle WAHN, die unter dem neuen Titel FLUCHT IN DIE FINSTERNIS den Ausbruch einer Paranoia beschreibt.

19. Oktober 1931 Letzter Tagebucheintrag Schnitzlers
21. Oktober Tod Arthur Schnitzlers in Wien an den Folgen einer Gehirnblutung. Begräbnis auf dem Wiener Zentralfriedhof

1938 Der größte Teil von Schnitzlers Nachlass wird nach dem „Anschluss" Österreichs an das nationalsozialistische Dritte Reich von einem englischen Studenten mit Unterstützung der britischen Botschaft aus dem Wiener Wohnhaus des jüdischen Schriftstellers in die Universitätsbibliothek Cambridge gebracht.
Das heutige Arthur-Schnitzler-Archiv, einer der wichtigsten Orte zur Verwahrung des Nachlassmaterials, ist seit Mitte der 60er Jahre an

der Albert-Ludwigs-Universität in Freiburg im Breisgau eingerichtet. Schnitzlers Tagebücher befinden sich mit einer großen Zahl von Briefen am Deutschen Literaturarchiv Marbach

1968 Veröffentlichung der Autobiographie JUGEND IN WIEN

1981 Posthume Veröffentlichung von Schnitzlers Tagebüchern

Leutnant[1] Gustl[2]

1, 2 Seite 163

Wie lange wird denn das noch dauern? Ich muß auf die Uhr schauen … schickt sich wahrscheinlich nicht in einem so ernsten Konzert. Aber wer sieht's denn? Wenn's einer sieht, so paßt er gerade so wenig auf, wie ich, und vor dem brauch' ich mich nicht zu genieren … Erst viertel auf zehn? … Mir kommt vor, ich sitz' schon drei Stunden in dem Konzert. Ich bin's halt nicht gewohnt … Was ist es denn eigentlich? Ich muß das Programm anschauen … Ja, richtig: Oratorium? Ich hab' gemeint: Messe. Solche Sachen gehören doch nur in die Kirche. Die Kirche hat auch das Gute, daß man jeden Augenblick fortgehen kann. – Wenn ich wenigstens einen Ecksitz hätt'! – Also Geduld, Geduld! Auch Oratorien nehmen ein End'! Vielleicht ist es sehr schön, und ich bin nur nicht in der Laune. Woher sollt' mir auch die Laune kommen? Wenn ich denke, daß ich hergekommen bin, um mich zu zerstreuen … Hätt' ich die Karte lieber dem Benedek geschenkt, dem machen solche Sachen Spaß; er spielt ja selber Violine. Aber da wär' der Kopetzky beleidigt gewesen. Es war ja sehr lieb von ihm, wenigstens gut gemeint. Ein braver Kerl, der Kopetzky! Der einzige, auf den man sich verlassen kann … Seine Schwester singt ja mit unter denen da oben. Mindestens hundert Jungfrauen, alle schwarz gekleidet; wie soll ich sie da herausfinden? Weil sie mitsingt, hat er auch das Billett gehabt, der Kopetzky … Warum ist er denn nicht selber gegangen? – Sie singen übrigens sehr schön. Es ist sehr erhebend – sicher! Bravo! bravo! … Ja, applaudieren wir mit. Der neben mir klatscht wie verrückt. Ob's ihm wirklich so gut gefällt? – Das Mädel drüben in der Loge ist sehr hübsch. Sieht sie mich an oder den Herrn

Konzert: Seite 163 f.

viertel auf zehn: (ugs.) 21:45 Uhr

Oratorium: Seite 164

Billett: (frz.) Eintrittskarte

dort mit dem blonden Vollbart? … Ah, ein Solo! Wer ist das? Alt: Fräulein Walker, Sopran: Fräulein Michalek … das ist wahrscheinlich Sopran … Lang' war ich schon nicht in der Oper. In der Oper unterhalt' ich mich immer, auch wenn's langweilig ist. Übermorgen könnt' ich eig … Auch wieder hineingeh'n, zur „Traviata". Ja, übermorgen … ist sicher nicht schon eine tote Leiche! Ah, Unsinn, das glaub' ich selber nicht! Warten S' nur, Herr Doktor, Ihnen wird's vergeh'n, solche Bemerkungen zu machen! Das Nasenspitzel hau' ich Ihnen herunter …

Wenn ich die in der Loge nur genau sehen könnt'! Ich möcht' mir den Operngucker von dem Herrn neben mir ausleih'n, aber der frißt mich ja auf, wenn ich ihn in seiner Andacht stör' … In welcher Gegend die Schwester vom Kopetzky steht? Ob ich sie erkennen möchte'? Ich hab' sie ja nur zwei- oder dreimal gesehen, das letzemal im Offizierskasino … Ob das lauter anständige Mädeln sind, alle hundert? O jeh! … „Unter Mitwirkung des Singvereins!" – Singverein … komisch! Ich hab' mir darunter eigentlich immer so was Ähnliches vorgestellt, wie die Wiener Tanzsängerinnen, das heißt, ich hab' schon gewußt, daß es was anderes ist! … Schöne Erinnerungen! Damals beim „Grünen Tor" … Wie hat sie nur geheißen? Und dann hat sie mir einmal eine Ansichtskarte aus Belgrad geschickt … auch eine schöne Gegend! – Der Kopetzky hat's gut, der sitzt jetzt längst im Wirtshaus und raucht seine Virginia! …

Was guckt mich denn der Kerl dort immer an? Mir scheint, der merkt, daß ich mich langweil' und nicht herg'hör' … Ich möcht' Ihnen raten, ein etwas weniger freches Gesicht zu machen, sonst stell' ich Sie mir nachher im Foyer! – Schaut schon weg! … Daß sie alle

tiefe Stimmlage bei Knaben oder Frauen

Seite 164

höchste Stimmlage von Knaben und Frauen

Seite 164 f.

Seite 165

Seite 165

Seite 165

Seite 165

Seite 165

hier: der Wiener evangelische Singverein, 1818 gegründeter Chor

beliebtes Gast- und Tanzhaus in Wien

Seite 166

in Virginia hergestellte Zigarre

Offizierssprache: stelle ich Sie zur Rede

Eingangshalle in Oper und Theater

vor meinem Blick so eine Angst hab'n … „Du hast die schönsten Augen, die mir je vorgekommen sind!" hat neulich die Steffi gesagt … O Steffi, Steffi, Steffi! – Die Steffi ist eigentlich schuld, daß ich dasitz' und mir stundenlang vorlamentieren lassen muß. – Ah, diese ewige Abschreiberei von der Steffi geht mir wirklich schon auf die Nerven! Wie schön hätt' der heutige Abend sein können. Ich hätt' große Lust, das Brieferl von der Steffi zu lesen. Da hab' ich's ja. Aber wenn ich die Brieftasche herausnehm', frißt mich der Kerl daneben auf! – Ich weiß ja, was drinsteht … sie kann nicht kommen, weil sie mit „ihm" nachtmahlen gehen muß … Ah, das war komisch vor acht Tagen, wie sie mit ihm in der Gartenbaugesellschaft gewesen ist, und ich vis-a-vis mit'm Kopetzky; und sie hat mir immer die Zeichen gemacht mit den Augerln, die verabredeten. Er hat nichts gemerkt – unglaublich! Muß übrigens ein Jud' sein! Freilich, in einer Bank ist er, und der schwarze Schnurrbart … Reserveleutnant soll er auch sein! Na, in mein Regiment sollt' er nicht zur Waffenübung kommen! Überhaupt, daß sie noch immer so viel Juden zu Offizieren machen – da pfeif' ich auf'n ganzen Antisemitismus! Neulich in der Gesellschaft, wo die G'schicht' mit dem Doktor passiert ist bei den Mannheimers … die Mannheimer selber sollen ja auch Juden sein, getauft natürlich … denen merkt man's aber nicht an – besonders die Frau … so blond, bildhübsch die Figur … War sehr amüsant im ganzen. Famoses Essen, großartige Zigarren … Na ja, wer hat's Geld? …

Bravo, bravo! Jetzt wird's doch bald aus sein? – Ja, jetzt steht die ganze G'sellschaft da droben auf … sieht sehr gut aus – imposant! – Orgel auch? … Orgel hab' ich sehr gern … So, das laß' ich mir g'fall'n – sehr schön! Es ist

(abwertend) jammern, klagen

(ugs.) schriftl. Absage

(österr.) zu Abend essen

populärer Veranstaltungsort für Bälle und Tanzveranstaltungen in der Wiener Innenstadt

(frz.) gegenüber von

Seite 166

größere Truppeneinheit unter dem Oberbefehl eines Obersts

Seite 166

Seite 166 f.

Seite 167

(ugs.) großartig, ausgezeichnet

wirklich wahr, man sollt' öfter in Konzerte gehen ... Wunderschön ist's g'wesen, werd' ich dem Kopetzky sagen ... Werd' ich ihn heut' im Kaffeehaus treffen? – Ah, ich hab' gar keine Lust, ins Kaffeehaus zu geh'n; hab' mich gestern so gegiftet! Hundertsechzig Gulden auf einem Sitz verspielt – zu dumm! Und wer hat alles gewonnen? Der Ballert, grad' der, der's nicht notwendig hat ... Der Ballert ist eigentlich schuld, daß ich in das blöde Konzert hab' geh'n müssen ... Na ja, sonst hätt' ich heut wieder spielen können, vielleicht doch was zurückgewonnen. Aber es ist ganz gut, daß ich mir selber das Ehrenwort gegeben hab', einen Monat lang keine Karte anzurühren ... Die Mama wird wieder ein G'sicht machen, wenn sie meinen Brief bekommt! – Ah, sie soll zum Onkel geh'n der hat Geld wie Mist; auf die paar hundert Gulden kommt's ihm nicht an. Wenn ich's nur durchsetzen könnt', daß er mir eine regelmäßige Sustentation gibt ... aber nein, um jeden Kreuzer muß man extra betteln. Dann heißt's wieder: Im vorigen Jahr war die Ernte schlecht! ... Ob ich heuer im Sommer wieder zum Onkel fahren soll auf vierzehn Tag'? Eigentlich langweilt man sich dort zum Sterben ... Wenn ich die ... wie hat sie nur geheißen? ... Es ist merkwürdig, ich kann mir keinen Namen merken! ... Ah, ja: Etelka! ... Kein Wort deutsch hat sie verstanden, aber das war auch nicht notwendig ... hab' gar nichts zu reden brauchen! ... Ja, es wird ganz gut sein, vierzehn Tage Landluft und vierzehn Nächt' Etelka oder sonstwer ... Aber acht Tag' sollt' ich doch auch wieder beim Papa und bei der Mama sein ... Schlecht hat sie ausg'seh'n heuer zu Weihnachten ... Na, jetzt wird die Kränkung schon überwunden sein. Ich an ihrer Stelle wär' froh, daß der Papa in Pension gegangen ist. – Und die Klara wird schon noch einen Mann krie-

Kaffeehaus: Beliebter Alltagsort in Wien, an dem Kaffee getrunken und Zeitung gelesen wird.

gegiftet: (österr.) sich giften: sich ärgern, sich aufregen

Gulden: Seite 167 f.

Sustentation: (lat.) Unterhalt, Versorgung

Kreuzer: Münzeinheit (vgl. Seite 167 „Gulden")

heuer: (süddt., österr., schweizer.) in diesem Jahr

Etelka: ungarische Ableitung des Vornamens Adelheid

gen … Der Onkel kann schon was hergeben … Achtundzwanzig Jahr, das ist doch nicht so alt … Die Steffi ist sicher nicht jünger … Aber es ist merkwürdig: *die* Frauenzimmer erhalten sich länger jung. Wenn man so bedenkt: die Maretti neulich in der „Madame Sans-Gêne“ – siebenunddreißig Jahr ist sie sicher, und sieht aus … Na, ich hätt' nicht Nein g'sagt! – Schad', daß sie mich nicht g'fragt hat …

Heiß wird's! Noch immer nicht aus? Ah, ich freu' mich so auf die frische Luft! Werd' ein bißl spazieren geh'n, übern Ring … Heut' heißt's: früh ins Bett, morgen nachmittag frisch sein! Komisch, wie wenig ich daran denk', so egal ist mir das! Das erstemal hat's mich doch ein bißl aufgeregt. Nicht, daß ich Angst g'habt hätt'; aber nervös bin ich gewesen in der Nacht vorher … Freilich, der Oberleutnant Bisanz war ein ernster Gegner. – Und doch, nichts ist mir g'scheh'n! … Auch schon anderthalb Jahr her. Wie die Zeit vergeht! Und wenn mir der Bisanz nichts getan hat, der Doktor wird mir schon gewiß nichts tun! Obzwar, gerade diese ungeschulten Fechter sind manchmal die gefährlichsten. Der Doschintzky hat mir erzählt, daß ihn ein Kerl, der das erstemal einen Säbel in der Hand gehabt hat, auf ein Haar abgestochen hätt'; und der Doschintzky ist heut Fechtlehrer bei der Landwehr. Freilich – ob er damals schon so viel können hat … Das Wichtigste ist: kaltes Blut. Nicht einmal einen rechten Zorn hab' ich mehr in mir, und es war doch eine Frechheit – unglaublich! Sicher hätt' er sich's nicht getraut, wenn er nicht Champagner getrunken hätt' vorher … So eine Frechheit! Gewiß ein Sozialist! Die Rechtsverdreher sind doch heutzutag' alle Sozialisten! Eine Bande – am liebsten möchten sie gleich 's ganze Militär abschaffen; aber wer ihnen dann helfen möcht',

veraltete Bezeichnung für Frauen

Bühnenstück des frz. Dramatikers Victorien Sardou (1831–1908) zu Leben und Karriere der Wäscherin, Generalsfrau und Herzogin Catherine Lefèbvre (1753–1835)

ca. 5 km lange Ringstraße um die Wiener Altstadt, heute Teil des Weltkulturerbes

vgl. Seite 163 „Leutnant“

Seite 168

Seite 168 f.

polemisches Bild zur Abwertung von Juristen

Seite 169

(ugs.) Menschen ohne Verstand, Dummköpfe

(lat.) ein warnendes Beispiel geben

(frz.) zur Selbstbedienung angerichtete Speisen

Seite 170

nationale Feier anlässlich eines „vaterländischen" Sieges, Jubiläums o.Ä.

wenn die Chinesen über sie kommen, daran denken sie nicht. Blödisten! – Man muß gelegentlich ein Exempel statuieren. Ganz recht hab' ich g'habt. Ich bin froh, daß ich ihn nimmer auslassen hab' nach der Bemerkung. Wenn ich dran denk', werd' ich ganz wild! Aber ich hab' mich famos benommen; der Oberst sagt auch, es war absolut korrekt. Wird mir überhaupt nützen, die Sache. Ich kenn' manche, die den Burschen hätten durchschlüpfen lassen. Der Müller sicher, der wär' wieder objektiv gewesen oder so was. Mit dem Objektivsein hat sich noch jeder blamiert … „Herr Leutnant!"… schon die Art, wie er „Herr Leutnant" gesagt hat; war unverschämt! … „Sie werden mir doch zugeben müssen"… – Wie sind wir denn nur d'rauf gekommen? Wieso hab' ich mich mit dem Sozialisten in ein Gespräch eingelassen? Wie hat's denn nur angefangen? … Mir scheint, die schwarze Frau, die ich zum Büfett geführt hab', ist auch dabei gewesen … und dann dieser junge Mensch, der die Jagdbilder malt – wie heißt er denn nur? … Meiner Seel', der ist an der ganzen Geschichte schuld gewesen! Der hat von den Manövern geredet; und dann erst ist dieser Doktor dazugekommen und hat irgendwas g'sagt, was mir nicht gepaßt hat, von Kriegsspielerei oder so was – aber wo ich noch nichts hab' reden können … Ja, und dann ist von den Kadettenschulen gesprochen worden … ja, so war's … und ich hab' von einem patriotischen Fest erzählt … und dann hat der Doktor gesagt – nicht gleich, aber aus dem Fest hat es sich entwickelt – „Herr Leutnant, Sie werden mir doch zugeben, daß nicht alle Ihre Kameraden zum Militär gegangen sind, ausschließlich um das Vaterland zu verteidigen!" So eine Frechheit! Das wagt so ein Mensch einem Offizier ins Gesicht zu sagen! Wenn ich mich nur erinnern könnt', was ich d'rauf geantwortet hab'? … Ah ja, etwas von Leuten, die sich in Dinge dreinmengen, von denen sie nichts versteh'n … Ja, richtig … und dann war einer da, der hat die Sache gütlich beilegen wollen, ein älterer Herr mit einem Stockschnupfen … Aber ich war zu wütend! Der Doktor hat das absolut in dem Ton gesagt, als wenn er direkt mich gemeint hätt'. Er hätt' nur noch sagen müssen, daß sie mich aus dem Gymnasium hinausg'schmissen haben, und daß ich deswegen in die Kadettenschul' gesteckt worden bin … Die Leut' können eben unserein'n nicht versteh'n, sie sind zu dumm dazu … Wenn ich mich so erinner', wie ich das erstemal den Rock angehabt hab', so was erlebt eben nicht ein jeder … Im vorigen Jahr bei den Manövern – ich hätt' was drum gegeben, wenn's plötzlich Ernst gewesen wär' … Und der Mirovic hat mir g'sagt, es ist ihm ebenso gegangen. Und dann, wie Seine Hoheit die Front abgeritten sind, und die Ansprache vom Obersten – da muß einer schon ein ordentlicher Lump sein, wenn ihm das Herz nicht höher schlägt … Und da kommt so ein Tintenfisch daher, der sein Lebtag nichts getan hat, als hinter den Büchern gesessen, und erlaubt sich eine freche Bemerkung! … Ah, wart' nur, mein Lieber – bis zur Kampfunfähigkeit … jawohl, du sollst so kampfunfähig werden …

Ja, was ist denn? Jetzt muß es doch bald aus sein? … „Ihr, seine Engel, lobet den Herrn"… – Freilich, das ist der Schlußchor … Wunderschön, da kann man gar nichts sagen. Wunderschön! – Jetzt hab' ich ganz die aus der Loge vergessen, die früher zu kokettieren angefangen hat. Wo ist sie denn? … Schon fortgegangen … Die dort scheint auch sehr nett zu sein … Zu dumm, daß ich keinen Operngucker bei mir hab'! Der Brunnthaler

(österr.) einmischen

bakterielle Infektion der Atemwege, verschleppter Schnupfen

Soldatenuniform

Anrede/Titel fürstlicher Personen

Seite 170

vgl. Seite 163 „Leutnant"

abfällig-spöttische Bezeichnung von Intellektuellen, die nur „Tinte verspritzen", „Schreiberlinge"

Schlussvers aus dem Paulus-Oratorium, Zitat aus dem alttestamentarischen Psalm 103

Gefallen zu erregen versuchen, sich erotisch aufreizend verhalten

ist ganz gescheit, der hat sein Glas immer im Kaffeehaus bei der Kassa liegen, da kann einem nichts g'scheh'n … Wenn sich die Kleine da vor mir nur *ein*mal umdreh'n möchte'! So brav sitzt s' alleweil da. Das neben ihr ist sicher die Mama. – Ob ich nicht doch einmal ernstlich ans Heiraten denken soll? Der Willy war nicht älter als ich, wie er hineingesprungen ist. Hat schon was für sich, so immer gleich ein hübsches Weiberl zu Haus vorrätig zu haben … Zu dumm, daß die Steffi grad heut' keine Zeit hat! Wenn ich wenigstens wüßte, wo sie ist, möcht' ich mich wieder vis-a-vis von ihr hinsetzen. Das wär' eine schöne G'schicht', wenn ihr der draufkommen möcht', da hätt' *ich* sie am Hals … Wenn ich so denk', was dem Fließ sein Verhältnis mit der Winterfeld kostet! Und dabei betrügt sie ihn hinten und vorn. Das nimmt noch einmal ein Ende mit Schrecken … Bravo, bravo! Ah, aus! … So, das tut wohl, aufsteh'n können, sich rühren … Na, vielleicht! Wie lang' wird der da noch brauchen, um sein Glas ins Futteral zu stecken?

„Pardon, pardon, wollen mich nicht hinauslassen?"

Ist das ein Gedränge! Lassen wir die Leut' lieber vorbeipassieren … Elegante Person … ob das echte Brillanten sind? … Die da ist nett … Wie sie mich anschaut! … O ja, mein Fräulein, ich möcht' schon! … O, die Nase! – Jüdin … Noch eine … Es ist doch fabelhaft, da sind auch die Hälfte Juden … nicht einmal ein Oratorium kann man mehr in Ruhe genießen … So, jetzt schließen wir uns an … Warum drängt denn der Idiot hinter mir? Das werd' ich ihm abgewöhnen … Ah, ein älterer Herr! … Wer grüßt mich denn dort von drüben? … Habe die Ehre, habe die Ehre! Keine Ahnung hab' ich, wer das ist … das Einfachste wär', ich ging gleich zum Leidinger hinüber nachtmahlen … oder soll ich in die

alleweil: (österr.) ständig, immer

vis-a-vis von ihr: (frz.) ihr gegenüber

Futteral: der Form eines Wert- oder Gebrauchsgegenstandes angepasste Schutzhülle (z. B. für Musikinstrumente

O, die Nase! – Jüdin: Seite 170

Leidinger: Restaurant in der Kärntner Straße im Zentrum von Wien, bevorzugter Aufenthaltsort Schnitzlers

Gartenbaugesellschaft? Am End' ist die Steffi auch dort? Warum hat sie mir eigentlich nicht geschrieben, wohin sie mit ihm geht? Sie wird's selber noch nicht gewußt haben. Eigentlich schrecklich, so eine abhängige Existenz … Armes Ding! – So, da ist der Ausgang … Ah, die ist aber bildschön! Ganz allein? Wie sie mich anlacht. Das wär' eine Idee, der geh' ich nach! … So, jetzt die Treppen hinunter … Oh, ein Major von Fünfundneunzig … Sehr liebenswürdig hat er gedankt … Bin doch nicht der einzige Offizier hier gewesen … Wo ist denn das hübsche Mädel? Ah, dort … am Geländer steht sie … So, jetzt heißt's noch zur Garderobe … Daß mir die Kleine nicht auskommt … Hat ihm schon! So ein elender Fratz! Laßt sich da von einem Herrn abholen, und jetzt lacht sie noch auf mich herüber! – Es ist doch keine was wert … Herrgott, ist das ein Gedränge bci der Garderobe! … Warten wir lieber noch ein bissel … So! Ob der Blödist meine Nummer nehmen möcht'? … „Sie, zweihundertvierundzwanzig! Da hängt er! Na, hab'n Sie keine Augen? Da hängt er! Na, Gott sei Dank! … Also bitte!“… Der Dicke da verstellt einem schier die ganze Garderobe … „Bitte sehr!“…

„Geduld, Geduld!“

Was sagt der Kerl?

„Nur ein bissel Geduld!“

Dem muß ich doch antworten … „Machen Sie doch Platz!“

„Na, Sie werden's auch nicht versäumen!“

Was sagt er da? Sagt er das zu mir? Das ist doch stark! Das darf ich mir nicht gefallen lassen! „Ruhig!“

„Was meinen Sie?“

Ah, so ein Ton? Da hört sich doch alles auf!

„Stoßen Sie nicht!“

vgl. Seite 163 „Leutnant“ Offizier des galizischen Infanterieregiments Nr. 95

(idiomat.) Schon erledigt!

(österr.) ungezogenes Kind

(süddt.-österr., ugs.) ein wenig, ein bisschen

„Sie, halten Sie das Maul!“ Das hätt’ ich nicht sagen sollen, ich war zu grob … Na, jetzt ist’s schon g’scheh’n!

„Wie meinen?“

Jetzt dreht er sich um … Den kenn’ ich ja! – Donnerwetter, das ist ja der Bäckermeister, der immer ins Kaffeehaus kommt … Was macht denn der da? Hat sicher auch eine Tochter oder so was bei der Singakademie … Ja, was ist denn das? Ja, was macht er denn? Mir scheint gar … ja, meiner Seel’, er hat den Griff von meinem Säbel in der Hand … Ja, ist der Kerl verrückt? … „Sie Herr …“

„Sie, Herr Leutnant, sein S’ jetzt ganz stad.“

Was sagt er da? Um Gottes willen, es hat’s doch keiner gehört? Nein, er red’t ganz leise … Ja, warum laßt er denn meinen Säbel net aus? … Herrgott noch einmal … Ah, da heißt’s rabiat sein … ich bring’ seine Hand vom Griff nicht weg … nur keinen Skandal jetzt! … Ist nicht am End’ der Major hinter mir? … Bemerkt’s nur niemand, daß er den Griff von meinem Säbel hält? Er red’t ja zu mir! Was red’t er denn?

Singverein, Chor

(österr.) Ausdruck des Erschreckens, der Verwunderung

(österr.) still, ruhig

(österr.) Warum lässt er denn meinen Säbel nicht los?

(lat.) rücksichtslos und grob

„Herr Leutnant, wenn Sie das geringste Aufsehen machen, so zieh’ ich den Säbel aus der Scheide, zerbrech’ ihn und schick’ die Stück’ an Ihr Regimentskommando. Versteh’n Sie mich, Sie dummer Bub?“

Was hat er g’sagt? Mir scheint, ich träum’! Red’t er wirklich zu mir? Ich sollt’ was antworten … Aber der Kerl macht ja Ernst – der zieht wirklich den Säbel heraus. Herrgott – er tut’s! … Ich spür’s, er reißt schon dran. Was red’t er denn? … Um Gottes willen, nur kein’ Skandal – – Was red’t er denn noch immer?

„Aber ich will Ihnen die Karriere nicht verderben … Also, schön brav sein! … So, hab’n S’ keine Angst, ’s hat niemand was gehört … es ist schon alles gut … so!

Und damit keiner glaubt, daß wir uns gestritten haben, werd' ich jetzt sehr freundlich mit Ihnen sein! – Habe die Ehre, Herr Leutnant, hat mich sehr gefreut – habe die Ehre."

Um Gottes willen, hab' ich geträumt? … Hat er das wirklich gesagt? … Wo ist er denn? … Da geht er … Ich müßt' ja den Säbel ziehen und ihn zusammen hauen – – Um Gottes willen, es hat's doch niemand gehört? … Nein, er hat ja nur ganz leise geredet, mir ins Ohr … Warum geh' ich denn nicht hin und hau' ihm den Säbel auseinander? … Nein, es geht ja nicht, es geht ja nicht … gleich hätt' ich's tun müssen … Warum hab' ich's denn nicht gleich getan? … Ich hab's ja nicht können … er hat ja den Griff nicht auslassen, und er ist zehnmal stärker als ich … Wenn ich noch ein Wort gesagt hätt', hätt' er mir wirklich den Säbel zerbrochen … Ich muß ja noch froh sein, daß er nicht laut geredet hat! Wenn's ein Mensch gehört hätt', so müßt' ich mich ja stante pede erschießen … Vielleicht ist es doch ein Traum gewesen … Warum schaut mich denn der Herr dort an der Säule so an? – hat der am End' was gehört? … Ich wird' ihn fragen … Fragen? – Ich bin ja verrückt! – Wie schau' ich denn aus? – Merkt man mir was an? – Ich muß ganz blaß sein. – Wo ist der Hund? … Ich muß ihn umbringen! … Fort ist er … Überhaupt schon ganz leer … Wo ist denn mein Mantel? … Ich hab' ihn ja schon angezogen … Ich hab's gar nicht gemerkt … Wer hat mir denn geholfen? … Ah, der da … dem muß ich ein Sechserl geben … So! … Aber was ist denn das? Ist es denn wirklich gescheh'n? Hat wirklich einer so zu mir geredet? Hat mir wirklich einer „dummer Bub" gesagt? Und ich hab' ihn nicht auf der Stelle zusammengehauen? … Aber ich hab' ja nicht können … er hat ja eine Faust

(lat.) sofort, auf der Stelle, wörtl.: stehenden Fußes

Seite 170

gehabt wie Eisen … ich bin ja dagestanden wie angenagelt … Nein, ich muß den Verstand verloren gehabt haben, sonst hätt' ich mit der anderen Hand … Aber da hätt' er ja meinen Säbel herausgezogen und zerbrochen, und aus wär's gewesen – alles wär' aus gewesen! Und nachher, wie er fortgegangen ist, war's zu spät … ich hab' ihm doch nicht den Säbel von hinten in den Leib rennen können.

Was, ich bin schon auf der Straße? Wie bin ich denn da herausgekommen? – So kühl ist es … ah, der Wind, der ist gut … Wer ist denn das da drüben? Warum schau'n denn die zu mir herüber? Am Ende haben die was gehört … Nein, es kann niemand was gehört haben … ich weiß ja, ich hab' mich gleich nachher umgeschaut! Keiner hat sich um mich gekümmert, niemand hat was gehört … Aber gesagt hat er's, wenn's auch niemand gehört hat; gesagt hat er's doch. Und ich bin dagestanden und hab' mir's gefallen lassen, wie wenn mich einer vor den Kopf geschlagen hätt'! … Aber ich hab' ja nichts sagen können, nichts tun können; es war ja noch das einzige, was mir übrig geblieben ist: stad sein, stad sein! … 's ist fürchterlich, es ist nicht zum Aushalten; ich muß ihn totschlagen, wo ich ihn treff'! … Mir sagt das einer! Mir sagt das so ein Kerl, so ein Hund! Und er kennt mich … Herrgott noch einmal, er kennt mich, er weiß, wer ich bin! … Er kann jedem Menschen erzählen, daß er mir das g'sagt hat! … Nein, nein, das wird er ja nicht tun, sonst hätt' er auch nicht so leise geredet … er hat auch nur wollen, daß ich es allein hör'! … Aber wer garantiert mir, daß er's nicht doch erzählt, heut' oder morgen, seiner Frau, seiner Tochter, seinen Bekannten im Kaffeehaus. – – Um Gottes willen, morgen seh' ich ihn ja wieder! Wenn ich morgen ins Kaffeehaus komm', sitzt er wieder dort wie alle Tag' und spielt seinen Tapper mit dem Herrn Schlesinger und mit dem Kunstblumenhändler … Nein, nein, das geht ja nicht, das geht ja nicht … Wenn ich ihn seh', so hau' ich ihn zusammen … Nein, das darf ich ja nicht … gleich hätt' ich's tun müssen, gleich! … Wenn's nur gegangen wär'! Ich werd' zum Obersten geh'n und ihm die Sache melden … ja, zum Obersten … Der Oberst ist immer sehr freundlich – und ich werd' ihm sagen: Herr Oberst, ich melde gehorsamst, er hat den Griff gehalten, er hat ihn nicht aus'lassen; es war genau so, als wenn ich ohne Waffe gewesen wäre … – Was wird der Oberst sagen? – Was er sagen wird? – Aber da gibt's ja nur eins: quittieren mit Schimpf und Schand' – quittieren! … Sind das Freiwillige da drüben? … Ekelhaft, bei der Nacht schau'n sie aus, wie Offiziere … sie salutieren! – Wenn die wüßten – wenn die wüßten! … – Da ist das Café Hochleitner … Sind jetzt gewiß ein paar Kameraden drin … vielleicht auch einer oder der andere, den ich kenn' … Wenn ich's dem ersten Besten erzählen möcht', aber so, als wär's einem andern passiert? … – Ich bin ja schon ganz irrsinnig … Wo lauf' ich denn da herum? Was tu' ich denn auf der Straße? – Ja, aber wo soll ich denn hin? Hab' ich nicht zum Leidinger wollen? Haha, unter Menschen mich niedersetzen … ich glaub', ein jeder müßt' mir's anseh'n … Ja, aber irgendwas muß doch gescheh'n … Was soll denn gescheh'n? … Nichts, nichts – es hat ja niemand was gehört … es weiß ja niemand was … in dem Moment weiß niemand was … Wenn ich jetzt zu ihm in die Wohnung ginge und ihn beschwören möchte, daß er's niemandem erzählt? … – Ah, lieber gleich eine Kugel vor den Kopf, als so was! … Wär' so das Gescheiteste! … Das Gescheiteste? Das Ge-

Tapp-Tarock (Wiener Tappen), in Wiener Kaffeehäusern beliebtes Kartenspiel für 3 Personen

den Armeedienst vorzeitig abbrechen

gegenseitige Ehrenbezeugung beim Militär durch Anlegen der rechten Hand an die rechte Kopfbedeckung oder an die rechte Schläfe

Seite 170

scheiteste? – Gibt ja überhaupt nichts anderes … gibt nichts anderes … Wenn ich den Oberst fragen möcht', oder den Kopetzky – oder den Blany – oder den Friedmair: – jeder möcht' sagen: Es bleibt dir nichts anderes übrig! … Wie wär's, wenn ich mit dem Kopetzky spräch'? … Ja, es wär' doch das Vernünftigste … schon wegen morgen … Ja, natürlich – wegen morgen … um vier in der Reiterkasern' … ich soll mich ja morgen um vier Uhr schlagen … und ich darf's ja nimmer, ich bin satisfaktionsunfähig … Unsinn! Unsinn! Kein Mensch weiß was, kein Mensch weiß was! – Es laufen viele herum, denen ärgere Sachen passiert sind, als mir … Was hat man nicht alles von dem Deckener erzählt, wie er sich mit dem Rederow geschossen hat … und der Ehrenrat hat entschieden, das Duell darf stattfinden … Aber wie möcht' der Ehrenrat bei mir entscheiden? – Dummer Bub – dummer Bub … und ich bin dagestanden –! heiliger Himmel, es ist doch ganz egal, ob ein anderer was weiß! … *ich* weiß es doch, und das ist die Hauptsache! *Ich* spür', daß ich jetzt wer anderer bin, als vor einer Stunde – *Ich* weiß, daß ich satisfaktionsunfähig bin, und darum muß ich mich totschießen … Keine ruhige Minute hätt' ich mehr im Leben … immer hätt' ich die Angst, daß es doch einer erfahren könnt', so oder so … und daß mir's einer einmal ins Gesicht sagt, was heut' abend gescheh'n ist! – Was für ein glücklicher Mensch bin ich vor einer Stund' gewesen … Muß mir der Kopetzky die Karte schenken – und die Steffi muß mir absagen, das Mensch! – Von so was hängt man ab … Nachmittag war noch alles gut und schön, und jetzt bin ich ein verlorener Mensch und muß mich totschießen … Warum renn' ich denn so? Es lauft mir ja nichts davon … Wieviel schlagt's denn? … 1, 2, 3, 4, 5,

Kavalleriekaserne im 8. Wiener Gemeindebezirk (Josefstadt)

nach dem Ehrenkodex der k.u.k. Armee nicht duellfähig (vgl. Seite 171 f. „Duell“ sowie Material 12)

Seite 170 f.

Seite 171 f.

6, 7, 8, 9, 10, 11 … elf, elf … ich sollt' doch nachtmahlen geh'n! Irgendwo muß ich doch schließlich hingeh'n … ich könnt' mich ja in irgendein Beisl setzen, wo mich kein Mensch kennt – schließlich, essen muß der Mensch, auch wenn er sich nachher gleich totschießt … Haha, der Tod ist ja kein Kinderspiel … wer hat das nur neulich gesagt? … Aber das ist ja ganz egal …

Beisl: österr. Wirts- oder Gasthaus

Ich möcht' wissen, wer sich am meisten kränken möcht'? … die Mama, oder die Steffi? … die Steffi … Gott, die Steffi … die dürft' sich ja nicht einmal was anmerken lassen, sonst gibt „er" ihr den Abschied … Arme Person! – Beim Regiment – kein Mensch hätt' eine Ahnung, warum ich's getan hab' … sie täten sich alle den Kopf zerbrechen … warum hat sich denn der Gustl umgebracht? – Darauf möcht' keiner kommen, daß ich mich hab' totschießen müssen, weil ein elender Bäckermeister, so ein niederträchtiger, der zufällig stärkere Fäust' hat … es ist ja zu dumm, zu dumm! – Deswegen soll ein Kerl wie ich, so ein junger, fescher Mensch … Ja, nachher möchten's gewiß alle sagen: das hätt' er doch nicht tun müssen, wegen so einer Dummheit; ist doch schad'! … Aber wenn ich jetzt wen immer fragen tät', jeder möcht' mir die gleiche Antwort geben … und ich selber, wenn ich mich frag' … das ist doch zum Teufelholen … ganz wehrlos sind wir gegen die Zivilisten … Da meinen die Leut', wir sind besser dran, weil wir einen Säbel haben … und wenn schon einmal einer von der Waffe Gebrauch macht, geht's über uns her, als wenn wir alle die geborenen Mörder wären … In der Zeitung möcht's auch steh'n: … „Selbstmord eines jungen Offiziers"… Wie schreiben sie nur immer? … „Die Motive sind in Dunkel gehüllt"… Haha! … „An seinem Sarge trauern"… – Aber es ist ja wahr … mir ist immer, als

fescher: (engl.) ugs. für flott, schneidig

wenn ich mir eine Geschichte erzählen möcht' … aber es ist wahr … ich muß mich umbringen, es bleibt mir ja nichts anderes übrig – ich kann's ja nicht drauf ankommen lassen, daß morgen früh der Kopetzky und der Blany mir ihr Mandat zurückgeben und mir sagen: wir können dir nicht sekundieren! … Ich wär' ja ein Schuft, wenn ich's ihnen zumuten möcht' … So ein Kerl wie ich, der dasteht und sich einen dummen Buben heißen läßt … morgen wissen's ja alle Leut' … das ist zu dumm, daß ich mir einen Moment einbilde, so ein Mensch erzählt's nicht weiter … überall wird er's erzählen … seine Frau weiß's jetzt schon … morgen weiß es das ganze Kaffeehaus … die Kellner werd'n's wissen … der Herr Schlesinger – die Kassierin – – Und selbst wenn er sich vorgenommen hat, er red't nicht davon, so sagt er's übermorgen … und wenn er's übermorgen nicht sagt, in einer Woche … Und wenn ihn heut nacht der Schlag trifft, so weiß ich's … ich weiß es … und ich bin nicht der Mensch, der weiter den Rock trägt und den Säbel, wenn ein solcher Schimpf auf ihm sitzt! … So, ich muß es tun, und Schluß! – Was ist weiter dabei? – Morgen nachmittag könnt' mich der Doktor mit 'm Säbel erschlagen … so was ist schon einmal dagewesen … und der Bauer, der arme Kerl, der hat eine Gehirnentzündung 'kriegt und war in drei Tagen hin … und der Brenitsch ist vom Pferd gestürzt und hat sich 's Genick gebrochen … und schließlich und endlich: es gibt nichts anderes – für mich nicht, für mich mich nicht! – Es gibt ja Leut', die's leichter nähmen … Gott, was gibt's für Menschen! … Dem Ringeimer hat ein Fleischselcher, wie er ihn mit seiner Frau erwischt hat, eine Ohrfeige gegeben, und er hat quittiert und sitzt irgendwo auf'm Land und hat geheiratet … Daß es Weiber gibt, die so

vgl. Seite 171 f. „Duell"

vgl. Seite 171 f. „Duell"

(bayer., österr.) Schlachter, der Fleisch räuchert und es verkauft

den militärischen Dienst verlassen

einen Menschen heiraten! ... – Meiner Seel', ich gäb' ihm nicht die Hand, wenn er wieder nach Wien käm' ... Also, hast's gehört, Gustl: – aus, aus, abgeschlossen mit dem Leben! Punktum und Streusand drauf! ... So, jetzt weiß ich's, die Geschichte ist ganz einfach ... So! Ich bin eigentlich ganz ruhig ... Das hab' ich übrigens immer gewußt: wenn's einmal dazu kommt, werd' ich ruhig sein, ganz ruhig ... aber daß es so dazu kommt, das hab' ich doch nicht gedacht ... daß ich mich umbringen muß, weil so ein ... Vielleicht hab' ich ihn doch nicht recht verstanden ... am End' hat er ganz was anderes gesagt ... Ich war ja ganz blöd von der Singerei und der Hitz' ... vielleicht bin ich verrückt gewesen, und es ist alles gar nicht wahr? ... Nicht wahr, haha, nicht wahr! – Ich hör's ja noch ... es klingt mir noch immer im Ohr ... und ich spür's in den Fingern, wie ich seine Hand vom Säbelgriff hab' wegbringen wollen ... Ein Kraftmensch ist er, ein Jagendorfer ... Ich bin doch auch kein Schwächling ... der Franziski ist der einzige im Regiment, der stärker ist als ich ...

Die Aspernbrücke ... Wie weit renn' ich denn noch? – Wenn ich so weiterrenn', bin ich um Mitternacht in Kagran ... Haha! – Herrgott, froh sind wir gewesen, wie wir im vorigen September dort eingerückt sind. Noch zwei Stunden, und Wien ... todmüd' war ich, wie wir angekommen sind ... den ganzen Nachmittag hab' ich geschlafen wie ein Stock, und am Abend waren wir schon beim Ronacher ... der Kopetzky, der Ladinser und ... wer war denn nur noch mit uns? – Ja, richtig, der Freiwillige, der uns auf dem Marsch die jüdischen Anekdoten erzählt hat ... Manchmal sind's ganz nette Burschen, die Einjährigen ... aber sie sollten alle nur Stellvertreter werden – denn was hat das für einen Sinn?

Seite 172

Georg J. Jagendorfer (1849–1914), bekannter Athlet, Ring- und Schaukämpfer

Seite 172

Seite 172

einrücken: den Militärdienst antreten

Seite 172

Seite 172

Seite 172

Wir müssen uns jahrelang plagen, und so ein Kerl dient ein Jahr und hat genau dieselbe Distinktion wie wir … es ist eine Ungerechtigkeit! – Aber was geht mich denn das alles an? – Was scher' ich mich denn um solche Sachen? – Ein Gemeiner von der Verpflegsbranche ist ja jetzt mehr als ich … ich bin ja überhaupt nicht mehr auf der Welt … es ist ja aus mit mir … Ehre verloren, alles verloren! … Ich hab' ja nichts anderes zu tun, als meinen Revolver zu laden und … Gustl, Gustl, mir scheint, du glaubst noch immer nicht recht dran? Komm' nur zur Besinnung … es gibt nichts anderes … wenn du auch dein Gehirn zermarterst, es gibt nichts anderes! – Jetzt heißt's nur mehr, im letzten Moment sich anständig benehmen, ein Mann sein, ein Offizier sein, so daß der Oberst sagt: Er ist ein braver Kerl gewesen, wir werden ihm ein treues Angedenken bewahren! … Wieviel Kompagnien rücken denn aus beim Leichenbegängnis von einem Leutnant? … Das müßt' ich eigentlich wissen … Haha! wenn das ganze Bataillon ausrückt, oder die ganze Garnison, und sie feuern zwanzig Salven ab, davon wach' ich doch nimmer auf! – Vor dem Kaffeehaus, da bin ich im vorigen Sommer einmal mit dem Herrn von Engel gesessen, nach der Armee-Steeple-Chase … Komisch, den Menschen hab' ich seitdem nie wieder geseh'n … Warum hat er denn das linke Aug' verbunden gehabt? Ich hab' ihn immer drum fragen wollen, aber es hätt' sich nicht gehört … Da geh'n zwei Artilleristen … die denken gewiß, ich steig' der Person nach … Muß sie mir übrigens anseh'n … O schrecklich! – Ich möcht' nur wissen, wie sich so eine ihr Brot verdient … da möcht' ich doch eher … Obzwar in der Not frißt der Teufel Fliegen … in Przemysl – mir hat's nachher so gegraut, daß ich gemeint hab', nie wieder rühr' ich ein Frauen-

Distinktion: Stand, Auszeichnung, hier: militär. Rang

Was scher' ich mich: (ugs.) Was kümmere ich mich um …

Gemeiner von der Verpflegsbranche: einfacher Soldat mit Aufgaben zur Versorgung der Truppen mit Material und Munition

Bataillon: Seite 172

Garnison: Seite 172

Salven: Seite 173

Armee-Steeple-Chase: Seite 173

Artilleristen: Geschützsoldaten

ich steig' der Person nach: hier: ich suche eine Prostituierte auf

in der Not frißt der Teufel Fliegen: Redewendung: in einer Ausnahmesituation tut man Dinge, die man sonst nicht tun würde

Przemysl: Seite 173

zimmer an … Das war eine gräßliche Zeit da oben in Galizien … eigentlich ein Mordsglück, daß wir nach Wien gekommen sind. Der Bokorny sitzt noch immer in Sambor und kann noch zehn Jahr dort sitzen und alt und grau werden … Aber wenn ich dort geblieben wär', wär' mir das nicht passiert, was mir heut passiert ist … und ich möcht' lieber in Galizien alt und grau werden, als daß… als was? als was? – Ja, was ist denn? was ist denn? – Bin ich denn wahnsinnig, daß ich das immer vergeß'? – Ja, meiner Seel', vergessen tu' ich's jeden Moment … ist das schon je erhört worden, daß sich einer in ein paar Stunden eine Kugel durch'n Kopf jagen muß, und er denkt an alle möglichen Sachen, die ihn gar nichts mehr angeh'n? Meiner Seel', mir ist geradeso, als wenn ich einen Rausch hätt'! Haha! ein schöner Rausch! Ein Mordsrausch! Ein Selbstmordsrausch! – Ha! Witze mach' ich, das ist sehr gut! – Ja, ganz gut aufgelegt bin ich – so was muß doch angeboren sein … Wahrhaftig, wenn ich's einem erzählen möcht', er würd' es nicht glauben. – Mir scheint, wenn ich das Ding bei mir hätt' … jetzt würd' ich abdrücken – in einer Sekunde ist alles vorbei … Nicht jeder hat's so gut – andere müssen sich monatelang plagen … meine arme Cousin', zwei Jahr ist sie gelegen, hat sich nicht rühren können, hat die gräßlichsten Schmerzen g'habt – so ein Jammer! … Ist es nicht besser, wenn man das selber besorgt? Nur Obacht geben heißt's, gut zielen, daß einem nicht am End' das Malheur passiert, wie dem Kadett-Stellvertreter im vorigen Jahr … Der arme Teufel, gestorben ist er nicht, aber blind ist er geworden … Was mit dem nur geschehen ist? Wo er jetzt lebt? – Schrecklich, so herumlaufen, wie der – das heißt: herumlaufen kann er nicht, g'führt muß er werden – so ein junger Mensch, kann heut noch

Galizien: Landschaft im Westen der Ukraine (Ostgalizien) und im Süden Polens (Westgalizien)

Sambor: Kleinstadt in der Ukraine nahe der polnischen Grenze, von 1772 bis 1918 im Herrschaftsbereich des Habsburgerreiches

Obacht geben: achtgeben, aufpassen

Malheur: (frz.) Unglück, Missgeschick

keine Zwanzig sein … seine Geliebte hat er besser getroffen … gleich war sie tot … Unglaublich, weswegen sich die Leut' totschießen! Wie kann man überhaupt nur eifersüchtig sein? … Mein Lebtag hab' ich so was nicht gekannt … Die Steffi ist jetzt gemütlich in der Gartenbaugesellschaft; dann geht sie mit „ihm" nach Haus … Nichts liegt mir dran, gar nichts! Hübsche Einrichtung hat sie – das kleine Badezimmer mit der roten Latern'. – Wie sie neulich in dem grünseidenen Schlafrock hereingekommen ist … den grünen Schlafrock werd' ich auch nimmer seh'n – und die ganze Steffi auch nicht … und die schöne, breite Treppe in der Gußhausstraße werd' ich auch nimmer hinaufgeh'n … Das Fräulein Steffi wird sich weiter amüsieren, als wenn gar nichts gescheh'n wär' … nicht einmal erzählen darf sie's wem, daß ihr lieber Gustl sich umgebracht hat … Aber weinen wird's schon – ah ja, weinen wird's … Überhaupt, weinen werden gar viele Leut' … Um Gottes willen, die Mama! – Nein, nein, daran darf ich nicht denken. – Ah, nein, daran darf absolut nicht gedacht werden … An Zuhaus wird nicht gedacht, Gustl, verstanden? – nicht mit dem allerleisesten Gedanken …

Rotlicht zur Schaffung eines erotischen Ambientes, Bordellbeleuchtung

Straße im 4. Wiener Gemeindebezirk (Wieden)

Das ist nicht schlecht, jetzt bin ich gar im Prater … mitten in der Nacht … das hätt' ich mir auch nicht gedacht in der Früh, daß ich heut' nacht im Prater spazieren geh'n werd' … Was sich der Sicherheitswachmann dort denkt? … Na, geh'n wir nur weiter … es ist ganz schön … Mit'm Nachtmahlen ist's eh' nichts, mit dem Kaffeehaus auch nichts; die Luft ist angenehm, und ruhig ist es … sehr … Zwar, ruhig werd' ich's jetzt bald haben, so ruhig, als ich's mir nur wünschen kann. Haha! – aber ich bin ja ganz außer Atem … ich bin ja gerannt wie nicht g'scheit … langsamer, langsamer, Gustl, versäumst

öffentliche Parkanlage im 2. Wiener Gemeindebezirk (Leopoldstadt) mit dem bekannten Vergnügungspark „Wurstelprater"

nichts, hast gar nichts mehr zu tun – gar nichts, aber absolut nichts mehr! – Mir scheint gar, ich fröstel'? – Es wird halt doch die Aufregung sein ... dann hab' ich ja nichts gegessen ... Was riecht denn da so eigentümlich? ... es kann doch noch nichts blühen? ... Was haben wir denn heut'? – den vierten April ... freilich, es hat viel geregnet in den letzten Tagen ... aber die Bäume sind beinah' noch ganz kahl ... und dunkel ist es, hu! Man könnt' schier Angst kriegen ... Das ist eigentlich das einzigemal in meinem Leben, daß ich Furcht gehabt hab', als kleiner Bub, damals im Wald ... aber ich war ja gar nicht so klein ... vierzehn oder fünfzehn ... Wie lang ist das jetzt her? – neun Jahr' ... freilich – mit achtzehn war ich Stellvertreter, mit zwanzig Leutnant ... und im nächsten Jahr werd' ich ... Was werd ich im nächsten Jahr? Was heißt das überhaupt: nächstes Jahr? Was heißt das: in der nächsten Woche? Was heißt das: übermorgen? ... Wie? Zähneklappern? Oho! – Na lassen wir's nur ein bissel klappern ... Herr Leutnant, Sie sind jetzt allein, brauchen niemandem einen Pflanz vorzumachen ... es ist bitter, es ist bitter ...

(österr.) jdn. täuschen

Ich will mich auf die Bank setzen ... Ah! – wie weit bin ich denn da? – So eine Dunkelheit! Das da hinter mir, das muß das zweite Kaffeehaus sein ... bin ich im vorigen Sommer auch einmal gewesen, wie unsere Kapelle konzertiert hat ... mit'm Kopetzky und mit'm Rüttner – noch ein paar waren dabei ... – Ich bin aber müd' ... nein, ich bin müd', als wenn ich einen Marsch von zehn Stunden gemacht hätt' ... Ja, das wär' sowas, da einschlafen. – Ha! ein obdachloser Leutnant ... Ja, ich sollt' doch eigentlich nach Haus ... was tu' ich denn zu Haus? aber was tu' ich denn im Prater? – Ah, mir wär' am liebsten, ich müßt' gar nicht aufsteh'n – da einschlafen und nimmer aufwachen … ja, das wär' halt bequem! – Nein, so bequem wird's Ihnen nicht gemacht, Herr Leutnant … Aber wie und wann? – Jetzt könnt' ich mir doch endlich einmal die Geschichte ordentlich überlegen … überlegt muß ja alles werden … so ist es schon einmal im Leben … Also überlegen wir … Was denn? … – Nein, ist die Luft gut … man sollt' öfters bei der Nacht in' Prater geh'n … Ja, das hätt' mir eben früher einfallen müssen, jetzt ist's aus mit'm Prater, mit der Luft und mit'm Spazierengeh'n … Ja, also was ist denn? – Ah, fort mit dem Kappl; mir scheint, das drückt mir aufs Gehirn … ich kann ja gar nicht ordentlich denken … Ah … so! … also jetzt Verstand zusammennehmen, Gustl … letzte Verfügungen treffen! Also morgen früh wird Schluß gemacht … morgen früh um sieben Uhr … sieben Uhr ist eine schöne Stund'. Haha! – also um acht, wenn die Schul' anfangt, ist alles vorbei … der Kopetzky wird aber keine Schul' halten können, weil er zu sehr erschüttert sein wird … Aber vielleicht weiß er's noch gar nicht … man braucht ja nichts zu hören … Den Max Lippay haben sie auch erst am Nachmittag gefunden, und in der Früh hat er sich erschossen, und kein Mensch hat was davon gehört … Aber was geht mich das an, ob der Kopetzky Schul' halten wird oder nicht? … Ha! – also um sieben Uhr! – Ja … na, was denn noch? … Weiter ist ja nichts zu überlegen. Im Zimmer schieß' ich mich tot, und dann is basta! Montag ist die Leich' … Einen kenn' ich, der wird eine Freud' haben: das ist der Doktor … Duell kann nicht stattfinden wegen Selbstmord des einen Kombattanten … Was sie bei Mannheimers sagen werden? – Na, er wird sich nicht viel draus machen … aber die Frau, die hübsche, blonde … mit der war was zu machen … O ja, mir scheint, bei der hätt'

Kappl: Uniformmütze

Schul': hier: militärische Ausbildung

basta: (ital.) es ist genug, es reicht

Leich': (österr.) Leiche, hier: Beerdigung

Kombattanten: (lat., frz.) Kampfteilnehmer, hier: Duell-Gegner

ich Chance gehabt, wenn ich mich nur ein bissl zusammengenommen hätt' ... ja, das wär' doch was anders gewesen, als die Steffi, dieses Mensch ... Aber faul darf man halt nicht sein ... da heißt's: Cour machen, Blumen schicken, vernünftig reden ... das geht nicht so, daß man sagt: Komm' morgen nachmittag zu mir in die Kasern'! ... Ja, so eine anständige Frau, das wär' halt was g'wesen ... Die Frau von meinem Hauptmann in Przemysl, das war ja doch keine anständige Frau ... ich könnt' schwören: der Libitzky und der Wermutek und der schäbige Stellvertreter, der hat sie auch g'habt ... Aber die Frau Mannheimer ... ja, das wär' was anders, das wär' doch auch ein Umgang gewesen, das hätt' einen beinah' zu einem andern Menschen gemacht – da hätt' man doch noch einen andern Schliff gekriegt – da hätt' man einen Respekt vor sich selber haben dürfen. – – Aber ewig diese Menscher ... und so jung hab' ich ang'fangen – ein Bub war ich ja noch, wie ich damals den ersten Urlaub gehabt hab' und in Graz bei den Eltern zu Haus war ... der Riedl war auch dabei – eine Böhmin ist es gewesen ... die muß doppelt so alt gewesen sein wie ich – in der Früh bin ich erst nach Haus gekommen ... Wie mich der Vater ang'schaut hat ... und die Klara ... Vor der Klara hab' ich mich am meisten g'schämt ... Damals war sie verlobt ... warum ist denn nichts draus geworden? Ich hab' mich eigentlich nicht viel drum gekümmert ... Armes Hascherl, hat auch nie Glück gehabt – und jetzt verliert sie noch den einzigen Bruder ... Ja, wirst mich nimmer seh'n, Klara – aus! Was, das hast du dir nicht gedacht, Schwesterl, wie du mich am Neujahrstag zur Bahn begleitet hast, daß du mich nie wieder seh'n wirst? – und die Mama ... Herrgott, die Mama ... nein, ich darf daran nicht denken ... wenn ich

(frz.) jdm. den Hof machen

(ugs.) da hätte man bessere Umgangsformen gelernt

Bewohnerin der historischen Landschaft Böhmen im Nordwesten der Tschechischen Republik

(ugs. süddt., österr.) armes, bedauernswertes Wesen

daran denk', bin ich imstand, eine Gemeinheit zu begehen … Ah … wenn ich zuerst noch nach Haus fahren möcht' … sagen, es ist ein Urlaub auf einen Tag … noch einmal den Papa, die Mama, die Klara seh'n, bevor ich einen Schluß mach' … Ja, mit dem ersten Zug um sieben kann ich nach Graz fahren, um eins bin ich dort … Grüß dich Gott, Mama … Servus, Klara! Na, wie geht's euch denn? … Nein, das ist eine Überraschung! … Aber sie möchten was merken … wenn niemand anders … die Klara … die Klara gewiß… Die Klara ist ein so gescheites Mädel … Wie lieb sie mir neulich geschrieben hat, und ich bin ihr noch immer die Antwort schuldig – und die guten Ratschläge, die sie mir immer gibt … ein so seelengutes Geschöpf … Ob nicht alles ganz anders geworden wär', wenn ich zu Haus geblieben wär'? Ich hätt' Ökonomie studiert, wär' zum Onkel gegangen … sie haben's ja alle wollen, wie ich noch ein Bub war … Jetzt wär' ich am End' schon verheiratet, ein liebes, gutes Mädel … vielleicht die Anna, die hat mich so gern gehabt … auch jetzt hab' ich's noch gemerkt, wie ich das letzte Mal zu Haus war, obzwar sie schon einen Mann hat und zwei Kinder … ich hab's g'sehn', wie sie mich ang'schaut hat … Und noch immer sagt sie mir „Gustl" wie früher … Der wird's ordentlich in die Glieder fahren, wenn sie erfährt, was es mit mir für ein End' genommen hat – aber ihr Mann wird sagen: Das hab' ich voraus gesehen – so ein Lump! – Alle werden meinen, es ist, weil ich Schulden gehabt hab' … und es ist doch gar nicht wahr, es ist doch alles bezahlt … nur die letzten hundertsechzig Gulden – na, und die sind morgen da … Ja, dafür muß ich auch noch sorgen, dass der Ballert die hundertsechzig Gulden kriegt … das muß ich niederschreiben, bevor ich mich erschieß' … Es ist

Graz: Landeshauptstadt des österr. Bundeslandes Steiermark

Servus: (österr.) traditionelles Grußwort

Ökonomie: Landwirtschaft

Lump: (süddt., österr. Schimpfwort) Habenichts, Taugenichts

schrecklich, es ist schrecklich! … Wenn ich lieber auf und davon fahren möcht' – nach Amerika, wo mich niemand kennt … In Amerika weiß kein Mensch davon, was hier heut' abend gescheh'n ist … da kümmert sich kein Mensch drum … Neulich ist in der Zeitung gestanden von einem Grafen Runge, der hat fortmüssen wegen einer schmutzigen Geschichte, und jetzt hat er drüben ein Hotel und pfeift auf den ganzen Schwindel … Und in ein paar Jahren könnt' man ja wieder zurück … nicht nach Wien natürlich … auch nicht nach Graz … aber aufs Gut könnt' ich … und der Mama und dem Papa und der Klara möchts doch tausendmal lieber sein, wenn ich nur lebendig blieb' … Und was geh'n mich denn die andern Leut' an? Wer meint's denn sonst gut mit mir? – Außerm Kopetzky könnt' ich allen gestohlen werden … der Kopetzky ist doch der einzige … Und gerad der hat mir heut das Billett geben müssen … und das Billett ist an allem schuld … ohne das Billett wär' ich nicht ins Konzert gegangen, und alles das wär' nicht passiert … Was ist denn nur passiert? … Es ist grad', als wenn hundert Jahr seitdem vergangen wären, und es kann noch keine zwei Stunden sein … Vor zwei Stunden hat mir einer „dummer Bub" gesagt und hat meinen Säbel zerbrechen wollen … Herrgott, ich fang' noch zu schreien an mitten in der Nacht! Warum ist denn das alles gescheh'n? Hätt' ich nicht länger warten können, bis ganz leer wird in der Garderobe? Und warum hab' ich ihm denn nur gesagt: „Halten Sie's Maul!" Wie ist mir denn das nur ausgerutscht? Ich bin doch sonst ein höflicher Mensch … nicht einmal mit meinem Burschen bin ich sonst so grob … aber natürlich, nervös bin ich gewesen – alle die Sachen, die da zusammengekommen sind … das Pech im Spiel und die ewige Absagerei von

Burschen: Soldat im Dienst eines Offiziers (Ordonnanz)

der Steffi – und das Duell morgen nachmittag – und zu wenig schlafen tu' ich in der letzten Zeit – und die Rackerei in der Kasern' – das halt' man auf die Dauer nicht aus! … Ja, über kurz oder lang wär' ich krank geworden – hätt' um einen Urlaub einkommen müssen … Jetzt ist es nicht mehr notwendig – jetzt kommt ein langer Urlaub – mit Karenz der Gebühren – haha! … Wie lang werd' ich denn da noch sitzen bleiben? Es muß Mitternacht vorbei sein … hab' ich's nicht früher schlagen hören? – Was ist denn das … ein Wagen fährt da? Um die Zeit? Gummiradler – kann mir schon denken … Die haben's besser wie ich – vielleicht ist es der Ballert mit der Berta … Warum soll's grad' der Ballert sein? – Fahr' nur zu! – Ein hübsches Zeug'l hat Seine Hoheit in Pzremysl gehabt … mit dem ist er immer in die Stadt hinuntergefahren zu der Rosenberg … Sehr leutselig war Seine Hoheit – ein echter Kamerad, mit allen auf du und du … War doch eine schöne Zeit … obzwar … die Gegend war trostlos und im Sommer zum verschmachten … an einem Nachmittag sind einmal drei vom Sonnenstich getroffen worden … auch der Korporal von meinem Zug – ein so verwendbarer Mensch … Nachmittag haben wir uns nackt aufs Bett hingelegt. – Einmal ist plötzlich der Wiesner zu mir hereingekommen; ich muß grad' geträumt haben und steh' auf und zieh' den Säbel, der neben mir liegt … muß gut ausg'schaut haben … der Wiesner hat sich halb tot gelacht – der ist jetzt schon Rittmeister … – Schad', dass ich nicht zur Kavallerie gegangen bin … aber das hat der Alte nicht wollen – wär' ein zu teurer Spaß gewesen – jetzt ist es ja doch alles eins … Warum denn? – Ja, ich ich weiß schon: sterben muß ich, darum ist es alles eins – sterben muß ich … Also wie? – Schau, Gustl, du bist

Urlaub mit Verzicht auf Lohn; unbezahlte Unterbrechung des Arbeitsverhältnisses

Kutsche mit gummibereiften Rädern

traditionelle Wiener Fiakerkutsche (Zweispänner)

Entbehrung (bes. Durst, Hunger) leiden und daran sterben

(frz.) Unteroffizier

militärischer Truppenteil einer Kompanie unter Leitung eines Zugführers (Offizier oder älterer Unteroffizier)

Seite 173

doch extra da herunter in den Prater gegangen, mitten in der Nacht, wo dich keine Menschenseele stört – jetzt kannst du dir alles ruhig überlegen … Das ist ja lauter Unsinn mit Amerika und quittieren, und du bist ja viel zu dumm, um was anderes anzufangen – und wenn du hundert Jahr alt wirst, und du denkst dran, dass dir einer hat den Säbel zerbrechen wollen und dich einen dummen Buben geheißen, und du bist dag'standen und hast nichts tun können – nein, zu überlegen ist da gar nichts – gescheh'n ist gescheh'n – auch das mit der Mama und derKlara ist Unsinn – die werden's schon verschmerzen – man verschmerzt alles … Wie hat die Mama gejammert, wie ihr Bruder gestorben ist – und nach vier Wochen hat sie kaum mehr dran gedacht … auf den Friedhof ist sie hinausgefahren … zuerst alle Wochen, dann alle Monat – und jetzt nur mehr am Todestag. – – Morgen ist mein Todestag – fünfter April. – – Ob sie mich nach Graz überführen? Haha! da werden die Würmer in Graz eine Freud' haben! – Aber das geht mich nichts an – darüber sollen sich die andern den Kopf zerbrechen … Also, was geht mich denn eigentlich an? … Ja, die hundertsechzig Gulden für den Ballert – das ist alles – weiter brauch ich keine Verfügungen zu treffen. – Briefe schreiben? Wozu denn? An wen denn? … Abschied nehmen? – Ja, zum Teufel hinein, das ist doch deutlich genug, wenn man sich totschießt! – Dann merken's die andern schon, daß man Abschied genommen hat … Wenn die Leut' wüßten, wie egal mir die ganze Geschichte ist, möchten sie mich gar nicht bedauern – ist eh' nicht schad' um mich … Und was hab' ich denn vom ganzen Leben gehabt? – Etwas hätt' ich gern noch mitgemacht: einen Krieg – aber da hätt' ich lang' warten können … Und alles übrige kenn' ich …

überführen: (eine Leiche) an einen bestimmten Ort transportieren

Verfügungen: Bestimmungen für die Zeit nach dem Tod

Ob so ein Mensch Steffi oder Kunigunde heißt, bleibt sich gleich. – – Und die schönsten Operetten kenn' ich auch – und im Lohengrin bin ich zwölfmal drin gewesen – und heut' abend war ich sogar bei einem Oratorium – und ein Bäckermeister hat mich einen dummen Buben geheißen – meiner Seel', es ist grad' genug! – Und ich bin gar nimmer neugierig … – Also geh'n wir nach Haus, langsam, ganz langsam … Eile hab' ich ja wirklich keine. – Noch ein paar Minuten ausruhen da im Prater, auf einer Bank – obdachlos. – Ins Bett leg' ich mich ja doch nimmer – hab' ja genug Zeit zum Ausschlafen. – – Ah, die Luft! – Die wird mir abgeh'n …

Was ist denn? – He, Johann, bringen S' mir ein Glas frisches Wasser … Was ist? … Wo … Ja, träum' ich denn? … Mein Schädel … o, Donnerwetter … Fischamend … Ich bring' die Augen nicht auf! – Ich bin ja angezogen! – Wo sitz ich denn? – Heiliger Himmel, eingeschlafen bin ich! Wie hab' ich denn nur schlafen können; es dämmert ja schon! – Wie lang' hab' ich denn geschlafen? – Muß auf die Uhr schau'n … Ich seh' nichts? … Wo sind denn meine Zündhölzeln? … Na, brennt eins an? … Drei … und ich soll mich um vier duellieren – nein, nicht duellieren – totschießen soll ich mich! – Es ist gar nichts mit dem Duell; ich muß mich totschießen, weil ein Bäckermeister mich einen dummen Buben genannt hat … Ja, ist es denn wirklich g'scheh'n? – Mir ist im Kopf so merkwürdig … wie in einem Schraubstock ist mein Hals – ich kann mich gar nicht rühren – das rechte Bein ist eingeschlafen. – Aufstehn! Aufstehn! … Ah, so ist es besser! – Es wird schon lichter … Und die Luft … ganz wie damals in der Früh, wie ich auf Vorposten war und im Wald kampiert hab' … Das war ein anderes Aufwachen – da war ein anderer Tag vor mir … Mir scheint,

Operetten: (lat., ital. „kleine Oper") Gattung von leichten, unterhaltenden musikalischen Bühnenwerken mit gesprochenen Dialogen, Soli, Chören und Balletteinlagen

Lohengrin: Seite 173 f.

Fischamend: Fluchwort, vgl. Seite 174

Zündhölzeln: Streichhölzer zum Entfachen von Feuer

Vorposten: Wache zur Sicherung einer Truppe

ich glaub's noch nicht recht – Da liegt die Straße, grau, leer – ich bin jetzt sicher der einzige Mensch im Prater. – Um vier Uhr früh war ich schon einmal herunten, mit'm Pausinger – geritten sind wir – ich auf dem Pferd vom Hauptmann Mirovic und der Pausinger auf seinem eigenen Krampen – das war im Mai, im vorigen Jahr – da hat schon alles geblüht – alles war grün. Jetzt ist's noch kahl – aber der Frühling kommt bald – in ein paar Tagen ist er schon da. – Maiglöckerln, Veigerln – schad', daß ich nichts mehr davon haben werd' – jeder Schubiak hat was davon, und ich muß sterben! Es ist ein Elend! Und die andern werden im Weingartl sitzen beim Nachtmahl, als wenn gar nichts g'wesen wär' – so wie wir alle im Weingartl g'sessen sind, noch am Abend nach dem Tag, wo sie den Lippay hinausgetragen haben … Und der Lippay war so beliebt … sie haben ihn lieber g'habt, als mich, beim Regiment – warum sollen sie denn nicht im Weingartl sitzen, wenn ich abkratz'? – Ganz warm ist es – viel wärmer als gestern – und so ein Duft – es muß doch schon blühen … Ob die Steffi mir Blumen bringen wird? – Aber fallt ihr ja gar nicht ein! Die wird grad' hinausfahren … Ja, wenn's noch die Adel' wär … Nein, die Adel'! Mir scheint, seit zwei Jahren hab' ich an die nicht mehr gedacht … mein Lebtag hab' ich kein Frauenzimmer so weinen geseh'n … Das war doch eigentlich das Hübscheste, was ich erlebt hab' … So bescheiden, so anspruchslos, wie die war – die hat mich gern gehabt, da könnt' ich drauf schwören. – War doch was ganz anderes, als die Steffi … Ich möcht' nur wissen, warum ich die aufgegeben hab' … so eine Eselei! Zu fad ist es mir geworden, ja, das war das Ganze … So jeden Abend mit ein und derselben ausgeh'n … Dann hab' ich eine Angst g'habt, daß ich überhaupt nimmer

Krampen: (österr. ugs.) altes und schwaches Pferd

Veigerln: (bayer., österr.) Veilchen

Schubiak: Gauner, nicht vertrauenswürdige Person

Weingartl: Wiener Gasthaus und Künstlerlokal

(österr.) nörgelnde, weinerliche, jammernde Frau

dann wäre Schluss

(österr.) (sich) erbrechen, sich übergeben

loskomm' – eine solche Raunzen – – Na, Gustl, hätt'st schon noch warten können – war doch die einzige, die dich gern gehabt hat … Was sie jetzt macht? Na was wird s' machen? – Jetzt wird s' halt einen andern haben … Freilich, das mit der Steffi ist bequemer –wenn man nur gelegentlich engagiert ist und ein anderer hat die ganzen Unannehmlichkeiten, und ich hab' nur das Vergnügen … Ja, da kann man auch nicht verlangen, daß sie auf den Friedhof hinauskommt … Wer ging denn überhaupt mit, wenn er nicht müßt'! – Vielleicht der Kopetzky, und dann wär' Rest! – Ist doch traurig, so gar niemanden zu haben …

Aber so ein Unsinn! der Papa und die Mama und die Klara … Ja, ich bin halt der Sohn, der Bruder … aber was ist denn weiter zwischen uns? gern haben sie mich ja – aber was wissen sie denn von mir? – Daß ich meinen Dienst mach', daß ich Karten spiel' und daß ich mit Menschern herumlauf' … aber sonst? – Daß mich manchmal selber vor mir graust, das hab' ich ihnen ja doch nicht geschrieben – na, mir scheint, ich hab's auch selber gar nicht recht gewußt – Ah was, kommst du jetzt mit solchen Sachen, Gustl? Fehlt nur noch, daß du zum Weinen anfangst … pfui Teufel! – Ordentlich Schritt … so! Ob man zu einem Rendezvous geht oder auf Posten oder in die Schlacht … wer hat das nur gesagt? … ah ja, der Major Lederer, in der Kantin', wie man von dem Wingleder erzählt hat, der so blaß geworden ist vor seinem ersten Duell – und gespieben hat … Ja: ob man zu einem Rendezvous geht oder in den sichern Tod, am Gang und am G'sicht laßt sich das der richtige Offizier nicht anerkennen! – Also Gustl – der Major Lederer hat's g'sagt! ha! –

Immer lichter … man könnt' schon lesen … Was pfeift

denn da? … Ah, drüben ist der Nordbahnhof … Die Tegetthoffsäule … so lang hat sie noch nie ausg'schaut … Da drüben stehen Wagen … Aber nichts als Straßenkehrer auf der Straße … meine letzten Straßenkehrer – ha! ich muß immer lachen, wenn ich dran denk' … das versteh' ich gar nicht … Ob das bei allen Leuten so ist, wenn sie's einmal ganz sicher wissen? Halb vier auf der Nordbahnuhr … jetzt ist nur die Frage, ob ich mich um sieben nach Bahnzeit oder nach Wiener Zeit erschieß'? … Sieben … ja, warum grad' sieben? … Als wenn's gar nicht anders sein könnt' … Hunger hab' ich – meiner Seel', ich hab' Hunger – kein Wunder … seit wann hab' ich denn nichts gegessen? … Seit – seit gestern sechs Uhr abends im Kaffeehaus … ja! Wie mir der Kopetzky das Billett gegeben hat – eine Melange und zwei Kipfel. – Was der Bäckermeister sagen wird, wenn er's erfahrt? … der verfluchte Hund! – Ah, der wird wissen, warum – dem wird der Knopf aufgeh'n – der wird draufkommen, was es heißt: Offizier! – So ein Kerl kann sich auf offener Straße prügeln lassen, und es hat keine Folgen, und unsereiner wird unter vier Augen insultiert und ist ein toter Mann … Wenn sich so ein Fallot wenigstens schlagen möcht' – aber nein, da wär' er ja vorsichtiger, da möcht' er so was nicht riskieren … Und der Kerl lebt weiter, ruhig weiter, während ich – krepieren muß! – Der hat mich doch umgebracht … Ja, Gustl, merkst d' was? – der ist es, der dich umbringt! Aber so glatt soll's ihm doch nicht ausgeh'n! – Nein, nein, nein! Ich werd' dem Kopetzky einen Brief schreiben, wo alles drinsteht, die ganze G'schicht' schreib' ich auf … oder noch besser: ich schreib's dem Obersten, ich mach' eine Meldung ans Regimentskommando … ganz wie eine dienstliche Meldung … Ja, wart', du glaubst, daß so was

Seite 174

1886 auf dem Praterstern vor dem Nordbahnhof errichtetes Denkmal für den Admiral Tegetthoff (1827–1871)

Seite 174

(frz. *mélanger* mischen) Wiener Kaffeespezialität aus einer Kombination von Espresso und aufgeschäumter Milch

Hefeteiggebäck in Hörnchenform, Vorläufer des frz. *Croissant*

Seite 174

(lat.) beleidigt, verhöhnt

(österr.) Gauner

vgl. Seite 163 „Leutnant"

geheim bleiben kann? – Du irrst dich – aufgeschrieben wird’s zum ewigen Gedächtnis, und dann möcht’ ich sehen, ob du dich noch ins Kaffeehaus traust – Ha! – „das möcht’ ich sehen,“ ist gut! … Ich möcht’ noch manches gern sehen, wird nur leider nicht möglich sein – aus is! –

Jetzt kommt der Johann in mein Zimmer, jetzt merkt er, daß der Herr Leutnant nicht zu Haus geschlafen hat. – Na, alles mögliche wird er sich denken; aber daß der Herr Leutnant im Prater übernachtet hat, das, meiner Seel’, das nicht … Ah, die Vierundvierziger! Zur Schießstätte marschieren s’ – lassen wir sie vorübergeh’n … so, stellen wir uns daher … – Da oben wird ein Fenster aufgemacht – hübsche Person – na, ich möcht’ mir wenigstens ein Tüchel umnehmen, wenn ich zum Fenster geh’ … Vorigen Sonntag war’s zum letztenmal … Daß grad’ die Steffi die letzte sein wird, hab’ ich mir nicht träumen lassen. – Ach Gott, das ist doch das einzige reelle Vergnügen … Na ja, der Herr Oberst wird in zwei Stunden nobel nachreiten … die Herren haben’s gut – ja, ja, rechts g’schaut! – Ist schon gut … Wenn ihr wüßtet, wie ich auf euch pfeif’! – Ah, das ist nicht schlecht: der Katzer … seit wann ist denn der zu den Vierundvierzigern übersetzt? – Servus, servus! – Was der für ein G’sicht macht? … Warum deut’ er denn auf seinen Kopf? – Mein Lieber, dein Schädel interessiert mich sehr wenig … Ah, so! Nein, mein Lieber, du irrst dich: im Prater hab’ ich übernachtet … wirst schon heut’ im Abendblatt lesen. – „Nicht möglich!“ wird er sagen, „heut’ früh, wie wir zur Schießstätte ausgerückt sind, hab’ ich ihn noch auf der Praterstraße getroffen!“ – Wer wird denn meinen Zug kriegen? – Ob sie ihn dem Walterer geben werden? – Na, da wird was Schönes herauskommen – ein Kerl ohne

44. Ungarisches Infanterieregiment

militärischer Schießübungsplatz im 21. Wiener Bezirk Floridsdorf

hier: in Ruhe, ohne Eile

Hauptstraße im 2. Wiener Gemeindebezirk Leopoldstadt, Verbindung vom Stadtzentrum zum Prater (vgl. 40.648). Arthur Schnitzler wurde in der Praterstr. 16 (ehemals Jägerzeile) geboren.

Schneid, der hätt' auch lieber Schuster werden sollen … Was, geht schon die Sonne auf? – Das wird heut ein schöner Tag – so ein rechter Frühlingstag … Ist doch eigentlich zum Teufelholen! – der Komfortabelkutscher wird noch um achte in der Früh auf der Welt sein, und ich … na, was ist denn das? He, das wär' sowas – noch im letzten Moment die Kontenance verlieren wegen einem Komfortabelkutscher … Was ist denn das, daß ich auf einmal so ein blödes Herzklopfen krieg'? – Das wird doch nicht deswegen sein … Nein, o nein … es ist, weil ich so lang' nichts gegessen hab'. – – Aber Gustl, sei doch aufrichtig mit dir selber: – Angst hast du – Angst, weil du's noch nie probiert hast … Aber das hilft dir ja nichts, die Angst hat noch keinem was geholfen, jeder muß es einmal durchmachen, der eine früher, der andere später, und du kommst halt früher dran … Viel wert bist du ja nie gewesen, so benimm dich wenigstens anständig zu guter Letzt, das verlang' ich von dir! – So, jetzt heißt's nur überlegen – aber was denn? … Immer will ich mir was überlegen … ist doch ganz einfach: – im Nachtkastelladel liegt er, geladen ist er auch, heißt's nur: losdrucken – das wird doch keine Kunst sein! – – Die geht schon ins Geschäft … die armen Mädeln! die Adel' war auch in einem G'schäft – ein paarmal hab' ich sie am Abend abg'holt … Wenn sie in einem Geschäft sind, werd'n sie doch keine solchen Menscher … Wenn die Steffi mir allein g'hören möcht', ich ließ sie Modistin werden oder so was … Wie wird sie's denn erfahren? – Aus der Zeitung! … Sie wird sich ärgern, daß ich ihr's nicht geschrieben hab' … Mir scheint, ich schnapp' doch noch über … Was geht denn das mich an, ob sie sich ärgert … Wie lang' hat denn die ganze G'schicht gedauert? … Seit'm Jänner? … Ah nein, es muß doch

Schneid: (süddt., österr. ugs.) Mut, Tatkraft

Komfortabelkutscher: Einspännerdroschke, Mietkutsche (lat., engl., frz.: komfortabel: bequem, behaglich, gut ausgestattet)

die Kontenance: (frz.) Fassung, Haltung, Gelassenheit

Nachtkastelladel: (österr.) Schublade des Nachttisches (neben dem Bett)

Modistin: Herstellerin von Kopfbedeckungen für Damen, Inhaberin eines Hutgeschäftes

Jänner: (österr.) Januar

schon vor Weihnachten gewesen sein … ich hab' ihr ja aus Graz Zuckerln mitgebracht, und zu Neujahr hat sie mir ein Brieferl g'schickt … Richtig, die Briefe, die ich zu Haus hab', – sind keine da, die ich verbrennen sollt'? … Hm, der vom Fallsteiner – wenn man den Brief findet … der Bursch könnt' Unannehmlichkeiten haben … Was mir das schon aufliegt! – Na, es ist ja keine große Anstrengung … aber hervorsuchen kann ich den Wisch nicht … Das beste ist, ich verbrenn' alles zusammen … wer braucht's denn? Ist lauter Makulatur. – – Und meine paar Bücher könnt' ich dem Blany vermachen. – „Durch Nacht und Eis“ … schad', daß ich's nimmer auslesen kann … bin wenig zum Lesen gekommen in der letzten Zeit … Orgel – ah, aus der Kirche … Frühmesse – bin schon lang bei keiner gewesen … das letzte Mal im Feber, wie mein Zug dazu kommandiert war … Aber das galt nichts – ich hab' auf meine Leut' aufgepaßt, ob sie andächtig sind und sich ordentlich benehmen … – Möcht' in die Kirche hineingeh'n … am End' ist doch was dran … – Na, heut nach Tisch werd' ich's schon genau wissen … Ah, „nach Tisch“ ist gut! … Also, was ist, soll ich hineingeh'n? – Ich glaub', der Mama wär's ein Trost, wenn sie das wüßt'! … Die Klara gibt weniger drauf … Na, geh'n wir hinein – schaden kann's ja nicht!

Orgel – Gesang – hm! – was ist denn das? – Mir ist ganz schwindlig … O Gott, o Gott, o Gott, o Gott! ich möcht' einen Menschen haben, mit dem ich ein Wort reden könnt' vorher! – Das wär' so was – zur Beicht' geh'n! Der möcht' Augen machen, der Pfaff', wenn ich zum Schluß sagen möcht': Habe die Ehre, Hochwürden; jetzt geh' ich mich umbringen! … – Am liebsten läg' ich da auf dem Steinboden und tät' heulen … Ah nein, das darf man

(österr.) Bonbons

(ugs.) Was geht mich das noch an!

(lat.) Fehldruck, Altpapier

Fridtjof Nansen: In Nacht und Eis. Die norwegische Polarexpedition (1893–96). Zwei Bände, Leipzig 1897.

(süddt., österr.) Februar

(ugs. abwertend) Geistlicher

nicht tun! Aber weinen tut manchmal so gut … Setzen wir uns einen Moment – aber nicht wieder einschlafen wie im Prater! … – Die Leut', die eine Religion haben, sind doch besser dran … Na, jetzt fangen mir gar die Händ' zu zittern an! … Wenn's so weitergeht, werd' ich mir selber auf die Letzt' so ekelhaft, daß ich mich vor lauter Schand' umbring'! – Das alte Weib da – um was betet denn die noch? … Wär' eine Idee, wenn ich ihr sagen möcht': Sie, schließen Sie mich auch ein … ich hab' das nicht ordentlich gelernt, wie man das macht … Ha! mir scheint, das Sterben macht blöd'! – Aufsteh'n! – Woran erinnert mich denn nur die Melodie? – Heiliger Himmel! gestern abend! – Fort, fort! das halt' ich gar nicht aus! … Pst! keinen solchen Lärm, nicht mit dem Säbel schleppern – die Leut' nicht in der Andacht stören – so! – doch besser im Freien … Licht--- Ah, es kommt immer näher – wenn es lieber schon vorbei wär'! – Ich hätt's gleich tun sollen – im Prater … man sollt' nie ohne Revolver ausgehn … Hätt' ich gestern abend einen gehabt … Herrgott noch einmal! – In das Kaffeehaus könnt' ich geh'n frühstücken … Hunger hab' ich … Früher ist's mir immer sonderbar vorgekommen, daß die Leut', die verurteilt sind, in der Früh noch ihren Kaffee trinken und ihr Zigarrl rauchen … Donnerwetter, geraucht hab' ich gar nicht! gar keine Lust zum Rauchen! – Es ist komisch: ich hätt' Lust, in mein Kaffeehaus zu geh'n … Ja, aufgesperrt ist schon, und von uns ist jetzt doch keiner dort – und wenn schon … ist höchstens ein Zeichen von Kaltblütigkeit. „Um sechs hat er noch im Kaffeehaus gefrühstückt, und um sieben hat er sich erschossen"… – Ganz ruhig bin ich wieder … das Gehen ist so angenehm – und das Schönste ist, daß mich keiner zwingt. – Wenn ich wollt', könnt' ich noch

vermutlich Kombination der Verben „schleppen" und „scheppern": Lärm erzeugen

immer den ganzen Krempel hinschmeißen … Amerika … Was ist das: „Krempel“? *Was* ist ein „Krempel“? Mir scheint, ich hab’ den Sonnenstich! … Oho, bin ich vielleicht deshalb so ruhig, weil ich mir immer noch einbild’, ich muß nicht? … Ich muß! Ich muß! Nein, ich will! – Kannst du dir denn überhaupt vorstellen, Gustl, daß du dir die Uniform ausziehst und durchgehst? Und der verfluchte Hund lacht sich den Buckel voll – und der Kopetzky selbst möcht’ dir nicht mehr die Hand geben … Mir kommt vor, ich bin ganz rot geworden. – – Der Wachmann salutiert mir … ich muß danken … „Servus!“ – Jetzt hab’ ich gar „Servus“ gesagt! … Das freut so einen armen Teufel immer … Na, über mich hat sich keiner zu beklagen gehabt – außer Dienst war ich immer gemütlich. – Wie wir auf Manöver waren, hab’ ich den Chargen von der Kompagnie Britannikas geschenkt; – einmal hab’ ich gehört, wie ein Mann hinter mir bei den Gewehrgriffen was von „verfluchter Rackerei“ g’sagt hat, und ich hab’ ihn nicht zum Rapport geschickt – ich hab’ ihm nur gesagt: „Sie, passen S’ auf, das könnt’ einmal wer anderer hören – da ging’s Ihnen schlecht!“… Der Burghof … Wer ist denn heut auf der Wach’? – Die Bosniaken – schau’n gut aus – der Oberstleutnant hat neulich g’sagt: Wie wir im 78er Jahr unten waren, hätt’ keiner geglaubt, daß uns die einmal so parieren werden! … Herrgott, bei so was hätt’ ich dabei sein mögen – Da steh’n sie alle auf von der Bank. – Servus, servus! – Das ist halt zuwider, daß unsereiner nicht dazu kommt. – Wär’ doch schöner gewesen, auf dem Felde der Ehre, fürs Vaterland, als so … Ja, Herr Doktor, Sie kommen eigentlich gut weg! … Ob das nicht einer für mich übernehmen könnt’? – Meiner Seel’, das sollt’ ich hinterlassen, daß sich der Kopetzky oder der Wy-

(ugs. Redewendung) aufgeben

(ugs.) Trödel, Kram

militärischer Vorgesetzter; Offizier

(frz. *rapport* „Bericht“) Meldung eines Dienstvergehens in der Armee

Seite 174 f.

Seite 175

Seite 175

metal an meiner Statt mit dem Kerl schlagen … Ah, so leicht sollt' der doch nicht davonkommen! – Ah, was! Ist das nicht egal, was nachher geschieht? Ich erfahr's ja doch nimmer! – Da schlagen die Bäume aus … Im Volksgarten hab' ich einmal eine angesprochen – ein rotes Kleid hat sie angehabt – in der Strozzigasse hat sie gewohnt – nachher hat sie der Rochlitz übernommen … Mir scheint, er hat sie noch immer, aber er red't nichts mehr davon – er schämt sich vielleicht … Jetzt schläft die Steffi noch … so lieb sieht sie aus, wenn sie schläft … als wenn sie nicht bis fünf zählen könnt'! – Na, wenn sie schlafen, schau'n sie alle so aus! – Ich sollt' ihr doch noch ein Wort schreiben … warum denn nicht? Es tut's ja doch ein jeder, daß er vorher noch Briefe schreibt. – Auch der Klara sollt' ich schreiben, daß sie den Papa und die Mama tröstet – und was man halt so schreibt! – und dem Kopetzky doch auch … Meiner Seel', mir kommt vor, es wär' viel leichter, wenn man ein paar Leuten Adieu gesagt hätt' … Und die Anzeige an das Regimentskommando – und die hundertsechzig Gulden für den Ballert … eigentlich noch viel zu tun … Na, es hat's mir ja keiner g'schafft, daß ich's um sieben tu' … von acht an ist noch immer Zeit genug zum Totsein! … Totsein, ja – so heißt's – da kann man nichts machen …

Parkanlage im 1. Wiener Gemeindebezirk Innere Stadt

Straße im 8. Wiener Gemeindebezirk (Josefstadt)

Ringstraße – jetzt bin ich ja bald in meinem Kaffeehaus … Mir scheint gar, ich freu' mich aufs Frühstück … es ist nicht zum glauben. – – Ja, nach dem Frühstück zünd' ich mir eine Zigarre an, und dann geh' ich nach Haus und schreib' … Ja, vor allem mach' ich die Anzeige ans Kommando; dann kommt der Brief an die Klara – dann an den Kopetzky – dann an die Steffi … Was soll ich denn dem Luder schreiben … „Mein liebes Kind, du

Ausdruck der Geringschätzung für eine Person, deren Lebenswandel als fragwürdig angesehen wird

hast wohl nicht gedacht“… – Ah, was, Unsinn! – „Mein liebes Kind, ich danke dir sehr“… – „Mein liebes Kind, bevor ich von hinnen gehe, will ich es nicht verabsäumen“… – Na, Briefschreiben war auch nie meine starke Seite … „Mein liebes Kind, ein letztes Lebewohl von deinem Gustl!“… – Die Augen, die sie machen wird! Ist doch ein Glück, daß ich nicht in sie verliebt war … das muß traurig sein, wenn man eine gern hat und so … Na, Gustl, sei gut: so ist es auch traurig genug … Nach der Steffi wär’ ja noch manche andere gekommen, und am End’ auch eine, die was wert ist – junges Mädel aus guter Familie mit Kaution – es wär’ ganz schön gewesen … – Der Klara muß ich ausführlich schreiben, daß ich nicht hab’ anders können … „Du mußt mir verzeihen, liebe Schwester, und bitte, tröste auch die lieben Eltern. Ich weiß, daß ich euch allen manche Sorge gemacht habe und manchen Schmerz bereitet; aber glaube mir, ich habe euch alle immer sehr lieb gehabt, und ich hoffe, du wirst noch einmal glücklich werden, meine liebe Klara, und deinen unglücklichen Bruder nicht ganz vergessen“… – Ah, ich schreib’ ihr lieber gar nicht! … Nein, da wird mir zum Weinen … es beißt mich ja schon in den Augen, wenn ich dran denk’ … Höchstens dem Kopetzky schreib’ ich – ein kameradschaftliches Lebewohl, und er soll’s den andern ausrichten … – Ist’s schon sechs? – Ah, nein: halb – dreiviertel. – Ist das ein liebes G’sichtel! … der kleine Fratz mit den schwarzen Augen, den ich so oft in der Florianigasse treff’! – was die sagen wird? – Aber die weiß ja gar nicht, wer ich bin – die wird sich nur wundern, daß sie mich nimmer sieht … Vorgestern hab’ ich mir vorgenommen, das nächstemal sprech’ ich sie an. – Kokettiert hat sie genug … so jung war die – am End’ war die gar noch eine Unschuld! …

Seite 175

Straße in der Wiener Josefstadt

Ja, Gustl! Was du heute kannst besorgen, das verschiebe nicht auf morgen! … Der da hat sicher auch die ganze Nacht nicht geschlafen. – Na, jetzt wird er schön nach Haus geh'n und sich niederlegen – ich auch! – Haha! jetzt wird's ernst, Gustl, ja! … Na, wenn nicht einmal das biss'l Grausen wär', so wär' ja schon gar nichts dran – und im ganzen, ich muß's schon selber sagen, halt' ich mich brav … Ah, wohin denn noch? Da ist ja schon mein Kaffeehaus … auskehren tun sie noch … Na, geh'n wir hinein …

Da hinten ist der Tisch, wo die immer Tarok spielen … Merkwürdig, ich kann mir's gar nicht vorstellen, daß der Kerl, der immer da hinten sitzt an der Wand, derselbe sein soll, der mich … – Kein Mensch ist noch da … Wo ist denn der Kellner? … He! Da kommt er aus der Küche … er schlieft schnell in den Frack hinein … Ist wirklich nimmer notwendig! … ah, für ihn schon … er muß heut' noch andere Leut' bedienen! –

Kartenspiel, vgl. 33.396

„Habe die Ehre, Herr Leutnant!"

„Guten Morgen."

„So früh heute, Herr Leutnant?"

„Ah, lassen S' nur – ich hab' nicht viel Zeit, ich kann mit'm Mantel dasitzen."

„Was befehlen Herr Leutnant?"

„Eine Melange mit Haut."

„Bitte gleich, Herr Leutnant!"

Ah, da liegen ja Zeitungen … schon heutige Zeitungen? … Ob schon was drinsteht? … Was denn? – Mir scheint, ich will nachseh'n, ob drinsteht, daß ich mich umgebracht hab'! Haha! – Warum steh' ich denn noch immer? … Setzen wir uns da zum Fenster … Er hat mir ja schon die Melange hingestellt … So, den Vorhang zieh' ich zu; es ist mir zuwider, wenn die Leut' hereingucken … Es geht zwar noch keiner vorüber … Ah, gut schmeckt der Kaffee – doch kein leerer Wahn, das Frühstücken! … Ah, ein ganz anderer Mensch wird man – der ganze Blödsinn ist, daß ich nicht genachtmahlt hab' … Was steht denn der Kerl schon wieder da? – Ah, die Semmeln hat er mir gebracht …

(süddt., österr.) Brötchen

„Haben Herr Leutnant schon gehört?"…

„Was denn?" Ja, um Gotteswillen, weiß der schon was? … Aber, Unsinn, es ist ja nicht möglich!

„Den Herrn Habetswallner …"

Was? So heißt ja der Bäckermeister … was wird der jetzt sagen? … Ist der am End' schon dagewesen? Ist er am End' gestern schon dagewesen und hat's erzählt? … Warum red't er denn nicht weiter? … Aber er red't ja …

„… hat heut' nacht um zwölf der Schlag getroffen."

„Was?"… Ich darf nicht so schreien … nein, ich darf mir nichts anmerken lassen … aber vielleicht träum' ich … ich muß ihn noch einmal fragen … „Wen hat der Schlag getroffen?" – Famos, famos! – ganz harmlos hab' ich das gesagt! –

„Den Bäckermeister, Herr Leutnant! … Herr Leutnant werd'n ihn ja kennen … na, den Dicken, der jeden Nachmittag neben die Herren Offiziere seine Tarokpartie hat … mit'n Herrn Schlesinger und 'n Herrn Wasner von der Kunstblumenhandlung vis-a-vis!"

Ich bin ganz wach – stimmt alles – und doch kann ich's noch nicht recht glauben – ich muß ihn noch einmal fragen … aber ganz harmlos …

„Der Schlag hat ihn getroffen? … Ja, wieso denn? Woher wissen S' denn das?"

„Aber Herr Leutnant", wer soll's denn früher wissen, als unsereiner – die Semmel, die der Herr Leutnant da essen, ist ja auch vom Herrn Habetswallner. Der Bub, der uns das Gebäck um halber fünfe in der Früh bringt, hat's uns erzählt."

Um Himmelswillen, ich darf mich nicht verraten … ich möcht' ja schreien … ich möcht' ja lachen … ich möcht' ja dem Rudolf ein Bussel geben … Aber ich muß ihn noch was fragen! … Vom Schlag getroffen werden, heißt noch nicht: tot sein … ich muß fragen, ob er tot ist … aber ganz ruhig, denn was geht mich der Bäckermeister an – ich muß in die Zeitung schau'n, während ich den Kellner frag' …

(österr. ugs.) Kuss

„Ist er tot?"

„Na, freilich, Herr Leutnant; auf'm Fleck ist er tot geblieben."

O, herrlich, herrlich! – Am End' ist das alles, weil ich in der Kirchen g'wesen bin …

„Er ist am Abend im Theater g'wesen; auf der Stiegen ist er umg'fallen – der Hausmeister hat den Krach gehört … na, und dann haben s' ihn in die Wohnung getragen, und wie der Doktor gekommen ist, war's schon lang' aus."

(süddt., österr.) auf der Treppe

„Ist aber traurig. Er war doch noch in den besten Jahren." – Das hab' ich jetzt famos gesagt – kein Mensch könnt' mir was anmerken … und ich muß mich wirklich zurückhalten, daß ich nicht schrei' oder aufs Billard spring' …

auf den Billardtisch

„Ja, Herr Leutnant, sehr traurig; war ein so lieber Herr, und zwanzig Jahr' ist er schon zu uns kommen – war ein guter Freund von unserm Herrn. Und die arme Frau …"

Ich glaub', so froh bin ich in meinem ganzen Leben nicht gewesen … Tot ist er – tot ist er! Keiner weiß was, und nichts ist g'scheh'n! – Und das Mordsglück, daß ich in das Kaffeehaus gegangen bin … sonst hätt' ich mich ja ganz umsonst erschossen – es ist doch wie eine Fügung des Schicksals … Wo ist denn der Rudolf? – Ah, mit dem Feuerburschen red't er … – Also, tot ist er – tot ist er – ich kann's noch gar nicht glauben! Am liebsten möcht' ich hingeh'n, um's zu seh'n. – – Am End' hat ihn der Schlag getroffen aus Wut, aus verhaltenem Zorn … Ah, warum, ist mir ganz egal! Die Hauptsach' ist: er ist tot, und ich darf leben, und alles g'hört wieder mein! … Komisch, wie ich mir da immerfort die Semmel einbrock', die mir der Herr Habetswallner gebacken hat! Schmeckt mir ganz gut, Herr von Habetswallner! Famos! – So, jetzt möcht' ich noch ein Zigarrl rauchen …

„Rudolf! Sie, Rudolf! Sie, lassen S' mir den Feuerburschen dort in Ruh'!"

„Bitte, Herr Leutnant!"

„Trabucco"… – Ich bin so froh, so froh! … Was mach' ich denn nur? … Was mach ich denn nur? … Es muß ja was gescheh'n, sonst trifft mich auch noch der Schlag vor lauter Freud'! … In einer Viertelstund' geh ich hinüber in die Kasern' und laß mich vom Johann kalt abreiben … um halb acht sind die Gewehrgriff', und um halb zehn ist Exerzieren. – Und der Steffi schreib' ich, sie muß sich für heut abend frei machen, und wenn's Graz gilt! Und nachmittag um vier … na wart', mein Lieber, wart', mein Lieber! Ich bin grad' gut aufgelegt … Dich hau' ich zu Krenfleisch!

Feuerburschen: Person, die für die Befeuerung der Öfen verantwortlich ist

einbrock': kleine Stücke vom Brot abbrechen und in den Kaffee geben

Trabucco: Zigarrensorte

Exerzieren: (lat.) militärische Übungen

und wenn's Graz gilt: (idiomatisch) um jeden Preis

Krenfleisch: (süddt., österr.) einfaches Gericht aus gekochtem Schweine- oder Rindfleisch mit Wurzelgemüse und Meerrettich (Kren)

Traumnovelle

I

„Vierundzwanzig braune Sklaven ruderten die prächtige Galeere, die den Prinzen Amgiad zu dem Palast des Kalifen bringen sollte. Der Prinz aber, in seinen Purpurmantel gehüllt, lag allein auf dem Verdeck unter dem dunkelblauen, sternbesäten Nachthimmel, und sein Blick –“

Seite 176

Seite 176

(arab.) islamischer Titel der polit. u. geistl. Führer in der Nachfolge Mohammeds

Mantel aus purpurrotem Stoff, Herrscherattribut von Fürsten, Kardinälen und anderen ranghohen Personen

Bis hierher hatte die Kleine laut gelesen; jetzt, beinahe plötzlich, fielen ihr die Augen zu. Die Eltern sahen einander lächelnd an, Fridolin beugte sich zu ihr nieder, küßte sie auf das blonde Haar und klappte das Buch zu, das auf dem noch nicht abgeräumten Tische lag. Das Kind sah auf wie ertappt.

„Neun Uhr,“ sagte der Vater, „es ist Zeit schlafen zu gehen.“ Und da sich nun auch Albertine zu dem Kind herabgebeugt hatte, trafen sich die Hände der Eltern auf der geliebten Stirn, und mit zärtlichem Lächeln, das nun nicht mehr dem Kinde allein galt, begegneten sich ihre Blicke. Das Fräulein trat ein, mahnte die Kleine, den Eltern gute Nacht zu sagen; gehorsam erhob sie sich, reichte Vater und Mutter die Lippen zum Kuß und ließ sich von dem Fräulein ruhig aus dem Zimmer führen. Fridolin und Albertine aber, nun allein geblieben unter dem rötlichen Schein der Hängelampe, hatten es mit einemmal eilig, ihre vor dem Abendessen begonnene Unterhaltung über die Erlebnisse auf der gestrigen Redoute wiederaufzunehmen.

(frz.) Saal für festliche Veranstaltungen; (österr.) Maskenball

Es war in diesem Jahr ihr erstes Ballfest gewesen, an dem sie gerade noch vor Karnevalschluß teilzunehmen sich entschlossen hatten. Was Fridolin betraf, so war er gleich beim Eintritt in den Saal wie ein mit Ungeduld erwarteter Freund von zwei roten Dominos begrüßt worden, über deren Person er sich nicht klar zu werden vermochte, obzwar sie über allerlei Geschichten aus seiner Studenten- und Spitalzeit auffallend genauen Bescheid wußten. Aus der Loge, in die sie ihn mit verheißungsvoller Freundlichkeit geladen, hatten sie sich mit dem Versprechen entfernt, sehr bald, und zwar unmaskiert, zurückzukommen, waren aber so lange fortgeblieben, daß er, ungeduldig geworden, vorzog, sich ins Parterre zu begeben, wo er den beiden fragwürdigen Erscheinungen wieder zu begegnen hoffte. So angestrengt er auch umherspähte, nirgends vermochte er sie zu erblicken; statt ihrer aber hing sich unversehens ein anderes weibliches Wesen in seinen Arm: seine Gattin, die sich eben jäh einem Unbekannten entzogen, dessen melancholisch-blasiertes Wesen und fremdländischer, anscheinend polnischer Akzent sie anfangs bestrickt, der sie aber plötzlich durch ein unerwartet hingeworfenes, häßlich-freches Wort verletzt, ja erschreckt hatte. Und so saßen Mann und Frau, im Grunde froh, einem enttäuschend banalen Maskenspiel entronnen zu sein, bald wie zwei Liebende, unter andern verliebten Paaren, im Büfettraum bei Austern und Champagner, plauderten sich vergnügt, als hätten sie eben erst Bekanntschaft miteinander geschlossen, in eine Komödie der Galanterie, des Widerstandes, der Verführung und des Gewährens hinein; und nach einer raschen Wagenfahrt durch die weiße Winternacht sanken sie einander daheim zu einem schon lange Zeit nicht mehr so heiß erlebten Liebesglück in die Arme. Ein grauer Morgen weckte sie allzubald. Den Gatten forderte sein Beruf schon in früher Stunde an die Betten seiner Kranken; Hausfrau- und Mutterpflichten ließen

Seite 176

Seite 176

Seite 176

Seite 176

(griech.) schwermütig, trübsinnig

(frz.) überheblich, eingebildet, hochmütig

verführt, bezaubert

(frz.) Saal mit zur Selbstbedienung angerichteten Speisen

(frz.) Höflichkeit und Zuvorkommenheit gegenüber Frauen

Albertine kaum länger ruhen. So waren die Stunden nüchtern und vorbestimmt in Alltagspflicht und Arbeit hingegangen, die vergangene Nacht, Anfang wie Ende, war verblaßt; und jetzt erst, da beider Tagewerk vollendet, das Kind schlafen gegangen und von nirgendher eine Störung zu gewärtigen war, stiegen die Schattengestalten von der Redoute, der melancholische Unbekannte und die roten Dominos, wieder zur Wirklichkeit empor; und jene unbeträchtlichen Erlebnisse waren mit einemmal vom trügerischen Scheine versäumter Möglichkeiten zauberhaft und schmerzlich umflossen. Harmlose und doch lauernde Fragen, verschmitzte, doppeldeutige Antworten wechselten hin und her; keinem von beiden entging, daß der andere es an der letzten Aufrichtigkeit fehlen ließ, und so fühlten sich beide zu gelinder Rache aufgelegt. Sie übertrieben das Maß der Anziehung, das von ihren unbekannten Redoutenpartnern auf sie ausgestrahlt hätte, spotteten der eifersüchtigen Regungen, die der andere merken ließ, und leugneten ihre eigenen weg. Doch aus dem leichten Geplauder über die nichtigen Abenteuer der verflossenen Nacht gerieten sie in ein ernsteres Gespräch über jene verborgenen, kaum geahnten Wünsche die auch in die klarste und reinste Seele trübe und gefährliche Wirbel zu reißen vermögen, und sie redeten von den geheimen Bezirken, nach denen sie kaum Sehnsucht verspürten und wohin der unfaßbare Wind des Schicksals sie doch einmal, und wär's auch nur im Traum, verschlagen könnte. Denn so völlig sie einander in Gefühl und Sinnen angehörten, sie wußten, daß gestern nicht zum erstenmal ein Hauch von Abenteuer, Freiheit und Gefahr sie angerührt; bang, selbstquälerisch, in unlauterer Neugier versuchten sie eines aus dem andern Geständnisse hervorzulocken und, ängstlich näher zu-

gelinder: sanft, nachsichtig, mild

unlauterer: Ggs. zu „lauter" (rein, ungetrübt), hier: unangemessener

sammenrückend, forschte jedes in sich nach irgendeiner Tatsache, so gleichgültig, nach einem Erlebnis, so richtig es sein mochte, das für das Unsagbare als Ausdruck gelten, und dessen aufrichtige Beichte sie vielleicht von einer Spannung und einem Mißtrauen befreien könnte, das allmählich unerträglich zu werden anfing. Albertine, ob sie nun die Ungeduldigere, die Ehrlichere oder die Gütigere von den beiden war, fand zuerst den Mut zu einer offenen Mitteilung; und mit etwas schwankender Stimme fragte sie Fridolin, ob er sich des jungen Mannes erinnere, der im letztverflossenen Sommer am dänischen Strand eines Abends mit zwei Offizieren am benachbarten Tisch gesessen, während des Abendessens ein Telegramm erhalten und sich daraufhin eilig von seinen Freunden verabschiedet hatte.

(griech., engl., frz.) telegrafisch übermittelter Text, eine Funknachricht

Fridolin nickte: „Was war's mit dem?" fragte er.

„Ich hatte ihn schon des Morgens gesehen," erwiderte Albertine, „als er eben mit seiner gelben Handtasche eilig die Hoteltreppe hinabstieg. Er hatte mich flüchtig gemustert, aber erst ein paar Stufen höher blieb er stehen, wandte sich nach mir um, und unsere Blicke mußten sich begegnen. Er lächelte nicht, ja, eher schien mir, daß sein Antlitz sich verdüsterte, und mir erging es wohl ähnlich, denn ich war bewegt wie noch nie. Den ganzen Tag lag ich traumverloren am Strand. Wenn er mich riefe – so meinte ich zu wissen –, ich hätte nicht widerstehen können. Zu allem glaubte ich mich bereit; dich, das Kind, meine Zukunft hinzugeben, glaubte ich mich so gut wie entschlossen, und zugleich – wirst du es verstehen? – warst du mir teurer als je. Gerade an diesem Nachmittag, du mußt dich noch erinnern, fügte es sich, daß wir so vertraut über tausend Dinge, auch über unsere gemeinsame Zukunft, auch über das Kind plauderten, wie schon seit lange nicht mehr. Bei Sonnenuntergang saßen wir auf dem Balkon, du und ich, da ging er vorüber unten am Strand, ohne aufzublicken, und ich war beglückt, ihn zu sehen. Dir aber strich ich über die Stirne und küßte dich aufs Haar, und in meiner Liebe zu dir war zugleich viel schmerzliches Mitleid. Am Abend war ich sehr schön, du hast es mir selber gesagt, und trug eine weiße Rose im Gürtel. Es war vielleicht kein Zufall, daß der Fremde mit seinen Freunden in unserer Nähe saß. Er blickte nicht zu mir her, ich aber spielte mit dem Gedanken, aufzustehen, an seinen Tisch zu treten und ihm zu sagen: Da bin ich, mein Erwarteter, mein Geliebter, – nimm mich hin. In diesem Augenblick brachte man ihm das Telegramm, er las, erblaßte, flüsterte dem jüngeren der beiden Offiziere einige Worte zu, und mit einem rätselhaften Blick mich streifend, verließ er den Saal."

„Und?" fragte Fridolin trocken, als sie schwieg.

„Nichts weiter. Ich weiß nur, daß ich am nächsten Morgen mit einer gewissen Bangigkeit erwachte. Wovor mir mehr bangte – ob davor, daß er abgereist, oder davor, daß er noch da sein könnte –, das weiß ich nicht, das habe ich auch damals nicht gewußt. Doch als er auch mittags verschwunden blieb, atmete ich auf. Frage mich nicht weiter, Fridolin, ich habe dir die ganze Wahrheit gesagt. – Und auch du hast an jenem Strand irgend etwas erlebt, – ich weiß es."

Fridolin erhob sich, ging ein paarmal im Zimmer auf und ab, dann sagte er: „Du hast recht." Er stand am Fenster, das Antlitz im Dunkel. „Des Morgens," begann er mit verschleierter, etwas feindseliger Stimme, „manchmal sehr früh noch, ehe du aufgestanden warst, pflegte ich längs des Ufers dahinzuwandern, über den

Ort hinaus; und, so früh es war, immer lag schon die Sonne hell und stark über dem Meer. Da draußen am Strand gab es kleine Landhäuser, wie du weißt, die, jedes, dastanden, eine kleine Welt für sich, manche mit umplankten Gärten, manche auch nur von Wald umgeben, und die Badehütten waren von den Häusern durch die Landstraße und ein Stück Strand getrennt. Kaum daß ich je in so früher Stunde Menschen begegnete; und Badende waren überhaupt niemals zu sehen. Eines Morgens aber wurde ich ganz plötzlich einer weiblichen Gestalt gewahr, die, eben noch unsichtbar gewesen, auf der schmalen Terrasse einer in den Sand gepfählten Badehütte, einen Fuß vor den andern setzend, die Arme nach rückwärts an die Holzwand gespreitet, sich vorsichtig weiterbewegte. Es war ein ganz junges, vielleicht fünfzehnjähriges Mädchen mit aufgelöstem blonden Haar, das über die Schultern und auf der einen Seite über die zarte Brust herabfloß. Das Mädchen sah vor sich hin, ins Wasser hinab, langsam glitt es längs der Wand weiter, mit gesenktem Auge nach der andern Ecke hin, und plötzlich stand es mir gerade gegenüber; mit den Armen griff sie weit hinter sich, als wollte sie sich fester anklammern, sah auf und erblickte mich plötzlich. Ein Zittern ging durch ihren Leib, als müßte sie sinken oder fliehen. Doch da sie auf dem schmalen Brett sich doch nur ganz langsam hätte weiterbewegen können, entschloß sie sich innezuhalten, – und stand nun da, zuerst mit einem erschrockenen, dann mit einem zornigen, endlich mit einem verlegenen Gesicht. Mit einemmal aber lächelte sie, lächelte wunderbar; es war ein Grüßen, ja ein Winken in ihren Augen, – und zugleich ein leiser Spott, mit dem sie ganz flüchtig zu ihren Füßen das Wasser streifte, das mich von ihr trennte. Dann reckte sie den jungen

umplankten: mit Planken (Brettern) umgrenzt

gespreitet: (veraltet) ausgebreitet

schlanken Körper hoch, wie ihrer Schönheit froh, und, wie leicht zu merken war, durch den Glanz meines Blicks, den sie auf sich fühlte, stolz und süß erregt. So standen wir uns gegenüber, vielleicht zehn Sekunden lang, mit halboffenen Lippen und flimmernden Augen. Unwillkürlich breitete ich meine Arme nach ihr aus, Hingebung und Freude war in ihrem Blick. Mit einemmal aber schüttelte sie heftig den Kopf, löste einen Arm von der Wand, deutete gebieterisch, ich solle mich entfernen; und als ich es nicht gleich über mich brachte zu gehorchen, kam ein solches Bitten, ein solches Flehen in ihre Kinderaugen, daß mir nichts anderes übrigblieb, als mich abzuwenden. So rasch als möglich setzte ich meinen Weg wieder fort; ich sah mich kein einziges Mal nach ihr um, nicht eigentlich aus Rücksicht, aus Gehorsam, aus Ritterlichkeit, sondern darum, weil ich unter ihrem letzten Blick eine solche, über alles je Erlebte hinausgehende Bewegung verspürt hatte, daß ich mich einer Ohnmacht nah fühlte.“ Und er schwieg.
„Und wie oft“, fragte Albertine, vor sich hinsehend und ohne jede Betonung, „bist du nachher noch denselben Weg gegangen?“
„Was ich dir erzählt habe,“ erwiderte Fridolin, „ereignete sich zufällig am letzten Tag unseres Aufenthalts in Dänemark. Auch ich weiß nicht, was unter anderen Umständen geworden wäre. Frag’ auch du nicht weiter, Albertine.“
Er stand immer noch am Fenster, unbeweglich. Albertine erhob sich, trat auf ihn zu, ihr Auge war feucht und dunkel, leicht gerunzelt die Stirn. „Wir wollen einander solche Dinge künftighin immer gleich erzählen“, sagte sie.
Er nickte stumm.

„Versprich's mir."

Er zog sie an sich. „Weißt du das nicht?" fragte er; aber seine Stimme klang immer noch hart.

Sie nahm seine Hände, streichelte sie und sah zu ihm auf mit umflorten Augen, auf deren Grund er ihre Gedanken zu lesen vermochte. Jetzt dachte sie seiner andern, wirklicherer, dachte seiner Jünglingserlebnisse, in deren manche sie eingeweiht war, da er, ihrer eifersüchtigen Neugier allzu willig nachgebend, ihr in den ersten Ehejahren manches verraten, ja, wie ihm oftmals scheinen wollte, preisgegeben, was er lieber für sich hätte behalten sollen. In dieser Stunde, er wußte es, drängte manche Erinnerung sich ihr mit Notwendigkeit auf, und er wunderte sich kaum, als sie, wie aus einem Traum, den halbvergessenen Namen einer seiner Jugendgeliebten aussprach. Doch wie ein Vorwurf, ja wie eine leise Drohung klang er ihm entgegen.

umflorten: gehobener Sprachstil; (durch Tränen) wie mit einem Schleier bedeckt

Er zog ihre Hände an seine Lippen.

„In jedem Wesen – glaub' es mir, wenn es auch wohlfeil klingen mag, – in jedem Wesen, das ich zu lieben meinte, habe ich immer nur dich gesucht. Das weiß ich besser, als du es verstehen kannst, Albertine."

wohlfeil: (veraltet) billig

Sie lächelte trüb. „Und wenn es auch mir beliebt hätte, zuerst auf die Suche zu gehen?" sagte sie. Ihr Blick veränderte sich, wurde kühl und undurchdringlich. Er ließ ihre Hände aus den seinen gleiten, als hätte er sie auf einer Unwahrheit, auf einem Verrat ertappt; sie aber sagte: „Ach, wenn ihr wüßtet", und wieder schwieg sie.

„Wenn wir wüßten –? Was willst du damit sagen?"

Mit seltsamer Härte erwiderte sie: „Ungefähr, was du dir denkst, mein Lieber."

„Albertine – so gibt es etwas, was du mir verschwiegen hast?"

Sie nickte und blickte mit einem sonderbaren Lächeln vor sich hin. Unfaßbare, unsinnige Zweifel wachten in ihm auf.

„Ich verstehe nicht recht“, sagte er. „Du warst kaum siebzehn, als wir uns verlobten.“

„Sechzehn vorbei, ja, Fridolin. Und doch –“ sie sah ihm hell in die Augen – „lag es nicht an mir, daß ich noch jungfräulich deine Gattin wurde.“

„Albertine –!“ Und sie erzählte:

„Es war am Wörthersee, ganz kurz vor unserer Verlobung, Fridolin, da stand an einem schönen Sommerabend ein sehr hübscher junger Mensch an meinem Fenster, das auf die große, weite Wiese hinaussah, wir plauderten miteinander, und ich dachte im Laufe dieser Unterhaltung, ja höre nur, was ich dachte: Was ist das doch für ein lieber, entzückender, junger Mensch, – er müßte jetzt nur ein Wort sprechen, freilich, das richtige müßte es sein, so käme ich zu ihm hinaus auf die Wiese und spazierte mit ihm, wohin es ihm beliebte, – in den Wald vielleicht; – oder schöner noch wäre es, wir führen im Kahn zusammen in den See hinaus – und er könnte von mir in dieser Nacht alles haben, was er nur verlangte. Ja, das dachte ich mir. – Aber er sprach das Wort nicht aus, der entzückende junge Mensch; er küßte nur zart meine Hand, – und am Morgen darauf fragte er mich – ob ich seine Frau werden wollte. Und ich sagte ja.“

warmer Alpen- und beliebter Badesee in Kärnten westl. von Klagenfurt

Fridolin ließ unmutig ihre Hand los. „Und wenn an jenem Abend“, sagte er dann, „zufällig ein anderer an deinem Fenster gestanden hätte und ihm wäre das richtige Wort eingefallen, zum Beispiel – –“ er dachte nach, welchen Namen er nennen sollte, da streckte sie schon wie abwehrend die Arme vor.

„Ein anderer, wer immer es gewesen wäre, er hätte sagen können, was er wollte, – es hätte ihm wenig geholfen. Und wärst nicht du es gewesen, der vor dem Fenster stand,“ – sie lächelte zu ihm auf –, „dann wäre wohl auch der Sommerabend nicht so schön gewesen.“

Er verzog spöttisch den Mund. „So sagst du in diesem Augenblick, so glaubst du vielleicht in diesem Augenblick. Aber –“

Es klopfte. Das Dienstmädchen trat ein und meldete, die Hausbesorgerin aus der Schreyvogelgasse sei da, den Herrn Doktor zum Hofrat zu holen, dem es wieder sehr schlecht gehe. Fridolin begab sich ins Vorzimmer, erfuhr von der Botin, daß der Hofrat einen Herzanfall erlitten und sich sehr übel befinde; und er versprach, unverzüglich hinzukommen.

(österr.) Hausmeisterin

Straße in der Wiener Altstadt (1. Gemeindebezirk)

österr. Amtstitel für hohe Beamte in Regierung und Verwaltung

„Du willst fort – ?“ fragte ihn Albertine, als er sich rasch zum Fortgehen bereit machte, so ärgerlichen Tons, als füge er ihr mit Vorbedacht ein Unrecht zu.

Fridolin erwiderte, beinah verwundert: „Ich muß wohl.“

Sie seufzte leicht.

„Es wird hoffentlich nicht so schlimm sein,“ sagte Fridolin, „bisher haben ihm drei Centi Morphin immer noch über den Anfall weggeholfen.“

Seite 176 f.

Das Stubenmädchen hatte den Pelz gebracht, Fridolin küßte Albertine ziemlich zerstreut, als wäre das Gespräch der letzten Stunde aus seinem Gedächtnis schon weggewischt, auf Stirn und Mund und eilte davon.

II

Auf der Straße mußte er den Pelz öffnen. Es war plötzlich Tauwetter eingetreten, der Schnee auf dem Fußsteig beinahe weggeschmolzen, und in der Luft wehte ein Hauch des kommenden Frühlings. Von Fridolins Wohnung in der Josefstadt nahe dem Allgemeinen Krankenhaus, war es kaum eine Viertelstunde in die Schreyvogelgasse; und so stieg Fridolin bald die schlecht beleuchtete gewundene Treppe des alten Hauses in das zweite Stockwerk hinauf und zog an der Glocke; doch ehe der altväterische Klingelton sich vernehmen ließ, merkte er, daß die Türe nur angelehnt war; er trat durch den unbeleuchteten Vorraum in das Wohnzimmer und sah sofort, daß er zu spät gekommen war. Die grün verhängte Petroleumlampe, die von der niederen Decke herabhing, warf einen matten Schein über die Bettdecke, unter der regungslos ein schmaler Körper hingestreckt lag. Das Antlitz des Toten war überschattet, doch Fridolin kannte es so gut, daß er es in aller Deutlichkeit zu sehen vermeinte – hager, runzlig, hochgestirnt, mit dem weißen, kurzen Vollbart, den auffallend häßlichen weißbehaarten Ohren. Marianne, die Tochter des Hofrats, saß am Fußende des Bettes mit schlaff herabhängenden Armen, wie in tiefster Ermüdung. Es roch nach alten Möbeln, Medikamenten, Petroleum, Küche; auch ein wenig nach Kölnisch Wasser und Rosenseife, und irgendwie spürte Fridolin auch den süßlich faden Geruch dieses blassen Mädchens, das noch jung war und seit Monaten, seit Jahren in schwerer häuslicher Arbeit, anstrengender Krankenpflege und Nachtwachen langsam verblühte.

Als der Arzt eingetreten war, hatte sie den Blick zu ihm

Redefigur des pars pro toto: der Teilbegriff „Pelz" ersetzt den Gesamtbegriff „Pelzmantel"

8. Wiener Stadtbezirk

Seite 177

unmodisch

Lampe, die ihr Licht durch Verbrennen von Petroleumgasen erzeugt

Kölner Duftwasser (*Eau de Cologne*, 4711)

gewandt, doch in der kärglichen Beleuchtung sah er kaum, ob ihre Wangen sich röteten wie sonst, wenn er erschien. Sie wollte sich erheben, eine Handbewegung Fridolins verwehrte es ihr, sie nickte ihm mit großen, aber trüben Augen einen Gruß zu. Er trat an das Kopfende des Bettes, berührte mechanisch die Stirn des Toten, dessen Arme, die in weiten offenen Hemdärmeln über der Bettdecke lagen, dann senkte er mit leichtem Bedauern die Schultern, steckte die Hände in die Taschen seines Pelzrockes, ließ den Blick im Zimmer umherschweifen und endlich auf Marianne verweilen. Ihr Haar war reich und blond, aber trocken, der Hals wohlgeformt und schlank, doch nicht ganz faltenlos und von gelblicher Tönung, und die Lippen wie von vielen ungesagten Worten schmal.

„Nun ja,“ sagte er flüsternd und fast verlegen, „mein liebes Fräulein, es trifft Sie wohl nicht unvorbereitet.“

Sie streckte ihm die Hand entgegen. Er nahm sie teilnahmsvoll, fragte pflichtgemäß nach dem Verlauf des letzten tödlichen Anfalls, sie berichtete sachlich und kurz und sprach dann von den letzten, verhältnismäßig guten Tagen, in denen Fridolin den Kranken nicht mehr gesehen hatte. Fridolin hatte einen Stuhl herangerückt, setzte sich Marianne gegenüber und gab ihr tröstend zu bedenken, daß ihr Vater in den letzten Stunden kaum gelitten haben dürfte; dann erkundigte er sich, ob Verwandte verständigt seien. Ja; die Hausbesorgerin sei schon auf dem Weg zum Onkel, und jedenfalls werde fald Herr Doktor Roediger erscheinen, „mein Verlobter“, setzte sie hinzu und blickte Fridolin auf die Stirn statt ins Auge.

Fridolin nickte nur. Er war Doktor Roediger im Verlaufe eines Jahres zwei- oder dreimal hier im Hause begegnet.

Der überschlanke, blasse, junge Mensch mit kurzem, blondem Vollbart und Brille, Dozent für Geschichte an der Wiener Universität, hatte ihm recht gut gefallen, ohne weiter sein Interesse anzuregen. Marianne sähe sicher besser aus, dachte er, wenn sie seine Geliebte wäre. Ihr Haar wäre weniger trocken, ihre Lippen röter und voller. Wie alt mag sie sein? fragte er sich weiter. Als ich zum erstenmal zum Hofrat gerufen wurde, vor drei oder vier Jahren, war sie dreiundzwanzig. Damals lebte ihre Mutter noch. Sie war heiterer, als ihre Mutter noch lebte. Hat sie nicht kurze Zeit hindurch Gesangslektionen genommen? Also diesen Dozenten wird sie heiraten. Warum tut sie das? Verliebt ist sie gewiß nicht in ihn, und viel Geld dürfte er auch nicht haben. Was wird das für eine Ehe werden? Nun, eine Ehe wie tausend andere. Was kümmert's mich. Es ist wohl möglich, daß ich sie niemals wiedersehen werde, denn nun habe ich in diesem Hause nichts mehr zu tun. Ach, wie viele Menschen habe ich nie mehr wiedergesehen, die mir näher standen als sie.

Lehrbeauftragter an der Universität, Hochschullehrer

Während ihm diese Gedanken durch den Kopf gingen, hatte Marianne von dem Verstorbenen zu reden begonnen, – mit einer gewissen Eindringlichkeit, als wäre er durch die einfache Tatsache seines Todes plötzlich ein merkwürdigerer Mensch geworden. Also wirklich erst vierundfünfzig Jahre war er alt gewesen? Freilich, die vielen Sorgen und Enttäuschungen, die Gattin immer leidend, – und der Sohn hatte ihm so viel Kummer bereitet! Wie, sie besaß einen Bruder? Gewiß. Sie hatte es dem Doktor doch schon einmal erzählt. Der Bruder lebte jetzt irgendwo im Auslande, da drin in Mariannens Kabinett hing ein Bild, das er im Alter von fünfzehn Jahren gemalt hatte. Es stellte einen Offizier dar,

(frz., österr.) kleines Zimmer mit einem Fenster

der einen Hügel hinuntersprengt. Der Vater hatte immer getan, als sähe er das Bild überhaupt nicht. Aber es war ein gutes Bild. Der Bruder hätte es schon weiterbringen können unter günstigern Umständen.

Wie erregt sie spricht, dachte Fridolin, und wie ihre Augen glänzen! Fieber? Wohl möglich. Sie ist magerer geworden in der letzten Zeit. Spitzenkatarrh vermutlich. Sie sprach immer weiter, aber ihm schien, als wüßte sie gar nicht recht, zu wem sie sprach; oder als spräche sie zu sich selbst. Zwölf Jahre war der Bruder nun fort vom Haus, ja, sie war noch ein Kind gewesen, als er plötzlich verschwand. Vor vier oder fünf Jahren zu Weihnachten war die letzte Nachricht von ihm gekommen, aus einer kleinen italienischen Stadt. Sonderbar, sie hatte den Namen vergessen. So redete sie noch eine Weile gleichgültige Dinge, ohne Notwendigkeit, fast ohne Zusammenhang, bis sie mit einemmal schwieg und nun stumm dasaß, den Kopf in den Händen. Fridolin war müde und noch mehr gelangweilt, wartete sehnlich, daß jemand käme, die Verwandten oder der Verlobte. Das Schweigen im Raume lastete schwer. Es war ihm, als schwiege der Tote mit ihnen; nicht etwa weil er nun unmöglich mehr reden konnte, sondern absichtsvoll und mit Schadenfreude.

Spitzenkatarrh: Schleimhautentzündung in den oberen Lungenabschnitten

Und mit einem Seitenblick auf ihn sagte Fridolin: „Jedenfalls, wie die Dinge nun einmal liegen, ist es gut, Fräulein Marianne, daß Sie nicht mehr allzulange in dieser Wohnung bleiben müssen“, – und da sie den Kopf ein wenig hob, ohne aber zu Fridolin aufzuschauen – „Ihr Bräutigam wird wohl bald eine Professur erhalten; an der philosophischen Fakultät liegen ja die Verhältnisse in dieser Beziehung günstiger als bei uns.“ – Er dachte daran, daß er vor Jahren auch eine akademische Laufbahn angestrebt, daß er aber bei seiner Neigung zu

philosophischen Fakultät: Abteilung für Geistes- und Sozialwissenschaften an einer Hochschule

akademische Laufbahn: wissenschaftl. Tätigkeit an einer Universität

einer behaglicheren Existenz sich am Ende für die praktische Ausübung seines Berufes entschieden hatte; – und plötzlich kam er sich dem vortrefflichen Doktor Roediger gegenüber als der Geringere vor.

„Im Herbst werden wir übersiedeln,“ sagte Marianne, ohne sich zu regen, „er hat eine Berufung nach Göttingen.“

Angebot eines Lehrstuhls

niedersächsische Kreis- und traditionsreiche Universitätsstadt an der Leine

„Ah“, sagte Fridolin und wollte eine Art Glückwunsch anbringen, aber das schien ihm wenig angemessen in diesem Augenblick und in dieser Umgebung. Er warf einen Blick nach dem geschlossenen Fenster und, ohne vorher um Erlaubnis zu fragen, wie in Ausübung eines ärztlichen Rechtes öffnete er beide Flügel und ließ die Luft herein, die, indes noch wärmer und frühlingshafter geworden, einen linden Duft aus den erwachenden fernen Wäldern mitzubringen schien. Als er sich wieder ins Zimmer wandte, sah er die Augen Mariannens wie fragend auf sich gerichtet. Er trat näher zu ihr hin und bemerkte: „Die frische Luft wird Ihnen hoffentlich wohl tun. Es ist geradezu warm geworden, und gestern nacht“ – er wollte sagen: fuhren wir im Schneegestöber von der Redoute nach Hause, aber er formte rasch den Satz um und ergänzte: „Gestern abend lag der Schnee noch einen halben Meter hoch in den Straßen.“

Sie hörte kaum, was er sagte. Ihre Augen wurden feucht, große Tränen liefen ihr über die Wangen herab und wieder verbarg sie ihr Gesicht in den Händen. Unwillkürlich legte er seine Hand auf ihren Scheitel und strich ihr über die Stirn. Er fühlte, wie ihr Körper zu zittern begann, sie schluchzte in sich hinein, kaum hörbar zuerst, allmählich lauter, endlich ganz ungehemmt. Mit einemmal war sie vom Sessel herabgeglitten, lag Fridolin zu Füßen, umschlang seine Knie mit den Armen und preßte ihr Antlitz daran. Dann sah sie zu ihm auf mit weit offenen, schmerzlich-wilden Augen und flüsterte heiß: „Ich will nicht fort von hier. Auch wenn Sie niemals wiederkommen, wenn ich Sie niemals mehr sehen soll; ich will in Ihrer Nähe leben.“

Er war mehr ergriffen als erstaunt; denn er hatte es immer gewußt, daß sie in ihn verliebt war oder sich einbildete, es zu sein.

„Stehen Sie doch auf, Marianne“, sagte er leise, beugte sich zu ihr herab, richtete sie milde auf und dachte: natürlich ist auch Hysterie dabei. Er warf einen Seitenblick auf den toten Vater. Ob er nicht alles hört, dachte er. Vielleicht ist er scheintot? Vielleicht ist jeder Mensch in diesen ersten Stunden nach dem Verscheiden nur scheintot –? Er hielt Marianne in den Armen, aber zugleich etwas entfernt von sich, und drückte beinahe unwillkürlich einen Kuß auf ihre Stirn, was ihm selbst ein wenig lächerlich vorkam. Flüchtig erinnerte er sich eines Romans, den er vor Jahren gelesen und in dem es geschah, daß ein ganz junger Mensch, ein Knabe fast, am Totenbett der Mutter von ihrer Freundin, verführt, eigentlich vergewaltigt wurde. Im selben Augenblick, er wußte nicht warum, mußte er seiner Gattin denken. Bitterkeit gegen sie stieg in ihm auf und ein dumpfer Groll gegen den Herrn in Dänemark mit der gelben Reisetasche auf der Hotelstiege. Er zog Marianne fester an sich, doch verspürte er nicht die geringste Erregung; eher flößte ihm der Anblick des glanzlos trockenen Haares, der süßlich-fade Geruch ihres ungelüfteten Kleides einen leichten Widerwillen ein. Nun ertönte die Glocke draußen, er fühlte sich wie erlöst, küßte Marianne die Hand rasch, gleichwie in Dankbarkeit, und ging öffnen. Es war Doktor Roediger, der in der Tür

Seite 177

(süddt., österr.) Treppe, Treppenflur

stand, in dunkelgrauem Havelock, mit Überschuhen, einen Regenschirm in der Hand, mit einem den Umständen angemessenen ernsten Gesichtsausdruck. Die beiden Herren nickten einander zu, vertrauter, als es ihren tatsächlichen Beziehungen entsprach. Dann traten sie beide ins Zimmer, Roediger drückte Marianne nach einem befangenen Blick auf den Toten seine Teilnahme aus; Fridolin begab sich ins Nebenzimmer, um die ärztliche Todesanzeige abzufassen, drehte die Gasflamme über dem Schreibtisch höher, und sein Blick fiel auf das Bildnis des weißuniformierten Offiziers, der mit geschwungenem Säbel den Hügel hinabsprengte, einem unsichtbaren Feind entgegen. Es war in einen altgoldenen schmalen Rahmen gespannt und wirkte nicht viel besser als ein bescheidener Öldruck.

Havelock: ärmelloser Herrenmantel, Umhang, beliebtes Herrenbekleidungsstück während der Jahrhundertwende

Überschuhe: wasserdichte Schuhe zum Überziehen über andere Schuhe

Mit dem ausgefüllten Totenschein trat Fridolin wieder in den Nebenraum, wo am Bett des Vaters, die Hände ineinander verschlungen, die Brautleute saßen.

Wieder ertönte die Türglocke, Doktor Roediger erhob sich und ging öffnen; indessen sagte Marianne, unhörbar fast, auf den Boden blickend: „Ich liebe dich.“ Fridolin erwiderte nur, indem er, nicht ohne Zärtlichkeit, Mariannens Namen aussprach. Roediger trat wieder ein mit einem älteren Ehepaar. Es waren der Onkel und die Tante Mariannens; einige Worte, den Umständen entsprechend, wurden gewechselt, mit der Befangenheit, die die Anwesenheit eines eben Verstorbenen rings zu verbreiten pflegt. Das kleine Zimmer sah plötzlich wie von Trauergästen überfüllt aus, Fridolin erschien sich überflüssig, empfahl sich und wurde von Roediger zur Tür geleitet, der sich zu einigen Dankesworten verpflichtet fühlte und die Hoffnung baldiger Wiederbegegnung aussprach.

III

Fridolin, vor dem Haustor, sah zu dem Fenster auf, das er früher selbst geöffnet hatte; die Flügel zitterten leise im Vorfrühlingswinde. Die Menschen, die dort oben zurückgeblieben waren, die lebendigen geradeso wie der Tote, waren ihm in gleicher Weise gespensterhaft unwirklich. Er selbst erschien sich wie entronnen; nicht so sehr einem Erlebnis als vielmehr einem schwermütigen Zauber, der keine Macht über ihn gewinnen sollte. Als einzige Nachwirkung empfand er eine merkwürdige Unlust, sich nach Hause zu begeben. Der Schnee in den Straßen war geschmolzen, links und rechts waren kleine schmutzig-weiße Häuflein aufgeschichtet, die Gasflammen in den Laternen flackerten, von einer nahen Kirche schlug es elf. Fridolin beschloß, vor dem Schlafengehen noch eine halbe Stunde in einer stillen Kaffeehausecke nahe seiner Wohnung zu verbringen, und nahm den Weg durch den Rathauspark. Auf beschatteten Bänken saß da und dort ein Paar eng aneinandergeschmiegt, als wäre wirklich schon der Frühling da und die trügerisch-warme Luft nicht schwanger von Gefahren. Auf einer Bank der Länge nach ausgestreckt, den Hut in die Stirn gedrückt, lag ein ziemlich zerlumpter Mensch. Wenn ich ihn aufweckte, dachte Fridolin, und ihm Geld für ein Nachtlager schenkte? Ach, was wäre damit getan, überlegte er weiter, dann müßte ich morgen auch für eines sorgen, sonst hätte es ja keinen Sinn, und am Ende würde ich noch sträflicher Beziehungen mit ihm verdächtigt. Und er beschleunigte seinen Schritt, wie um jeder Art von Verantwortung und Versuchung so rasch als möglich zu entfliehen. Warum gerade der? fragte er sich, Tausende von solchen armen Teufeln gibt's in Wien al-

Seite 177

vgl. 24.100

in der Nähe der Schreyvogelgasse

Seite 177 f.

lein. Wenn man sich um die alle kümmern wollte, – um die Schicksale aller Unbekannten! Und der Tote fiel ihm ein, den er eben verlassen, und mit einigem Schauer, ja nicht ohne Ekel dachte er daran, daß in dem langdahingestreckten mageren Leib unter der braunen Flanelldecke nach ewigen Gesetzen Verwesung und Zerfall ihr Werk schon begonnen hatten. Und er freute sich, daß er noch lebte, daß für ihn aller Wahrscheinlichkeit nach all diese häßlichen Dinge noch ferne waren; ja daß er noch mitten in seiner Jugend stand, eine reizende und liebenswerte Frau zu eigen hatte und auch noch eine oder mehrere dazu haben konnte, wenn es ihm gerade beliebte. Zu dergleichen hätte freilich mehr Muße gehört, als ihm vergönnt war; und es fiel ihm ein, daß er morgen um acht Uhr früh auf der Abteilung sein, von elf bis eins Privatpatienten besuchen, nachmittags von drei bis fünf Ordination halten mußte und daß ihm auch für die Abendstunden noch einige Krankenbesuche bevorstanden. – Nun – hoffentlich würde er wenigstens nicht wieder mitten in der Nacht geholt werden, wie es ihm heute geschehen war.

Ordination: (lat.) ärztliche Sprechstunde

Er überquerte den Rathausplatz, der trüb erglänzte wie ein bräunlicher Teich, und wandte sich dem heimatlichen Josefstädter Bezirk zu. Von weitem hörte er dumpfe, regelmäßige Schritte und sah, noch ziemlich entfernt, eben um eine Straßenecke biegend, einen kleinen Trupp von Couleurstudenten, die, sechs oder acht an der Zahl, ihm entgegenkamen. Als die jungen Leute in den Schein einer Laterne gerieten, glaubte er die blauen Alemannen in ihnen zu erkennen. Er selbst hatte nie einer Verbindung angehört, aber seinerzeit ein paar Säbelmensuren ausgefochten. Im Zusammenhang mit dieser Erinnerung an seine Studentenzeit fielen

Couleurstudenten: Seite 178 f.

die blauen Alemannen: Name einer studentischen Verbindung

Säbelmensuren: Seite 179

ihm die roten Dominos ein, die ihn gestern nacht in die Loge gelockt und so bald wieder schnöde verlassen hatten. Die Studenten waren ganz nahe, sie redeten laut und lachten; – ob er nicht einen oder den andern aus dem Spitale kennen mochte? Doch bei der unsicheren Beleuchtung war es nicht möglich, die Physiognomien deutlich auszunehmen. Er mußte sich ganz nahe an die Mauer halten, um nicht mit ihnen zusammenzustoßen; – jetzt waren sie vorbei; nur der zuletzt ging, ein langer Kerl im offnen Winterrock, eine Binde über dem linken Auge, schien geradezu absichtlich ein Stückchen zurückzubleiben und stieß mit seitlich abgestreckten Ellbogen an ihn an. Es konnte kein Zufall sein. Was fällt dem Kerl ein, dachte Fridolin und blieb unwillkürlich stehen; der andere nach zwei Schritten tat desgleichen, und so sahen sie einander einen Moment lang aus mäßiger Entfernung in die Augen. Plötzlich aber wandte Fridolin sich wieder ab und ging weiter. Er hörte ein kurzes Lachen hinter sich, – fast hätte er sich nochmals umgewandt, um den Burschen zu stellen, aber er verspürte ein sonderbares Herzklopfen – ganz wie einmal vor zwölf oder vierzehn Jahren, als es so heftig an seine Tür gepocht hatte, während das anmutige junge Ding bei ihm war, das immer von einem entfernt lebenden, wahrscheinlich gar nicht existierenden Bräutigam zu faseln liebte; es war auch tatsächlich nur der Briefträger gewesen, der so drohend gepocht hatte. – Und geradeso wie damals fühlte er jetzt sein Herz klopfen. Was ist das, fragte er sich ärgerlich und merkte nun, daß ihm die Knie ein wenig zitterten. Feig –? Unsinn, erwiderte er sich selbst. Soll ich mich mit einem betrunkenen Studenten herstellen, ich, ein Mann von fünfunddreißig Jahren, praktischer Arzt, verheiratet, Vater eines Kin-

Physiognomien: (griech., lat.) Gesichtszüge, Gesichtsausdruck

auszunehmen: zu erkennen, wahrzunehmen

faseln: (ugs.) Unsinn reden, dummes Zeug sagen

herstellen: hier: befassen

des! – Kontrahage! Zeugen! Duell! Und am Ende wegen einer solchen dummen Rempelei einen Hieb in den Arm? Und für ein paar Wochen berufsunfähig? – Oder ein Auge heraus? – Oder gar Blutvergiftung –? Und in acht Tagen so weit wie der Herr in der Schreyvogelgasse unter der Bettdecke aus braunem Flanell! Feig –? Drei Säbelmensuren hatte er ausgefochten, und auch zu einem Pistolenduell war er einmal bereit gewesen, und nicht auf *seine* Veranlassung war die Sache damals gütlich beigelegt worden. Und sein Beruf! Gefahren von allen Seiten und in jedem Augenblick, – man vergaß nur immer wieder dran. Wie lange war es denn her, daß das diphtheritiskranke Kind ihm ins Gesicht gehustet hatte? Drei oder vier Tage, nicht mehr. Das war immerhin eine bedenklichere Sache als so eine kleine Säbelfechterei. Und er hatte überhaupt nicht mehr daran gedacht. Nun, wenn er dem Kerl wieder begegnete, ließ sich die Angelegenheit immer noch ins reine bringen. Keineswegs war er verpflichtet, um Mitternacht auf dem Weg von einem Kranken oder auch zu einem Kranken, das hätte ja schließlich auch der Fall sein können, – nein, er war wirklich nicht verpflichtet, auf solch eine alberne Studentenrempelei zu reagieren. Wenn jetzt zum Exempel der junge Däne ihm entgegenkäme, mit dem Albertine – ach nein, was fiel ihm denn nur ein? Nun – es war ja doch nicht anders, als wenn sie seine Geliebte gewesen wäre. Schlimmer noch. Ja, der sollte ihm jetzt entgegenkommen. Oh, eine wahre Wonne wäre es, dem irgendwo in einer Waldlichtung gegenüberzustehen und auf die Stirn mit dem glattgestrichenen Blondhaar den Lauf einer Pistole zu richten.

Seite 179
Seite 171 f.
(ugs.) absichtliches Stoßen
Seite 179 f.
(lat.) veraltet für „zum Beispiel“

Er fand sich, mit einem Male, schon über sein Ziel hinaus in einer engen Gasse, durch die nur ein paar armse-

Prostituierte

lige Dirnen auf nächtlichen Männerfang umherstrichen. Gespenstisch, dachte er. Und auch die Studenten mit den blauen Kappen wurden ihm plötzlich gespenstisch in der Erinnerung, ebenso Marianne, ihr Verlobter, Onkel und Tante, die er sich nun alle, Hand in Hand, um das Totenbett des alten Hofrats gereiht vorstellte; auch Albertine, die ihm nun im Geist als tief Schlafende, die Arme unter dem Nacken verschränkt, vorschwebte, – sogar sein Kind, das jetzt zusammengerollt in dem schmalen weißen Messingbettchen lag, und das rotbäckige Fräulein mit dem Muttermal an der linken Schläfe, – sie alle waren ihm völlig ins Gespenstische entrückt. Und in dieser Empfindung, obzwar sie ihn ein wenig schaudern machte, war zugleich etwas Beruhigendes, das ihn von aller Verantwortung zu befreien, ja aus jeder menschlichen Beziehung zu lösen schien.

Eines der herumstreifenden Mädchen forderte ihn zum Mitgehen auf. Es war ein zierliches, noch ganz junges Geschöpf, sehr blaß mit rotgeschminkten Lippen. Könnte gleichfalls mit Tod enden, dachte er, nur nicht so rasch! *Auch* Feigheit? Im Grunde schon. Er hörte ihre Schritte, bald ihre Stimme hinter sich. „Willst nicht mitkommen, Doktor?"

Seite 180

Unwillkürlich wandte er sich um. „Woher kennst du mich?" fragte er.

„Ich kenn' Ihnen nicht," sagte sie, „aber in dem Bezirk sind ja alle Doktors."

grammatikalisch falsche Anrede

Seit seiner Gymnasiastenzeit hatte er mit einem Frauenzimmer dieser Art nichts mehr zu tun gehabt. Geriet er plötzlich in seine Knabenjahre zurück, daß dieses Geschöpf ihn reizte? Er erinnerte sich eines flüchtigen Bekannten, eines eleganten jungen Mannes, dem man ein fabelhaftes Glück bei Frauen nachsagte, mit dem er als

veraltete, abwertende Bezeichnung für Frauen niederen Standes, hier: Prostituierte

Student nach einem Ball in einem Nachtlokal gesessen hatte und der, ehe er sich mit einer der gewerbsmäßigen Besucherinnen entfernte, Fridolins etwas verwunderten Blick mit den Worten erwidert hatte: „Es bleibt immer das Bequemste; – und die Schlimmsten sind es auch nicht."

beschönigender Begriff für Prostituierte, von denen es in Wien um 1875 ca. 18.000 gab.

„Wie heißt du?" fragte Fridolin.

„No, wie wir i denn heißen? Mizzi natürlich." Schon hatte sie den Schlüssel im Haustor umgedreht, trat in den Flur und wartete, daß Fridolin ihr folgte.

„Nun, wie werde ich wohl heißen?" (zur Wiener Mundart vgl. Seite 165)

„G'schwind!" sagte sie, als er zögerte. Plötzlich stand er neben ihr, das Tor fiel hinter ihm zu, sie sperrte ab, zündete ein Wachskerzchen an und leuchtete ihm vor. – Bin ich verrückt? fragte er sich. Ich werde sie natürlich nicht anrühren.

In ihrem Zimmer brannte eine Öllampe. Sie drehte den Docht weiter auf, es war ein ganz behaglicher Raum, nett gehalten und jedenfalls roch es da viel angenehmer als zum Beispiel in Mariannens Behausung. Freilich, – hier hatte kein alter Mann monatelang krank gelegen. Das Mädchen lächelte, näherte sich ohne Zudringlichkeit Fridolin, der sie sanft abwehrte. Dann wies sie auf einen Schaukelstuhl, in den er sich gerne sinken ließ.

„Bist gewiß sehr müd", meinte sie. Er nickte. Und sie, während sie sich ohne Hast entkleidete:

„Na ja, so ein Mann, was der den ganzen Tag zu tun hat. Da hat's unsereiner leichter."

Er merkte, daß ihre Lippen gar nicht geschminkt, sondern von einem natürlichen Rot gefärbt waren, und machte ihr ein Kompliment darüber.

„Ja warum soll ich mich denn schminken?" fragte sie. „Was glaubst denn du, wie alt ich bin?"

„Zwanzig?" riet Fridolin.

„Siebzehn“, sagte sie, setzte sich auf seinen Schoß und schlang wie ein Kind den Arm um seinen Nacken.

Wer auf der Welt möchte vermuten, dachte er, daß ich mich jetzt gerade in diesem Raum befinde? Hätte ich selbst es vor einer Stunde, vor zehn Minuten für möglich gehalten? Und – warum? Warum? Sie suchte mit ihren Lippen die seinen, er bog sich zurück, sie sah ihn groß, etwas traurig an, ließ sich von seinem Schoß heruntergleiten. Fast tat es ihm leid, denn in ihrer Umschlingung war viel tröstende Zärtlichkeit gewesen.

(österr.) Morgenmantel

Sie nahm einen roten Schlafrock, der über der Lehne des offenen Bettes hin, schlüpfte hinein und preßte die Arme über der Brust zusammen, so daß ihre ganze Gestalt verhüllt war.

„Ist's dir jetzt recht?“ fragte sie ohne Spott, wie schüchtern, als gäbe sie sich Mühe, ihn zu verstehen. Er wußte kaum, was antworten.

„Du hast es richtig erraten“, sagte er dann, „ich bin wirklich müd, und ich finde es sehr angenehm, hier im Schaukelstuhl zu sitzen und dir einfach zuzuhören. Du hast so eine liebe, sanfte Stimme. Red' nur, erzähl' mir was.“

Sie saß auf dem Bett und schüttelte den Kopf.

„Du fürchtest dich halt,“ sagte sie leise, – und dann vor sich hin, kaum vernehmlich, „schad'!“

Dieses letzte Wort jagte eine heiße Welle durch sein Blut. Er trat zu ihr hin, wollte sie umfassen, erklärte ihr, daß sie ihm völliges Vertrauen einflöße, und sprach damit sogar die Wahrheit. Er zog sie an sich, er warb um sie, wie um ein Mädchen, wie um eine geliebte Frau. Sie widerstand, er schämte sich und ließ endlich ab.

Sie sagte:

„Man kann ja nicht wissen, irgendeinmal muß es ja doch

kommen. Du hast ganz recht, wenn du dich fürchten tust. Und wenn was passiert, dann möchtest du mich verfluchen."

Die Banknoten, die er ihr bot, lehnte sie mit solcher Bestimmtheit ab, daß er nicht weiter in sie dringen konnte. Sie nahm einen schmalen blauen Wollschal um, zündete eine Kerze an, leuchtete ihm, begleitete ihn hinab und sperrte das Tor auf. „Ich bleib heut schon z'Haus", sagte sie. Er nahm ihre Hand und küßte sie unwillkürlich. Sie sah erstaunt, fast erschrocken zu ihm auf, dann lachte sie verlegen und beglückt. „Wie einer Fräuln", sagte sie. Das Tor fiel hinter ihm zu, und Fridolin prägte mit einem raschen Blick seinem Gedächtnis die Hausnummer ein, um in der Lage zu sein, dem lieben armen Ding morgen Wein und Näschereien heraufzuschicken.

(österr.) zu Hause

Kuss auf den Handrücken als Ausdruck der Ehrerbietung

„Wie einem Fräulein", wie bei einer unverheirateten Frau von Stand

Süßigkeiten

IV

Es war indes noch etwas wärmer geworden. Der laue Wind brachte in die enge Gasse einen Duft von feuchten Wiesen und fernem Bergfrühling. Wohin jetzt? dachte Fridolin, als wäre es nicht das Selbstverständliche, endlich nach Hause zu gehen und sich schlafen zu legen. Aber dazu konnte er sich nicht entschließen. Wie heimatlos, wie hinausgestoßen erschien er sich seit der widerwärtigen Begegnung mit den Alemannen … Oder seit Mariannens Geständnis? – Nein, länger schon – seit dem Abendgespräch mit Albertine rückte er immer weiter fort aus dem gewohnten Bezirk seines Daseins in irgendeine andere, ferne, fremde Welt.

Er wandelte kreuz und quer durch die nächtlichen Straßen, ließ den leichten Föhn um seine Stirn wehen, und endlich, entschlossenen Schritts, als wäre er nun an ein

zu lat. *favonius* „lauer Westwind": warme, trockene Fallwinde im Alpenraum

langgesuchtes Ziel gelangt, trat er in ein Kaffeehaus niederen Ranges ein, das altwienerisch gemütlich, nicht besonders geräumig, mäßig beleuchtet und zu dieser späten Stunde nur wenig besucht war.

In einer Ecke spielten drei Herren Karten; ein Kellner, der ihnen bisher zugeschaut hatte, half Fridolin beim Ablegen des Pelzes, nahm seine Bestellung entgegen und legte ihm illustrierte Zeitungen und Abendblätter auf den Tisch. Fridolin erschien sich wie geborgen und begann flüchtig die Journale zu durchblättern. Da und dort blieb sein Blick haften. In irgendeiner böhmischen Stadt waren deutschsprachige Straßentafeln heruntergerissen worden. In Konstantinopel gab es eine Konferenz wegen eines Bahnbaus in Kleinasien, an der auch Lord Cranford teilnahm. Die Firma Benies & Weingruber war insolvent geworden. Die Prostituierte Anna Tiger hatte auf ihre Freundin Hermine Drobizky ein Eifersuchtsattentat mit Vitriol verübt. Heute abend fand ein Heringsschmaus in den Sophiensälen statt. Ein junges Mädchen Marie B., wohnhaft Schönbrunner Hauptstraße 28, hatte sich mit Sublimat vergiftet. – Alle diese Tatsachen, die gleichgültigen und die traurigen, in ihrer trockenen Alltäglichkeit wirkten irgendwie ernüchternd und beruhigend auf Fridolin. Das junge Mädchen, Marie B., tat ihm leid; Sublimat, wie dumm. In dieser Sekunde, während er gemütlich im Café sitzt und Albertine ruhig schläft mit im Nacken verschränkten Armen und der Hofrat schon alles irdische Leid überwunden hat, windet sich Marie B., Schönbrunner Hauptstraße 28, in sinnlosen Schmerzen.

Journale: (frz.) veraltet für Tageszeitung

insolvent: (lat.) zahlungsunfähig

Vitriol: veraltet für Salze der Schwefelsäure

Schönbrunner Hauptstraße: heute: Schönbrunnerstraße

Sublimat: Quecksilber-II-Chlorid, hochgiftiges Desinfektionsmittel

Er blickte von der Zeitung auf. Da sah er von einem gegenüberliegenden Tisch zwei Augen auf sich gerichtet. War es möglich? Nachtigall –? Der hatte ihn schon erkannt, hob freudig überrascht beide Arme, trat auf Fridolin zu, ein großer, ziemlich breiter, beinahe plumper, noch junger Mensch mit langem, leicht gelocktem, blondem, schon etwas graumeliertem Haar und einem blonden, in polnischer Art herunterhängenden Schnurrbart. Er trug einen offenen grauen Havelock, darunter einen etwas speckigen Frack, ein zerdrücktes Hemd mit drei falschen Brillantknöpfen, einen zerknitterten Kragen und eine flatternde weiße Seidenkrawatte. Seine Lider waren gerötet wie von vielen durchwachten Nächten, doch die Augen strahlten heiter und blau.

graumeliertem: leicht ergrautem

„Du bist in Wien, Nachtigall?" rief Fridolin.

„Du weißt nicht", sagte Nachtigall in polnisch weichem Akzent mit mäßigem jüdischen Beiklang. „Wie weißt du nicht? Ich bin doch so beriehmt." Er lachte laut und gutmütig und setzte sich Fridolin gegenüber.

beriehmt: jiddische Sprechweise: berühmt

„Wie?" fragte Fridolin. „Vielleicht Professor der Chirurgie geworden im geheimen?"

Nachtigall lachte noch heller auf: „Hast du mich jetzt nicht geheert? Jetzt äben?"

geheert: gehört
äben: eben

„Wieso gehört? – Ach ja!" Und nun erst kam es Fridolin zu Bewußtsein, daß er während seines Eintretens, ja schon früher, als er sich dem Kaffeehaus genähert, aus irgendeiner Kellertiefe Klavierspiel heraufklingen gehört hatte. „Also das warst du?" rief er aus.

„Wer denn als ich?" lachte Nachtigall.

Fridolin nickte. Natürlich; – dieser eigentümlich energische Anschlag, diese sonderbaren, etwas willkürlichen aber wohlklingenden Harmonien der linken Hand waren ihm ja gleich so bekannt vorgekommen. „Also du hast dich ganz darauf verlegt?" meinte er. Er erinnerte sich, daß Nachtigall das Studium der Medizin schon nach der zweiten, sogar geglückten, wenn auch mit siebenjähriger Verspätung abgelegten Vorprüfung in Zoologie, endgültig aufgegeben hatte. Doch noch durch geraume Zeit hatte er sich in Krankenhaus, Seziersaal, Laboratorien und Hörsälen herumgetrieben, wo er mit seinem blonden Künstlerkopf, seinem stets zerknitterten Kragen, der flatternden, einst weiß gewesenen Krawatte eine auffallende, im heiteren Sinn populäre und nicht nur bei Kollegen sondern auch bei manchen Professoren geradezu beliebte Figur vorgestellt hatte. Sohn eines jüdischen Branntweinschenkers in einem polnischen Nest war er seinerzeit aus der Heimat nach Wien gekommen, um Medizin zu studieren. Die geringfügigen elterlichen Unterstützungen waren von Anfang an kaum der Rede wert gewesen, und überdies bald gänzlich eingestellt worden, was ihn nicht hinderte, auch weiterhin im Riedhof an einem Stammtisch von Medizinern zu erscheinen, dem auch Fridolin angehörte. Die Bezahlung seiner Zeche hatte von einem gewissen Zeitpunkt an jedesmal ein anderer der wohlhabenderen Kollegen übernommen. Auch Kleidungsstücke erhielt er manchmal zum Geschenk, was er sich gleichfalls gern und ohne falschen Stolz gefallen ließ. Schon in seinem Heimatstädtchen hatte er bei einem dort gestrandeten Pianisten die Anfangsgründe des Klavierspielens gelernt, und in Wien als Studiosus medicinae besuchte er zugleich das Konservatorium, wo er angeblich als vielversprechendes pianistisches Talent galt. Aber auch hier war er nicht ernst und fleißig genug, um sich regelrecht weiter auszubilden; und bald ließ er es sich an seinen musikalischen Erfolgen im Kreise seiner Bekannten, vielmehr an dem Vergnügen, das er ihnen durch sein Klavierspiel bereitete, vollauf genügen. Eine Zeitlang wirkte er in einer vorstädtischen Tanzschule als Pianist. Universitätskolle-

Seziersaal: Raum, in dem Leichen geöffnet und anatomisch zerlegt werden

Riedhof: Wiener Weinhandlung und Restaurant im 8. Stadtbezirk (Josefstadt)

Zeche: Rechnung für eingenommene Speisen und Getränke

Studiosus medicinae: (lat.) Medizinstudent

Konservatorium: (lat., ital.) Musik(hoch)-schule

gen und Tischgenossen versuchten ihn in besseren Häusern in gleicher Eigenschaft einzuführen, doch spielte er bei solcher Gelegenheit immer nur, was ihm eben und solange es ihm beliebte, ließ sich mit den jungen Damen in Unterhaltungen ein, die von seiner Seite nicht immer harmlos geführt waren, und trank mehr, als er vertragen konnte. Einmal spielte er im Hause eines Bankdirektors zum Tanze auf. Nachdem er schon vor Mitternacht durch anzüglich-galante Bemerkungen die vorbeitanzenden jungen Mädchen in Verlegenheit gebracht und bei ihren Herren Anstoß erregt hatte, fiel es ihm ein, einen wüsten Cancan zu spielen und mit seinem gewaltigen Baß ein zweideutiges Couplet dazu zu singen. Der Bankdirektor verwies es ihm heftig. Nachtigall, wie von seliger Heiterkeit erfüllt, erhob sich, umarmte den Direktor, dieser, empört, fauchte, obwohl selbst Jude, dem Pianisten ein landesübliches Schimpfwort ins Gesicht, das Nachtigall unverzüglich mit einer gewaltigen Ohrfeige quittierte – womit seine Laufbahn in den besseren Häusern der Stadt endgültig abgeschlossen erschien. In intimeren Zirkeln wußte er sich im allgemeinen anständiger zu betragen, wenn man auch bei solchen Gelegenheiten in vorgerückten Stunden manchmal genötigt war, ihn gewaltsam aus dem Lokal zu entfernen. Doch am nächsten Morgen waren solche Zwischenfälle von allen Beteiligten verziehen und vergessen. – Eines Tages, seine Kollegen hatten längst alle ihre Studien beendet, war er plötzlich ohne Abschied aus der Stadt verschwunden. Einige Monate hindurch trafen noch Kartengrüße von ihm aus verschiedenen russischen und polnischen Städten ein; und einmal, ohne weitere Erklärung, wurde Fridolin, den Nachtigall stets besonders in sein Herz geschlossen hatte, nicht nur durch einen Gruß, sondern

Cancan: (frz.) galoppartige Schautanzdarbietung im ¾-Takt in Nachtlokalen

Couplet: (frz.) Lied mit witzig-satirischem, erotisch-anzüglichem oder politischem Inhalt

quittierte: (lat., frz.) auf etwas reagieren

durch die Bitte um einen mäßigen Geldbetrag an Nachtigalls Existenz erinnert. Fridolin sandte die Summe unverzüglich ab, ohne jemals einen Dank oder sonst ein Lebenszeichen von Nachtigall zu erhalten.

Viertel vor eins, 00:45 Uhr

In diesem Augenblick aber, um dreiviertel ein Uhr nachts, nach acht Jahren, bestand Nachtigall darauf, dieses Versäumnis unverzüglich gutzumachen, und in genau stimmender Anzahl entnahm er Banknoten einer ziemlich defekten Brieftasche, die übrigens leidlich gefüllt war, so daß Fridolin sich die Rückzahlung mit gutem Gewissen durfte gefallen lassen …

„Also es geht dir gut", meinte er lächelnd, wie zu seiner eigenen Beruhigung.

„Kann nicht klagen", erwiderte Nachtigall. Und seine Hand auf Fridolins Arm legend: „Aber jetzt sag' einmal, wie kommst du mitten in der Nacht daher?"

Krankenhaus oder Krankenhausabteilung für ambulante Behandlungen

Fridolin erklärte seine Anwesenheit zu so später Stunde mit dem dringenden Bedürfnis, nach einem nächtlichen Krankenbesuch noch eine Tasse Kaffee zu sich zu nehmen; verschwieg aber, ohne recht zu wissen warum, daß er seinen Patienten nicht mehr am Leben getroffen. Dann äußerte er sich ganz im allgemeinen über seine ärztliche Tätigkeit an der Poliklinik und seine Privatpraxis und erwähnte, daß er verheiratet, glücklich verheiratet und Vater eines sechsjährigen Mädchens sei.

(russ. Lwow) Stadt in der westl. Ukraine, 1772 bis 1918 Hauptstadt des österr. Reichsteils Galizien

Nun berichtete Nachtigall. Er hatte sich, wie Fridolin richtig vermutet, die ganzen Jahre über als Pianist in allen möglichen polnischen, rumänischen, serbischen und bulgarischen Städten und Städtchen fortgebracht, in Lemberg lebte ihm eine Frau mit vier Kindern; – und er lachte hell, als wäre es ausnehmend lustig, vier Kinder zu haben, alle in Lemberg und alle von ein und derselben Frau. Seit dem vergangenen Herbst hielt er sich wieder in Wien auf. Das Varieté, das ihn engagiert hatte, war sofort verkracht, nun spielte er in den verschiedensten Lokalen, wie es sich eben fügte, manchmal auch in zweien oder dreien in derselben Nacht, hier unten zum Beispiel, im Keller, – kein sehr vornehmes Etablissement, wie er bemerkte, eigentlich eine Art von Kegelbahn, und was das Publikum anbelangt … „Aber wenn man für vier Kinder zu sorgen hat und eine Frau in Lemberg“ – und er lachte wieder, nicht mehr ganz so lustig wie vorher. „Auch privat habe ich manchmal zu tun“, fügte er rasch hinzu. Und als er ein erinnerndes Lächeln auf Fridolins Antlitz gewahrte, – „nicht bei Bankdirektoren und soo, nein, in allen mäglichen Kreisen, auch gräßere, äffentliche und gehäime.“

„Geheime?“

Nachtigall blickte düster-pfiffig vor sich hin. „Sofort werd' ich wieder abgeholt.“

„Wie, heute noch spielst du?“

„Ja, dort fangt es nämlich erst um zwei an.“

„Das ist ja besonders fein“, sagte Fridolin.

„Ja und nein“, lachte Nachtigall, wurde aber gleich wieder ernst.

„Ja und nein –?“ wiederholte Fridolin neugierig.

Nachtigall beugte sich über den Tisch zu ihm.

„Ich spielle heute in einem Privathaus, aber wem es gehärt, weiß ich nicht.“

„Du spielst also heute zum erstenmal dort?“ fragte Fridolin mit steigendem Interesse.

„Nein, das drittemal. Aber es wird wahrscheinlich wieder ein anderes Haus sein.“

„Das versteh' ich nicht.“

„Ich auch nicht“, lachte Nachtigall. „Besser du fragst nicht.“

Varieté: (frz.) Theaterbühne mit buntem Programm artistischer, tänzerischer, akrobatischer und musikalischer Darbietungen

Etablissement: (frz.) Vergnügungsstätte, Nachtlokal, auch: Bordell

gräßere, äffentliche und gehäime: jiddische Sprechweise: größere, öffentliche und geheime

„Hm“, machte Fridolin.

„Oh, du irrst dich. Nicht was du glaubst. Ich hab’ schon viel gesehen, man glaubt nicht, in solchen kleinen Städten – besonders Rumänien –, man erläbt vieles. Aber hier …“ Er schlug den gelben Fenstervorhang ein wenig zurück, blickte auf die Straße hinaus und sagte wie für sich: „Noch nicht da,“ – dann zu Fridolin, erklärend, „nämlich der Wagen. Immer holt mich ein Wagen ab, und immer ein anderer.“

„Du machst mich neugierig, Nachtigall“, meinte Fridolin kühl.

„Här’ zu“, sagte Nachtigall nach einigem Zögern, „Wenn ich einem auf der Welt vergennte – aber, wie macht man nur –“, und plötzlich: „Hast du Courage?“

(frz.) Mut

„Sonderbare Frage“, sagte Fridolin im Ton eines beleidigten Couleurstudenten.

„Ich meine nicht soo.“

„Also wie meinst du eigentlich? Wozu braucht man bei dieser Gelegenheit so besondere Courage? Was kann einem denn passieren?“ Und er lachte kurz und verächtlich.

„*Mir* kann nichts passieren, heechstens, daß ich zum letzten Male heite – aber das ist vielleicht auch soo.“ Er schwieg und blickte wieder durch den Vorhangspalt hinaus.

„Na also?“

„Wie meinst du?“ fragte Nachtigall wie aus einem Traum.

„Erzähl’ doch weiter. Wenn du schon einmal angefangen hast … Geheime Veranstaltung? Geschlossene Gesellschaft? Geladene Gäste?“

„Ich weiß nicht. Neilich waren dreißig Menschen, das erstemal nur sechzehn.“

„Ein Ball?“

„Natürlich ein Ball.“ Er schien jetzt zu bereuen, daß er überhaupt gesprochen hatte.

„Und du machst Musik dazu?“

„Wieso dazu? Ich weiß nicht wozu. Wirklich, ich weiß nicht.

Ich spielle, ich spielle – mit verbundene Augen.“

„Nachtigall, Nachtigall, was singst du da für ein Lied!“

Nachtigall seufzte leise. „Aber leider nicht ganz verbunden.

Nicht so, daß ich gar nichts sehe. Ich seh’ nämlich im Spiegel durch das schwarze Seidentuch über meine Augen …“ Und wieder schwieg er.

„Mit einem Wort,“ sagte Fridolin ungeduldig und verächtlich, fühlte sich aber sonderbar erregt … „nackte Frauenzimmer.“

„Sag’ nicht Frauenzimmer, Fridolin,“ erwiderte Nachtigall wie beleidigt, „solche Weiber hast du nie gesehen.“

Fridolin räusperte sich leicht. „Und wie hoch ist das Entrée?“ fragte er beiläufig.

(frz.) Eintrittsgeld

„Billetts meinst du und soo? Ha, was fällt dir ein.“

(frz.) Eintrittskarten

„Also wie verschafft man sich Eintritt?“ fragte Fridolin mit gepreßten Lippen und trommelte auf die Tischplatte.

„Parolle mußt du kennen, und jedesmal ist eine andere.“

(frz. *parole*) Kennwort, Losung

„Und die heutige?“

„Weiß ich noch nicht. Erfahr’ ich erst vom Kutscher.“

„Nimm mich mit, Nachtigall.“

„Unmeglich, zu gefährlich.“

„Vor einer Minute hattest du doch selbst die Absicht … mir zu ‚vergennen‘. Es wird schon möglich sein.“

Nachtigall betrachtete ihn prüfen. „So wie du bist –

kenntest du auf keinen Fall, nämlich alle sind maskiert, Herren und Damen. Hast du eine Maske bei dir und soo? Unmeglich. Vielleicht nächstes Mal. Werde mir was ausspekulieren." Er horchte auf und blickte wieder durch den Vorhangspalt auf die Straße, und aufatmend: „Da ist der Wagen. Adieu."

(ugs.) ausdenken

Fridolin hielt ihn beim Arm fest. „So kommst du mir nicht davon. Du wirst mich mitnehmen."

„Aber Kollega ..."

„Überlaß mir alles Weitere. Ich weiß schon, daß es ‚gefährlich' ist, – vielleicht lockt mich gerade das."

„Aber ich sage dir schon – ohne Kostim und Larve – "

Gesichtsmaske

„Es gibt Maskenleihanstalten."

„Um ein Uhr früh –!"

„Hör' einmal zu, Nachtigall. Ecke Wickenburgstraße befindet sich so ein Unternehmen. Täglich gehe ich ein paarmal an der Tafel vorbei." Und hastig, in wachsender Erregung: „Du bleibst hier noch eine Viertelstunde, Nachtigall, ich versuch' indessen dort mein Glück. Der Besitzer der Leihanstalt wohnt vermutlich im gleichen Haus. Wenn nicht – dann verzichte ich eben. Das Schicksal soll entscheiden. Im selben Haus ist ein Café, Café Vindobona heißt es, glaube ich. Du sagst dem Kutscher – daß du in dem Café irgendetwas vergessen hast, gehst hinein, ich warte nah der Tür, du sagst mir rasch die Parole, steigst wieder in deinen Wagen; ich, wenn es mir gelungen ist, ein Kostüm zu bekommen, nehme mir rasch einen andern, fahre dir nach – das Weitere muß sich finden. Dein Risiko, Nachtigall, mein Ehrenwort, trage ich in jedem Falle mit."

Nachtigall hatte einige Male versucht, Fridolin zu unterbrechen, doch vergeblich. Fridolin warf die Zeche auf den Tisch mit einem allzu reichlichen Trinkgeld, wie ihm das in den Stil dieser Nacht zu passen schien, und ging. Draußen stand ein geschlossener Wagen, unbeweglich auf dem Bock saß ein Kutscher, ganz in Schwarz, mit hohem Zylinder; – wie eine Trauerkutsche, dachte Fridolin. Nach wenigen Minuten, im Laufschritt, war er zu dem Eckhaus gelangt, das er suchte, läutete, erkundigte sich beim Hausmeister, ob der Maskenverleiher Gibiser hier im Hause wohnte, und hoffte im stillen, daß es nicht der Fall wäre. Aber Gibiser wohnte tatsächlich hier, im Stockwerk unterhalb der Leihanstalt, der Hausmeister schien nicht einmal sonderlich erstaunt über den späten Besuch, sondern, durch das ansehnliche Trinkgeld Fridolins leutselig gestimmt, bemerkte er, daß während des Faschings gar nicht so selten auch in solcher Nachtstunde Leute kämen, um Kostüme auszuleihen. Er leuchtete von unten aus so lange mit der Kerze, bis Fridolin im ersten Stockwerk geklingelt hatte. Herr Gibiser, als hätte er an der Türe gewartet, öffnete selbst, er war hager, bartlos, kahl, trug einen altmodischen geblümten Schlafrock und eine türkische Mütze mit einer Troddel, so daß er wie ein lächerlicher Alter auf dem Theater aussah. Fridolin brachte sein Begehren vor und erwähnte, daß der Preis keine Rolle spiele, worauf Herr Gibiser beinahe wegwerfend bemerkte: „Ich verlange, was mir zukommt, nicht mehr."

Kutsche zum Geleit einer Beerdigung

Karnevalszeit

Quaste, verziertes Ende einer Kordel als Bestandteil von Uniformen

Er führte Fridolin über eine Wendeltreppe ins Magazin hinauf. Es roch nach Seide, Samt, Parfüms, Staub und trockenen Blumen; aus schwimmendem Dunkel blitzte es silbern und rot; und plötzlich glänzten eine Menge kleiner Lämpchen zwischen offenen Schränken eines engen, langgestreckten Gangs, der sich rückwärts in Finsternis verlor. Rechts und links hingen Kostüme aller Art; auf der einen Seite Ritter, Knappen, Bauern, Jäger,

Lagerraum

Gelehrte, Orientalen, Narren, auf der anderen Hofdamen, Ritterfräulein, Bäuerinnen, Kammerzofen, Königinnen der Nacht. Oberhalb der Kostüme waren die entsprechenden Kopfbedeckungen zu sehen, und es war Fridolin zumute, als wenn er durch eine Allee von Gehängten schritte, die im Begriffe wären, sich gegenseitig zum Tanz aufzufordern. Herr Gibiser ging hinter ihm einher. „Haben der Herr einen besonderen Wunsch? Louis Quatorze? Directoire? Altdeutsch?“»
„Ich brauche eine dunkle Mönchskutte und eine schwarze Larve, nichts weiter.“
In diesem Augenblick tönte vom Ende des Gangs her ein gläsernes Geklirr. Fridolin sah dem Maskenverleiher erschrocken ins Gesicht, als sei dieser zu sofortiger Aufklärung verpflichtet. Gibiser selbst stand starr, tastete nach einem irgendwo versteckten Schalter – und eine blendende Helle ergoß sich sofort bis zum Ende des Gangs, wo ein kleines gedecktes Tischchen mit Tellern, Gläsern und Flaschen zu sehen war. Von zwei Stühlen rechts und links erhoben sich je ein Femrichter in rotem Talar, während ein zierliches helles Wesen im selben Augenblick verschwand. Gibiser stürzte mit langen Schritten hin, griff über den Tisch und hielt eine weiße Perücke in der Hand, während zugleich unter dem Tisch sich hervorschlängelnd ein anmutiges, ganz junges Mädchen, fast noch ein Kind, im Pierrettenkostüm mit weißen Seidenstrümpfen durch den Gang bis zu Fridolin gelaufen kam, der sie notgedrungen in seinen Armen auffing. Gibiser hatte die weiße Perücke auf den Tisch fallen lassen und hielt rechts und links die Femrichter an den Falten ihrer Talare fest. Zugleich rief er zu Fridolin hin: „Herr, halten Sie mir das Mädel fest.“ Die Kleine preßte sich an Fridolin, als müßte er sie schützen. Ihr

Person im Dienst einer vornehmen, hochgestellten Dame, Kammerjungfer (*fille de chambre*)

Seite 180

Modestil des Barock aus der Zeit des frz. Königs Ludwig XIV. (1638–1715)

frz. Modestil zur Regierungszeit des nachrevolutionären Direktoriums (1796–1804)

Kunststil des 15./16. Jahrhunderts (Spätgotik/Renaissance)

hier: Männer in Kostümen von Richtern eines mittelalterlichen Geheimgerichts

(frz.) weibl. Dienerfigur in der *Commedia dell'Arte* (ital. Stegreifkomödie des 16. bis 18. Jhdt.)

kleines schmales Gesicht war weiß bestäubt, mit einigen Schönheitspflästerchen bedeckt, von ihren zarten Brüsten stieg ein Duft von Rosen und Puder auf; – aus ihren Augen lächelte Schelmerei und Lust.

„Meine Herren,“ rief Gibiser, „Sie bleiben hier so lange, bis ich Sie der Polizei übergeben habe.“

„Was fällt Ihnen ein?“ riefen die beiden. Und wie aus einem Munde: „Wir sind einer Einladung des Fräuleins gefolgt.“

Gibiser ließ sie beide los, und Fridolin hörte, wie er zu ihnen sagte: „Hierüber werden Sie nähere Auskunft zu geben haben. Oder sahen Sie nicht sofort, daß Sie es mit einer Wahnsinnigen zu tun hatten?“ und zu Fridolin gewendet: „Verzeihen Sie den Zwischenfall, mein Herr.“

„Oh, es tut nichts“, sagte Fridolin. Am liebsten wäre er dageblieben oder hätte die Kleine gleich mitgenommen, wohin immer – und was immer daraus gefolgt wäre. Sie sah lockend und kindlich zu ihm auf, wie gebannt. Die Femrichter am Ende des Ganges unterhielten sich aufgeregt miteinander, Gibiser wandte sich sachlich an Fridolin mit der Frage: „Sie wünschen eine Kutte, mein Herr, einen Pilgerhut, eine Larve?“

„Nein,“ sagte die Pierrette mit leuchtenden Augen, „einen Hermelinmantel mußt du diesem Herrn geben und ein rotseidenes Wams.“

Hermelinmantel: wertvoller Pelzmantel vom Fell des Großen Wiesels (Hermelin), Herrscherattribut

Wams: Jacke, Weste

„Du rührst dich nicht von meiner Seite“, sagte Gibiser und wies auf eine dunkle Kutte, die zwischen einem Landsknecht und einem venezianischen Senator hing. „Diese entspricht Ihrer Größe, hier der passende Hut, nehmen Sie, rasch.“

Landsknecht: Soldaten des 15./16. Jhdt., die für ihre Kampfeinsätze bezahlt werden (Söldner)

Nun meldeten sich von neuem die Femrichter. „Sie werden uns unverzüglich hinauslassen, Herr Chibisier“, sie sprachen den Namen Gibiser zu Fridolins Befremden französisch aus.

„Davon kann keine Rede sein,“ erwiderte der Maskenverleiher höhnisch, „vorläufig werden Sie die Freundlichkeit haben, hier meine Rückkehr abzuwarten.“

Indes fuhr Fridolin in die Kutte, band die Enden der herunterhängenden weißen Schnur in einen Knoten, Gibiser reichte ihm, auf einer schmalen Leiter stehend, den schwarzen breitkrempigen Pilgerhut herunter, und Fridolin setzte ihn auf; doch dies alles tat er wie unter einem Zwang, denn immer stärker empfand er es wie eine Verpflichtung, zu bleiben und der Pierrette in einer drohenden Gefahr beizustehen. Die Larve, die Gibiser ihm nun in die Hand drückte und die er gleich probierte, roch nach einem fremdartigen, etwas widerlichen Parfüm.

„Du gehst mir voran“, sagte Gibiser zu der Kleinen und wies gebieterisch zur Treppe. Pierrette wandte sich um, blickte zum Ende des Gangs und winkte einen wehmütig-heiteren Abschiedsgruß hin. Fridolin folgte ihrem Blick; dort standen keine Femrichter mehr, sondern zwei schlanke junge Herren in Frack und weißer Krawatte, doch beide noch mit den roten Larven über den Gesichtern. Pierrette schwebte die Wendeltreppe hinab, Gibiser ging hinter ihr, ihnen folgte Fridolin. Im Vorzimmer unten öffnete Gibiser eine Tür, die nach den inneren Räumen führte, und sagte zu Pierrette: „Du gehst augenblicklich zu Bette, verworfenes Geschöpf, wir sprechen uns, sobald ich mit den Herren oben abgerechnet habe.“

Sie stand in der Türe, weiß und zart, und schüttelte mit einem Blick auf Fridolin traurig den Kopf. Fridolin erblickte in einem großen Wandspiegel rechts einen hageren Pilger, der niemand anderer war als er selbst, und wunderte sich darüber, mit so natürlichen Dingen es eigentlich zuging. Pierrette war verschwunden, der alte Maskenverleiher sperrte hinter ihr ab. Dann öffnete er die Wohnungstür und drängte Fridolin ins Stiegenhaus.

„Verzeihen Sie," sagte Fridolin, „meine Schuldigkeit …"

„Lassen Sie, mein Herr, Bezahlung erfolgt bei Rückstellung, ich traue Ihnen."

Doch Fridolin rührte sich nicht vom Fleck. „Sie schwören mir, daß Sie dem armen Kind nichts Böses tun werden?"

„Was kümmert Sie das, Herr?"

„Ich hörte, wie Sie die Kleine vorher als wahnsinnig bezeichneten, – und jetzt nannten Sie sie ein verworfenes Geschöpf. Ein auffallender Widerspruch, Sie werden es nicht leugnen."

„Nun, mein Herr," entgegnete Gibiser mit einem Ton wie auf dem Theater, „ist der Wahnsinnige nicht verworfen vor Gott?"

Fridolin schüttelte sich angewidert.

„Wie immer," bemerkte er dann, „es wird sich Rat schaffen lassen. Ich bin Arzt. Wir reden morgen weiter über die Sache."

Gibiser lachte höhnisch und lautlos. Im Stiegenhaus flammte plötzlich Licht auf, die Türe zwischen Gibiser und Fridolin schloß sich, und sofort wurde der Riegel vorgelegt. Fridolin entledigte sich, während er die Treppe hinunterging, des Huts, der Kutte, der Larve, nahm alles unter den Arm, der Hausbesorger öffnete das Tor, die Trauerkutsche stand gegenüber, mit dem unbeweglichen Lenker auf dem Bock. Nachtigall schickte sich eben an,

(österr.) Hausmeister

das Café zu verlassen, und schien nicht sehr angenehm berührt, daß Fridolin pünktlich zur Stelle war.

„Du hast dir also richtig ein Kostüm verschafft?“

„Wie du siehst. Und die Parole?“

„Du bestehst also darauf?“

„Unbedingt.“

„Also – Parole ist Dänemark.“

„Bist du toll, Nachtigall?“

„Weshalb toll?“

„Nichts, nichts. – Ich war zufällig heuer im Sommer an der dänischen Küste. Also steig ein – aber nicht gleich, damit ich Zeit habe, mir drüben einen Wagen zu nehmen.“

(süddt., schweizer., österr.) in diesem Jahr

Nachtigall nickte, zündete sich gemächlich eine Zigarette an, indes überquerte Fridolin rasch die Straße, nahm einen Fiaker und wies im harmlosen Ton, als handle es sich um einen Scherz, seinen Kutscher an, dem Trauerwagen zu folgen, der sich eben vor ihnen in Bewegung setzte.

(österr.) zweispännige Pferdedroschke, Mietkutsche

Sie fuhren über die Alserstraße, dann unter einem Bahnviadukt der Vorstadt zu und weiter durch schlecht beleuchtete menschenleere Nebengassen. Fridolin erwog die Möglichkeit, daß der Kutscher seines Wagens die Spur des vorderen verlieren könnte; doch so oft er den Kopf durch das offene Fenster in die unnatürlich warme Luft hinausstreckte, immer sah er den anderen Wagen in mäßiger Entfernung vor sich, und unbeweglich saß der Kutscher mit dem hohen schwarzen Zylinder auf dem Bock. Es könnte auch übel ausgehen, dachte Fridolin. Dabei spürte er immer noch den Geruch von Rosen und Puder, der von Pierrettens Brüsten zu ihm aufgestiegen war. An welch einem seltsamen Roman bin ich da vorübergestreift? fragte er sich. Ich hätte nicht fort-

(lat.) Bogenbrücke, hier als Bahnüberführung

(lat., frz.) Geschichte, Abenteuer

gehen sollen, vielleicht nicht dürfen. Wo bin ich nun eigentlich?

Zwischen bescheidenen Villen in langsamer Steigung ging es hinan. Nun glaubte Fridolin sich zurechtzufinden; Spaziergänge hatten ihn vor Jahren manchmal hierhergeführt: es mußte der Galitzinberg sein, den er hinanfuhr. Zur Linken in der Tiefe sah er die in Dunst verschwimmende, von tausend Lichtern flimmernde Stadt. Er hörte Räderrollen hinter sich und blickte aus dem Fenster nach rückwärts. Zwei Wagen fuhren hinter ihm, und das war ihm lieb, so konnte er dem Trauerkutscher in keinem Fall verdächtig sein.

Berg im Westen von Wien (Höhe ca. 400 m)

Plötzlich, mit einem sehr heftigen Ruck, bog der Wagen seitlich ab, und zwischen Gittern, Mauern, Abhängen ging es abwärts wie in eine Schlucht. Fridolin fiel es ein, daß es höchste Zeit war, sich zu maskieren. Er zog den Pelz aus, fuhr in die Kutte, geradeso wie er jeden Morgen auf der Spitalabteilung in die Ärmel seines Leinenkittels zu schlüpfen pflegte; und wie an etwas Erlösendes dachte er daran, daß er in wenigen Stunden schon, wenn alles gut ging, wie jeden Morgen zwischen den Betten seiner Kranken herumgehen würde – ein hilfsbereiter Arzt.

Der Wagen stand still. Wie wär's, dachte Fridolin, wenn ich gar nicht erst ausstiege – sondern lieber gleich zurückkehrte? Aber wohin? Zu der kleinen Pierrette? Oder zu dem Dirnchen in der Buchfeldgasse? Oder zu Marianne, der Tochter des Verstorbenen? Oder nach Hause? Und mit einem leichten Schauer empfand er, daß er nirgendshin sich weniger sehnte als gerade dorthin. Oder war es, weil dieser Weg ihn der weiteste dünkte? Nein, ich kann nicht zurück, dachte er bei sich. Weiter meinen Weg, und wär's mein Tod. Er lachte selbst zu dem großen Wort, aber sehr heiter war ihm dabei nicht zumut.

Ein Gartentor stand weit offen. Die Trauerkutsche vor ihm fuhr eben tiefer in die Schlucht hinab oder in das Dunkel, das ihm so erschien. Nachtigall war also jedenfalls schon ausgestiegen. Fridolin sprang rasch aus dem Wagen, wies den Kutscher an, oben an jener Biegung seine Rückkehr abzuwarten, so lange es auch dauern sollte. Und um sich seiner zu versichern, entlohnte er ihn im vorhinein reichlich und versprach ihm einen gleichen Betrag für die Rückfahrt. Die Wagen, die dem seinen gefolgt waren, kamen angefahren. Aus dem ersten sah Fridolin eine verhüllte Frauengestalt steigen; dann trat er in den Garten, nahm die Larve vor, ein schmaler, vom Hause her beleuchteter Pfad führte bis zum Tor, zwei Flügel sprangen auf, und Fridolin befand sich in einer schmalen weißen Vorhalle. Harmoniumklänge tönten ihm entgegen, zwei Diener in dunkler Livree, die Gesichter grau verlarvt, standen rechts und links.

Harmonium: orgelartiges Tasteninstrument

Livree: (frz.) uniformartige Kleidung von Dienstpersonal

„Parole?" umflüsterte es ihn zweistimmig. Und er erwiderte: „Dänemark". Der eine Diener nahm seinen Pelz in Empfang und verschwand damit in einem Nebenraum, der andere öffnete eine Tür, und Fridolin trat in einen dämmerigen, fast dunklen hohen Saal, der ringsum von schwarzer Seide umhangen war. Masken, durchaus in geistlicher Tracht, schritten auf und ab, sechzehn bis zwanzig Personen, Mönche und Nonnen. Die Harmoniumklänge, sanft anschwellend, eine italienische Kirchenmelodie, schienen aus der Höhe herabzutöten. In einem Winkel des Saales stand eine kleine Gruppe, drei Nonnen und zwei Mönche; von dort aus hatte man sich flüchtig zu ihm hin und gleich wieder, wie mit Absicht, abgewandt. Fridolin merkte, daß er als einziger das

Haupt bedeckt hatte, nahm den Pilgerhut ab und wandelte so harmlos als möglich auf und nieder; ein Mönch streifte seinen Arm und nickte einen Gruß; doch hinter der Maske bohrte sich ein Blick, eine Sekunde lang, tief in Fridolins Augen. Ein fremdartiger, schwüler Wohlgeruch, wie von südländischen Gärten, umfing ihn. Wieder streifte ihn ein Arm. Diesmal war es der einer Nonne. Wie die andern hatte auch sie um Stirn, Haupt und Nacken einen schwarzen Schleier geschlungen, unter den schwarzen Seidenspitzen der Larve leuchtete ein blutroter Mund. Wo bin ich? dachte Fridolin. Unter Irrsinnigen? Unter Verschwörern? Bin ich in die Versammlung irgendeiner religiösen Sekte geraten? War Nachtigall vielleicht beordert, bezahlt, irgendeinen Uneingeweihten mitzubringen, den man zum besten haben wollte? Doch für einen Maskenscherz schien ihm alles zu ernst, zu eintönig, zu unheimlich. Den Harmoniumklängen hatte sich eine weibliche Stimme beigesellt, eine altitalienische geistliche Arie tönte durch den Raum. Alle standen still, schienen zu lauschen, auch Fridolin gab sich für eine Weile der wundervoll anschwellenden Melodie gefangen. Plötzlich flüsterte eine weibliche Stimme hinter ihm: „Wenden Sie sich nicht nach mir um. Noch ist es Zeit, daß Sie sich entfernen. Sie gehören nicht hierher. Wenn man es entdeckte, erginge es Ihnen schlimm.“

Arie: (ital.) Sologesang mit Instrumentalbegleitung in Opern und Oratorien

Fridolin schrak zusammen. Eine Sekunde lang dachte er der Warnung zu folgen. Aber die Neugier, die Lockung und vor allem sein Stolz waren stärker als jedes Bedenken. Nun bin ich einmal so weit, dachte er, mag es enden, wie es wolle. Und er schüttelte verneinend den Kopf, ohne sich umzuwenden.

Da flüsterte die Stimme hinter ihm: „Es täte mir leid um Sie.“

(griech., lat.) heldenhaft

schneller, mehrfacher Wechsel zwischen zwei Musiktönen

Jetzt wandte er sich um. Er sah den blutroten Mund durch die Spitzen schimmern, dunkle Augen sanken in die seinen. „Ich bleibe“, sagte er in einem heroischen Ton, den er nicht an sich kannte, und wandte das Antlitz wieder ab. Der Gesang schwoll wundersam an, das Harmonium tönte in einer neuen, durchaus nicht mehr kirchlichen Weise, sondern weltlich, üppig, wie eine Orgel brausend; und um sich schauend, merkte Fridolin, daß die Nonnen alle verschwunden waren und sich nur mehr Mönche im Saale befanden. Auch die Gesangsstimme war indes aus ihrem dunklen Ernst über einen kunstvoll ansteigenden Triller ins Helle und Jauchzende übergegangen, statt des Harmoniums aber hatte irdisch und frech ein Klavier eingesetzt, Fridolin erkannte sofort Nachtigalls wilden, aufreizenden Anschlag, und die vorher so edle weibliche Frauenstimme hatte sich in einem letzten grellen, wollüstigen Aufschrei gleichsam durch die Decke davongeschwungen in die Unendlichkeit. Türen rechts und links hatten sich aufgetan, auf der einen Seite erkannte Fridolin am Klavier die verdämmernden Umrisse von Nachtigalls Gestalt, der gegenüberliegende Raum aber strahlte in blendender Helle, und Frauen standen unbeweglich da, alle mit dunklen Schleiern um Haupt, Stirn und Nacken, schwarze Spitzenlarven über dem Antlitz, aber sonst völlig nackt. Fridolins Augen irrten durstig von üppigen zu schlanken, von zarten zu prangend erblühten Gestalten; – und daß jede dieser Unverhüllten doch ein Geheimnis blieb und aus den schwarzen Masken als unlöslichste Rätsel große Augen zu ihm herüberstrahlten, das wandelte ihm die unsägliche Lust des Schauens in eine fast unerträgliche Qual des Verlangens. Doch wie ihm erging es wohl auch den andern. Die ersten entzückten Atemzüge wandelten sich zu Seufzern, die nach einem tiefen Weh klangen; irgendwo entrang sich ein Schrei; – und plötzlich, als wären sie gejagt, stürzten sie alle, nicht mehr in ihren Mönchskutten, sondern in festlichen weißen, gelben, blauen, roten Kavalierstrachten aus dem dämmerigen Saal zu den Frauen hin, wo ein tolles, beinahe böses Lachen sie empfing. Fridolin war der einzige, der als Mönch zurückgeblieben war, und schlich sich, einigermaßen ängstlich, in die entfernteste Ecke, wo er sich Nachtigall nahe befand, der ihm den Rücken zugewendet hatte. Fridolin sah wohl, daß Nachtigall eine Binde um die Augen trug, aber zugleich glaubte er zu bemerken, wie hinter dieser Binde seine Augen in den hohen Spiegel gegenüber sich bohrten, in dem die bunten Kavaliere mit ihren nackten Tänzerinnen sich drehten.

Seite 180

Plötzlich stand eine der Frauen neben Fridolin und flüsterte – denn niemand, als müßten auch die Stimmen Geheimnis bleiben, sprach ein lautes Wort –: „Warum so einsam? Warum schließest du dich vom Tanze aus?"
Fridolin sah, daß von einer anderen Ecke her ihn zwei Edelleute scharf ins Auge gefaßt hatten, und er vermutete, daß das Geschöpf an seiner Seite – es war knabenhaft und schlank gewachsen – zu ihm gesandt war, ihn zu prüfen und zu versuchen. Trotzdem breitete er die Arme nach ihr aus, um sie an sich zu ziehen, als ein anderes der Weiber sich von ihrem Tänzer löste und geradewegs zu Fridolin gelaufen kam. Er wußte sofort, daß es seine Warnerin von früher war. Sie stellte sich an, als erblicke sie ihn zum erstenmal, und flüsterte, doch so vernehmlich, daß man sie auch in jener anderen Ecke hören mußte: „Bist du endlich zurück?" Und heiter lachend: „Es ist alles vergeblich, du bist erkannt." Und zu der Knabenhaften gewandt: „Laß mir ihn nur für zwei

Edelleute: hier: als Adlige verkleidete Männer

Minuten. Dann sollst du ihn gleich wieder, wenn du willst, bis zum Morgen haben." Und leiser zu ihr, wie freudig: „Er ist es, ja, er." Die andere erstaunt: „Wirklich?" und schwebte fort in die Ecke zu den Kavalieren.
„Frage nicht", sprach nun die Zurückbleibende zu Fridolin, „und wundere dich über nichts. Ich versuchte sie irrezuführen, aber ich sage dir gleich: auf die Dauer kann es nicht gelingen. Flieh, ehe es zu spät ist. Und es kann in jedem Augenblick zu spät sein. Und gib acht, daß man deine Spur nicht verfolgt. Niemand darf erfahren, wer du bist. Mit deiner Ruhe, mit dem Frieden deines Daseins wäre es vorbei für immer. Geh!"
„Seh' ich dich wieder?"
„Unmöglich."
„So bleib' ich."
Ein Zittern ging durch ihren nackten Leib, das sich ihm mitteilte und ihm fast die Sinne umnebelte.
„Es kann nicht mehr auf dem Spiel stehen als mein Leben," sagte er, „und das bist du mir in diesem Augenblick wert." Er faßte ihre Hände, versuchte sie an sich zu ziehen.
Sie flüsterte wieder, wie verzweifelt: „Geh!"
Er lachte und hörte sich, wie man sich im Träume hört. „Ich sehe ja, wo ich bin. Ihr seid doch nicht nur darum da, ihr alle, damit man von euerm Anblick toll wird! Du treibst nur einen besondern Spaß mit mir, um mich völlig verrückt zu machen."
„Es wird zu spät, geh!"
Er wollte sie nicht hören. „Es sollte hier keine verschwiegenen Gemächer geben, in die Paare sich zurückziehen, die sich gefunden haben? Werden alle, die hier sind, mit höflichen Handküssen voneinander Abschied nehmen? Sie sehen nicht danach aus."

Und er wies auf die Paare, die nach den rasenden Klängen des Klaviers in dem überhellen, spiegelnden Nebenraume weitertanzten, glühende, weiße Leiber an blaue, rote, gelbe Seide geschmiegt. Ihm war, als kümmerte sich jetzt niemand um ihn und die Frau neben ihm; sie standen in dem fast dunklen Mittelsaal ganz allein.

„Vergebliche Hoffnung“, flüsterte sie. „Es gibt hier keine Gemächer, wie du sie dir träumst. Es ist die letzte Minute. Flieh!“

„Komme mit mir.“

Sie schüttelte heftig den Kopf, wie verzweifelt.

Er lachte wieder und kannte sein Lachen nicht. „Du hältst mich zum besten. Sind diese Männer und diese Frauen hierher gekommen, nur um einander zu entflammen und dann zu verschmähen? Wer kann dir verbieten, mit mir fortzugehen, wenn du willst?“

verschmähen: etwas Angebotenes ausschlagen, weil man es für geringwertig hält

Sie atmete tief auf und senkte das Haupt.

„Ah, nun versteh' ich“, sagte er. „Es ist die Strafe, die ihr dem bestimmt habt, der sich ungeladen einschleicht. Ihr hättet keine grausamere ersinnen können. Erlasse sie mir. Begnadige mich. Verhänge eine andere Buße über mich. Nur nicht diese, daß ich ohne dich gehen soll!“

„Du bist wahnsinnig. Ich kann nicht mit dir von hier fortgehen, so wenig – wie mit irgendeinem andern. Und wer versuchen wollte, mir zu folgen, hätte sein und mein Leben verwirkt.“

Fridolin war wie trunken, nicht nur von ihr, ihrem duftenden Leib, ihrem rotglühenden Mund, nicht nur von der Atmosphäre dieses Raums, den wollüstigen Geheimnissen, die ihn hier umgaben; – er war berauscht und durstig zugleich von all den Erlebnissen dieser

Nacht, deren keines einen Abschluß gehabt hatte; von sich selbst, von seiner Kühnheit, von der Wandlung, die er in sich spürte. Und er rührte mit den Händen an den Schleier, der um ihr Haupt geschlungen war, als wollte er ihn herunterziehen.

Sie ergriff seine Hände. „Es war eine Nacht, da fiel es einem ein, einer von uns im Tanz den Schleier von der Stirn zu reißen. Man riß ihm die Larve vom Gesicht und peitschte ihn hinaus."

„Und – sie?"

„Du hast vielleicht von einem schönen, jungen Mädchen gelesen … es sind erst wenige Wochen her, die am Tag vor ihrer Hochzeit Gift nahm."

Er erinnerte sich, auch des Namens. Er nannte ihn. War es nicht ein Mädchen aus fürstlichem Hause, das mit einem italienischen Prinzen verlobt gewesen war?

Sie nickte.

Plötzlich stand einer der Kavaliere da, der vornehmste von allen, der einzige in weißer Tracht; und mit einer kurzen, zwar höflichen, doch zugleich gebieterischen Verneigung forderte er die Frau, mit der Fridolin sprach, zu einem Tanze auf. Es war Fridolin, als zögerte sie einen Augenblick. Doch schon hatte der andere sie umfaßt und wirbelte mit ihr davon zu den andern Paaren im erleuchteten Nebensaal.

Fridolin fand sich allein, und diese plötzliche Verlassenheit überfiel ihn wie Frost. Er sah um sich. In diesem Augenblick schien sich niemand um ihn zu kümmern. Vielleicht war jetzt noch eine letzte Möglichkeit, sich ungestraft zu entfernen. Was ihn trotzdem in seine Ecke gebannt hielt, wo er sich nun ungesehen und unbeachtet fühlen durfte – die Scheu vor einem ruhmlosen und etwas lächerlichen Rückzug, das ungestillte, quälende

Verlangen nach dem wundersamen Frauenleib, dessen Duft noch um ihn strich; oder die Erwägung, daß alles, was bisher geschehen, vielleicht eine Prüfung seines Muts bedeutet hätte und daß ihm die herrliche Frau als Preis zufallen würde, – das wußte er selbst nicht. Jedenfalls aber war ihm klar, daß diese Spannung nicht länger zu ertragen war, und daß er auf alle Gefahr hin diesem Zustand ein Ende machen mußte. Wozu immer er sich entschlösse, das Leben konnte es nicht kosten. Er befand sich vielleicht unter Narren, vielleicht unter Wüstlingen, gewiß nicht unter Buben oder Verbrechern. Und es kam ihm der Einfall, unter sie hinzutreten, sich selbst als Eindringling zu bekennen und sich ihnen in ritterlicher Weise zur Verfügung zu stellen. Nur in solcher Art, wie mit einem edeln Akkord, durfte diese Nacht abschließen, wenn sie mehr bedeuten sollte als ein schattenhaft wüstes Nacheinander von düsteren, trübseligen, skurrilen und lüsternen Abenteuern, deren doch keines zu Ende gelebt worden war. Und aufatmend machte er sich bereit.

(veraltet) Schurke

(lat.) sonderbar, närrisch

In diesem Augenblick aber flüsterte es neben ihm: „Parole!“ Ein schwarzer Kavalier war unversehens zu ihm hingetreten, und da Fridolin nicht gleich erwiderte, stellte er seine Frage ein zweites Mal. „Dänemark“, sagte Fridolin.

„Ganz recht, mein Herr, dies ist die Parole des Eingangs. Die Parole des Hauses, wenn ich bitten darf?“

Fridolin schwieg.

„Sie wollen nicht die Güte haben, uns die Parole des Hauses zu sagen?“ Es klang messerscharf.

Fridolin zuckte die Achseln. Der andere trat in die Mitte des Raumes, erhob die Hand, das Klavierspiel verstummte, der Tanz brach ab. Zwei andere Kavaliere, ei-

ner in Gelb, der andere in Rot, traten herzu. „Die Parole, mein Herr“, sagten sie beide gleichzeitig.
„Ich habe sie vergessen“, erwiderte Fridolin mit einem leeren Lächeln und fühlte sich ganz ruhig.
„Das ist ein Unglück“, sagte der Herr in Gelb, „denn es gilt hier gleich, ob Sie die Parole vergessen oder ob Sie sie nie gekannt haben.“
Die andern männlichen Masken strömten herein, die Türen nach beiden Seiten schlossen sich. Fridolin stand allein da im Mönchsgewand mitten unter bunten Kavalieren.
„Die Maske runter!“ riefen einige zugleich. Wie zum Schutz hielt Fridolin die Arme vor sich hingestreckt. Tausendmal schlimmer wäre es ihm erschienen, der einzige mit unverlarvtem Gesicht unter lauter Masken dazustehen, als plötzlich unter Angekleideten nackt. Und mit fester Stimme sagte er: „Wenn einer von den Herren sich durch mein Erscheinen in seiner Ehre gekränkt fühlen sollte, so erkläre ich mich bereit, ihm in üblicher Weise Genugtuung zu geben. Doch meine Maske werde ich nur in dem Falle ablegen, daß Sie alle das gleiche tun, meine Herren.“

Satisfaktion, Wiedergutmachung einer Ehrverletzung im Duell, vgl. „Duell“, Seite 171 f.

„Es handelt sich hier nicht um Genugtuung“, sagte der rotgekleidete Kavalier, der bisher noch nicht gesprochen hatte, „sondern um Sühne.“
„Die Maske herunter!“ befahl wieder ein anderer mit einer hellen frechen Stimme, durch die sich Fridolin an den Kommandoton eines Offiziers erinnert fühlte. „Man wird Ihnen ins Gesicht sagen, was Ihrer harrt, und nicht in Ihre Larve.“
„Ich nehme sie nicht ab,“ sagte Fridolin in noch schärferem Ton, „und wehe dem, der es wagt, mich zu berühren.“

Irgendein Arm griff plötzlich nach seinem Gesicht, wie um ihm die Maske herunterzureißen, als plötzlich die eine Tür sich auftat und eine der Frauen – Fridolin konnte sich nicht im Zweifel darüber befinden, welche es war – dastand, in Nonnentracht, so wie er sie zuerst erblickt hatte. Hinter ihr aber in dem überhellten Raum waren die andern zu sehen, nackt mit verhüllten Gesichtern, aneinandergedrängt, stumm, eine verschüchterte Schar. Doch die Tür schloß sich sofort wieder.

„Laßt ihn," sagte die Nonne, „ich bin bereit, ihn auszulösen."

Ein kurzes tiefes Schweigen, als wenn etwas Ungeheueres sich ereignet hätte, dann wandte sich der schwarze Kavalier, der Fridolin zuerst die Parole abverlangt hatte, an die Nonne mit den Worten: „Du weißt, was du damit auf dich nimmst."

„Ich weiß es."

Wie ein tiefes Aufatmen ging es durch den Raum.

„Sie sind frei," sagte der Kavalier zu Fridolin, „verlassen Sie ungesäumt dieses Haus und hüten Sie sich, weiter nach den Geheimnissen zu forschen, in deren Vorhof Sie sich eingeschlichen haben. Sollten Sie irgend jemanden auf unsere Spur zu leiten versuchen, ob es nun glückte oder nicht; – Sie wären verloren."

(veraltet) sofort, unverzüglich

Fridolin stand unbeweglich. „Auf welche Weise soll – diese Frau mich auslösen?" fragte er.

Keine Antwort. Einige Arme wiesen der Türe zu, zum Zeichen, er möge sich unverzüglich entfernen.

Fridolin schüttelte den Kopf. „Verhängen Sie über mich, meine Herren, was Ihnen beliebt, ich werde nicht dulden, daß ein anderes menschliches Wesen für mich bezahlt."

„An dem Los dieser Frau", sagte der schwarze Kavalier

nun ganz sanft, „würden Sie doch nichts mehr ändern. Wenn hier ein Versprechen geleistet wurde, gibt es kein Zurück."

Die Nonne nickte langsam wie zur Bestätigung. „Geh!" sagte sie zu Fridolin.

„Nein", erwiderte dieser in erhöhtem Ton. „Das Leben hat keinen Wert mehr für mich, wenn ich ohne dich von hier fortgehen soll. Woher du kommst, wer du bist, ich frage nicht danach. Was kann es Ihnen, meine unbekannten Herren, bedeuten, ob Sie diese Faschingskomödie, und sei sie auch auf einen ernsthaften Schluß angelegt, zu Ende spielen oder nicht. Wer immer Sie sein mögen, meine Herren, Sie führen in jedem Fall noch eine andere Existenz als diese. Ich aber spiele keinerlei Komödie, auch nicht hier, und wenn ich es bisher notgedrungen getan habe, so gebe ich es jetzt auf. Ich fühle, daß ich in ein Schicksal geraten bin, das mit dieser Mummerei nichts mehr zu tun hat, ich will Ihnen meinen Namen nennen, ich will meine Larve abtun und nehme alle Folgen auf mich."

(veraltet) Maskenspiel, Verkleidung

„Hüte dich!" rief die Nonne aus, „du würdest dich verderben, ohne mich zu retten! Geh!" Und zu den andern gewendet: „Hier bin ich, hier habt ihr mich – alle!"

Die dunkle Tracht fiel wie durch einen Zauber von ihr ab, im Glanz ihres weißen Leibes stand sie da, sie griff nach dem Schleier, der ihr um Stirn, Haupt und Nacken gewunden war, und mit einer wundersamen runden Bewegung wand sie ihn los. Er sank zu Boden, dunkle Haare stürzten ihr über Schultern, Brust und Lenden, – doch ehe noch Fridolin das Bild ihres Antlitzes zu erhaschen vermochte, war er von unwiderstehlichen Armen erfaßt, fortgerissen und zur Türe gedrängt worden; im Augenblick darauf befand er sich im Vorraum, die Türe hinter ihm fiel zu, ein verlarvter Bedienter brachte ihm den Pelz, war ihm beim Anziehen behilflich, und das Haustor öffnete sich. Wie von einer unsichtbaren Gewalt fortgetrieben eilte er weiter, er stand auf der Straße, das Licht hinter ihm erlosch, er blickte sich um und sah das Haus schweigend daliegen mit verschlossenen Fenstern, aus denen kein Schimmer drang. Daß ich mir nur alles genau einpräge, dachte er vor allem. Ich muß das Haus wiederfinden, alles Weitere ergibt sich.

Nacht war um ihn, in einiger Entfernung über ihm, dort, wo der Wagen seiner warten sollte, leuchtete trübrötlich eine Laterne. Aus der Tiefe der Gasse fuhr die Trauerkutsche vor, als hätte er nach ihr gerufen. Ein Diener öffnete den Schlag.

„Ich habe meinen Wagen", sagte Fridolin. Der Bediente schüttelte den Kopf. „Sollte er davongefahren sein, so werde ich zu Fuß nach der Stadt zurückkehren."

Der Diener antwortete mit einer Handbewegung so wenig bedientenhafter Art, daß sie jeden Widerspruch ausschloß. Der Zylinder des Kutschers ragte lächerlich lang in die Nacht auf. Der Wind blies heftig, über den Himmel hin flogen violette Wolken. Fridolin konnte sich nach seinen bisherigen Erlebnissen nicht darüber täuschen, daß ihm nichts übrigblieb, als in den Wagen zu steigen, der sich auch mit ihm unverzüglich in Bewegung setzte.

Fridolin fühlte sich entschlossen, auf alle Gefahr hin die Aufklärung des Abenteuers, sobald es anging, in Angriff zu nehmen. Sein Dasein, so schien ihm, hatte nicht den geringsten Sinn mehr, wenn es ihm nicht gelang, die unbegreifliche Frau wiederzufinden, die in dieser Stunde den Preis für seine Rettung bezahlte. Was für einen, das war allzu leicht zu erraten. Aber welchen Anlaß hatte sie, sich für ihn zu opfern –? War sie überhaupt eine Frau, für die, was ihr nun bevorstand, was sie nun über sich ergehen ließ, ein Opfer bedeutete? Wenn sie an diesen Gesellschaften teilnahm – und es konnte heute nicht zum erstenmal der Fall sein, da sie sich in die Bräuche so eingeweiht zeigte –, was mochte ihr daran liegen, einem dieser Kavaliere oder ihnen allen zu Willen zu sein? Ja, konnte sie überhaupt etwas anderes sein als eine Dirne? Konnten alle diese Weiber etwas anderes sein? Dirnen – kein Zweifel. Auch wenn sie alle noch irgendein zweites, sozusagen bürgerliches Leben neben diesem führten, das eben ein Dirnenleben war. Und war nicht alles, was er eben erlebt, wahrscheinlich nur ein infamer Spaß gewesen, den man sich mit ihm erlaubt hatte? Ein Spaß, der für den Fall, daß sich einmal ein Unberufener hier einschleichen sollte, schon vorgesehen, vorbereitet, ja möglicherweise einstudiert war? Und doch, wenn er nun wieder dieser Frau dachte, die ihn von Anfang an gewarnt hatte, die nun bereit war, für ihn zu bezahlen – in ihrer Stimme, in ihrer Haltung, in dem königlichen Adel ihres unverhüllten Leibes war etwas gewesen, das unmöglich Lüge sein konnte. Oder hatte vielleicht nur seine, Fridolins plötzliche Erscheinung als Wunder gewirkt, sie zu verwandeln? Nach allem, was ihm in dieser Nacht begegnet war, hielt er – und er war sich in diesem Gedanken keiner Geckerei bewußt – auch ein solches Wunder nicht für unmöglich. Vielleicht gibt es Stunden, Nächte, dachte er, in denen solch ein seltsamer, unwiderstehlicher Zauber von Männern ausgeht, denen unter gewöhnlichen Umständen keine sonderliche Macht über das andere Geschlecht innewohnt?

Der Wagen fuhr immer hügelaufwärts, längst hätte er, wenn's mit rechten Dingen zuging, in die Hauptstraße

Dirne: (veraltet) Prostituierte

infamer: (lat.) niederträchtig, abscheulich, bösartig

Geckerei: Prahlerei

einbiegen müssen. Was hatte man mit ihm vor? Wohin sollte ihn der Wagen bringen? Sollte die Komödie vielleicht noch eine Fortsetzung finden? Und welcher Art sollte diese sein? Aufklärung vielleicht? Heiteres Wiederfinden an anderem Ort? Lohn nach rühmlich bestandener Probe, Aufnahme in die geheime Gesellschaft? Ungestörter Besitz der herrlichen Nonne –? Die Wagenfenster waren geschlossen, Fridolin versuchte hinauszublicken; – sie waren undurchsichtig. Er wollte die Fenster öffnen, rechts, links, es war unmöglich; und ebenso undurchsichtig, ebenso fest verschlossen war die Glaswand zwischen ihm und dem Kutschbock. Er klopfte an die Scheiben, er rief, er schrie, der Wagen fuhr weiter. Er wollte den Wagenschlag öffnen, rechts, links, sie gaben keinem Drucke nach, sein neuerliches Rufen verhallte im Knarren der Räder, im Sausen des Windes. Der Wagen begann zu holpern, fuhr bergab, immer rascher, Fridolin, von Unruhe, von Angst erfaßt, war eben daran, eines der blinden Fenster zu zerschmettern, als der Wagen plötzlich stillstand. Beide Türen öffneten sich gleichzeitig wie durch einen Mechanismus, als wäre nun Fridolin ironischerweise die Wahl zwischen rechts und links gegeben. Er sprang aus dem Wagen, die Türen klappten zu, – und ohne daß der Kutscher sich um Fridolin im geringsten gekümmert hatte, fuhr der Wagen davon, über das freie Feld in die Nacht hinein.

Kutschbock: Sitz des Kutschers

Wagenschlag: die Wagentür

Der Himmel war bedeckt, die Wolken jagten, der Wind pfiff, Fridolin stand im Schnee, der ringsum eine blasse Helligkeit verbreitete. Er stand allein mit offenem Pelz über seinem Mönchsgewand, den Pilgergut auf dem Kopf, und es war ihm nicht eben heimlich zumute. In einiger Entfernung lief die breite Straße. Eine Prozession von trübflackernden Laternen bezeichnete die Richtung

heimlich: (österr.) ein Gefühl der Geborgenheit vermittelnd

Prozession: (lat.) feierlicher Zug, hier: Reihe, Abfolge

nach der Stadt. Fridolin aber lief geradeaus, den Weg abkürzend, über das mäßig sich senkende, beschneite Feld nach abwärts, um so rasch als möglich unter Menschen zu gelangen. Mit durchnäßten Füßen kam er in ein schmales, fast unbeleuchtetes Gäßchen, schritt zuerst zwischen hohen Planken hin, die im Sturme ächzten; um die nächste Ecke geriet er in eine etwas breitere Gasse, wo spärliche kleine Häuser und leere Bauplätze miteinander abwechselten. Von einer Turmuhr schlug es drei Uhr morgens. Jemand kam Fridolin entgegen, in kurzer Jacke, die Hände in den Hosentaschen, den Kopf zwischen die Schultern gezogen, den Hut tief in die Stirne gedrückt. Fridolin stellte sich wie gegen einen Angriff in Bereitschaft, aber unerwarteterweise machte der Strolch plötzlich kehrt und lief davon. Was bedeutet das? fragte sich Fridolin. Dann besann er sich, daß er unheimlich genug aussehen mochte, nahm den Pilgergut vom Kopf, knöpfte den Mantel zu, unter dem das Mönchshabit bis über die Knöchel schlotterte. Wieder bog er um eine Ecke; er betrat eine vorortliche Hauptstraße, ein ländlich gekleideter Mensch kam an ihm vorüber und grüßte, wie man einen Priester grüßt. Der Lichtstrahl einer Laterne fiel auf die Straßentafel des Eckhauses. Liebhartstal, – also nicht sehr weit von dem Haus, das er vor kaum einer Stunde verlassen. Eine Sekunde lockte es ihn, den Weg zurück zu nehmen, in der Nähe des Hauses der weiteren Dinge zu harren. Doch er stand sofort ab, in der Erwägung, daß er sich in schlimme Gefahr begeben hätte und der Lösung des Rätsels doch kaum näher gekommen wäre. Die Vorstellung der Dinge, die sich eben jetzt in der Villa ereignen mochten, erfüllte ihn mit Grimm, Verzweiflung, Beschämung und Angst. Dieser Gemütszustand war so unerträglich, daß Fridolin

Planken: breite Bretter zur Umzäunung

Habit: (lat., frz.) Berufskleidung, Amtskleidung, Ordenstracht

Liebhartstal: Tal in der Nähe des Gallitzinberges im 16. Wiener Stadtbezirk Ottakring

er stand sofort ab: er nahm davon Abstand, ließ es sein

beinahe bedauerte, von dem Strolch, dem er begegnet war, nicht angefallen worden zu sein, ja beinahe bedauerte, nicht mit einem Messerstich zwischen den Rippen an einer Planke in der verlorenen Gasse zu liegen. So hätte diese unsinnige Nacht mit ihren läppischen, abgebrochenen Abenteuern am Ende doch eine Art von Sinn erhalten. So heimzukehren, wie er nun im Begriff war, erschien ihm geradezu lächerlich. Aber noch war nichts verloren. Morgen war auch ein Tag. Er schwor sich zu, nicht zu ruhen, ehe er das schöne Weib wiedergefunden, dessen blendende Nacktheit ihn berauscht hatte. Und nun erst dachte er an Albertine, – doch so, als hätte er auch sie erst zu erobern, als könnte sie, als dürfte sie nicht früher wieder die Seine werden, ehe er sie mit all den andern von heute nacht, mit der nackten Frau, mit Pierrette, mit Marianne, mit dem Dirnchen aus der engen Gasse hintergangen. Und sollte er sich nicht auch bemühen, den frechen Studenten ausfindig zu machen, der ihn angerempelt hatte, um ihn auf Säbel, lieber noch auf Pistolen zu fordern? Was lag ihm an eines andern, was an seinem eigenen Leben? Sollte man es immer nur aus Pflicht, aus Opfermut aufs Spiel setzen, niemals aus Laune, aus Leidenschaft oder einfach, um sich mit dem Schicksal zu messen?!

Und wieder fiel ihm ein, daß er möglicherweise schon den Keim einer Todeskrankheit im Leibe trug. Wäre es nicht zu albern, daran zu sterben, daß einem ein diphtheriekrankes Kind ins Gesicht gehustet hatte? Vielleicht war er schon krank. Hatte er nicht Fieber? Lag er in diesem Augenblick nicht daheim zu Bett, – und all das, was er erlebt zu haben glaubte, waren nichts als Delirien gewesen?!

Fridolin riß die Augen so weit auf als möglich, strich sich

Delirien: (lat.) Wahnvorstellungen, Sinnestäuschungen

über Stirn und Wange, fühlte nach seinem Puls. Kaum beschleunigt. Alles in Ordnung. Er war völlig wach.

Er ging die Straße weiter, der Stadt zu. Ein paar Marktwagen kamen hinter ihm, rumpelten vorbei, hin und wieder begegnete er ärmlich angezogenen Leuten, für die der Tag eben anfing. Hinter einem Kaffeehausfenster, an einem Tisch, über dem eine Gasflamme flackerte, saß ein dicker Mensch mit einem Schal um den Hals, den Kopf in die Hände gestützt und schlief. Die Häuser lagen noch im Dunkel, wenige vereinzelte Fenster waren erleuchtet. Fridolin glaubte zu fühlen, wie die Menschen allmählich erwachten, es war ihm, als sähe er sie in ihren Betten sich recken und rüsten zu ihrem armseligen, sauren Tag. Auch ihm stand einer bevor, aber doch nicht armselig und trüb. Und mit einem seltsamen Herzklopfen ward er sich freudig bewußt, daß er in wenigen Stunden schon im weißen Leinenkittel zwischen den Betten seiner Kranken herumgehen würde. An der nächsten Ecke stand ein Einspänner, der Kutscher schlief auf dem Bock, Fridolin weckte ihn, nannte ihm seine Adresse und stieg ein.

Kutsche mit einem Pferd

V

Es war vier Uhr morgens, als er die Treppe zu seiner Wohnung hinaufschritt. Er begab sich vor allem in sein Sprechzimmer, verschloß das Maskengewand sorgfältig in einen Schrank, und da er es vermeiden wollte, Albertine zu wecken, legte er Schuhe und Kleider ab, noch ehe er ins Schlafzimmer trat. Vorsichtig schaltete er das gedämpfte Licht seiner Nachttischlampe ein. Albertine lag ruhig, die Arme im Nacken verschlungen, ihre Lippen waren halb geöffnet, schmerzliche Schatten zogen rings um sie; es war ein Antlitz, das Fridolin nicht kannte. Er beugte sich über ihre Stirne, die sich sofort, wie unter einer Berührung, in Falten legte, ihre Mienen verzerrten sich sonderbar; und plötzlich, immer noch im Schlafe, lachte sie so schrill auf, daß Fridolin erschrak. Unwillkürlich rief er sie beim Namen. Sie lachte von neuem, wie zur Antwort, in einer völlig fremden, fast unheimlichen Weise. Nochmals und lauter rief Fridolin sie an. Nun öffnete sie die Augen, langsam, mühselig, groß, blickte ihn starr an, als erkenne sie ihn nicht.

„Albertine!“ rief er zum dritten Male. Nun erst schien sie sich zu besinnen. Ein Ausdruck der Abwehr, der Furcht, ja des Entsetzens trat in ihr Auge. Sie streckte die Arme empor, sinnlos und wie verzweifelt, ihr Mund blieb geöffnet.

„Was ist dir?“ fragte Fridolin stockenden Atems. Und da sie ihn immer noch wie mit Entsetzen anstarrte, fügte er wie beruhigend hinzu: „Ich bin's, Albertine.“ Sie atmete tief, versuchte ein Lächeln, ließ die Arme auf die Bettdecke sinken, und wie aus der Ferne fragte sie: „Ist es schon Morgen?“

„Bald“, erwiderte Fridolin. „Vier Uhr vorüber. Eben erst bin ich nach Hause gekommen.“ Sie schwieg. Er fuhr fort: „Der Hofrat ist tot. Er lag schon im Sterben, als ich kam, – und ich konnte natürlich – die Angehörigen nicht gleich allein lassen.“

Sie nickte, schien ihn aber kaum gehört oder verstanden zu haben, starrte wie durch ihn hindurch ins Leere, und ihm war, – so unsinnig ihm selbst der Einfall im gleichen Augenblick erschien, als müßte ihr bekannt sein, was er in dieser Nacht erlebt hatte. Er neigte sich über sie und berührte ihre Stirn. Sie erschauerte leicht.

„Was ist dir?“ fragte er wieder.

Sie schüttelte nur langsam den Kopf. Er strich ihr über die Haare. „Albertine, was ist dir?“

„Ich habe geträumt“, sagte sie fern.

„Was hast du denn geträumt?“ fragte er mild.

„Ach, so viel. Ich kann mich nicht recht besinnen.“

„Vielleicht doch.“

„Es war so wirr – und ich bin müde. Und du mußt doch auch müde sein?“

„Nicht im geringsten, Albertine, ich werde kaum mehr schlafen. Du weißt ja, wenn ich so spät nach Hause komme – – das Vernünftigste wäre eigentlich, ich setzte mich sofort an den Schreibtisch – gerade in solchen Morgenstunden – –“ Er unterbrach sich. „Aber willst du mir nicht doch lieber deinen Traum erzählen?“ Er lächelte etwas gezwungen.

Sie antwortete: „Du solltest dich doch noch ein wenig hinlegen.“

Er zögerte eine Weile, dann tat er nach ihrem Wunsch und streckte sich an ihrer Seite aus. Doch er hütete sich, Seite 180 f. sie zu berühren. Ein Schwert zwischen uns, dachte er in der Erinnerung an eine halb scherzhafte Bemerkung gleicher Art, die einmal bei ähnlicher Gelegenheit von seiner Seite gefallen war. Sie schwiegen beide, lagen mit offenen Augen, fühlten gegenseitig ihre Nähe, ihre Ferne. Nach einer Weile stützte er den Kopf auf seinen Arm, betrachtete sie lange, als vermöchte er mehr zu sehen als nur die Umrisse ihres Antlitzes.

„Deinen Traum!“ sagte er plötzlich noch einmal, und es war, als hätte sie diese Aufforderung nur erwartet. Sie streckte ihm eine Hand entgegen; er nahm sie, und gewohnheitsmäßig, mehr zerstreut als zärtlich, hielt er wie spielend ihre schlanken Finger umklammert. Sie aber begann:

„Erinnerst du dich noch des Zimmers in der kleinen Villa am Wörthersee, wo ich mit den Eltern im Sommer unserer Verlobung gewohnt habe?“

Er nickte.

„So fing der Traum nämlich an, daß ich in dieses Zimmer trat, ich weiß nicht woher – wie eine Schauspielerin auf die Szene. Ich wußte nur, daß die Eltern sich auf Reisen befanden und mich allein gelassen hatten. Das wunderte mich, denn morgen sollte unsere Hochzeit sein. Aber das Brautkleid war noch nicht da. Oder irrte ich mich vielleicht? Ich öffnete den Schrank, um nachzusehen, da hingen statt des Brautkleides eine ganze Menge von anderen Kleidern, Kostüme eigentlich, opernhaft, prächtig, orientalisch. Welches soll ich denn nur zur Hochzeit anziehen? dachte ich. Da fiel der Schrank plötzlich wieder zu oder war fort, ich weiß nicht mehr. Das Zimmer war ganz hell, aber draußen vor dem Fenster war finstere Nacht … Mit einem Male standest du davor, Galeerensklaven hatten dich hergerudert, ich sah sie eben im Dunkel verschwinden. Du warst sehr kostbar gekleidet, in Gold und Seide, hattest einen Dolch mit Silbergehänge an der Seite und hobst mich aus dem Fenster. Ich war jetzt auch herrlich angetan, wie eine Prinzessin, beide standen wir im Freien im Dämmerschein und feine graue Nebel reichten uns bis an die Knöchel. Es war die wohlvertraute Gegend: dort war der See, vor uns die Berglandschaft, auch die Landhäuser sah ich, sie standen da wie aus einer Spielzeugschachtel. Wir zwei aber, du und ich, wir schwebten, nein, wir flogen über die Nebel hin, und ich dachte: Dies ist also unsere Hochzeitsreise. Bald aber flogen wir nicht mehr, wir gingen einen Waldweg hin, den zur Elisabethhöhe, und plötzlich befanden wir uns sehr hoch im Gebirge in

höchster Punkt des Bisamberges (358 m) nördl. von Wien

umgeben, eingegrenzt

einer Art Lichtung, die auf drei Seiten von Wald umfriedet war, während rückwärts eine steile Felswand in die Höhe ragte. Über uns aber war ein Sternenhimmel so blau und weit gespannt, wie er in Wirklichkeit gar nicht existiert, und das war die Decke unseres Brautgemachs. Du nahmst mich in die Arme und liebtest mich sehr.“

„Du mich hoffentlich auch“, meinte Fridolin mit einem unsichtbaren bösen Lächeln.

„Ich glaube, noch viel mehr“, erwiderte Albertine ernst. „Aber, wie soll ich dir das erklären – trotz der innigsten Umarmung war unsere Zärtlichkeit ganz schwermütig wie mit einer Ahnung von vorbestimmtem Leid. Mit einemmal war der Morgen da. Die Wiese war licht und bunt, der Wald ringsum köstlich betaut, und über der Felswand zitterten Sonnenstrahlen. Und wir beide sollten nun wieder zurück in die Welt, unter die Menschen, es war die höchste Zeit. Doch nun war etwas Fürchterliches geschehen. Unsere Kleider waren fort. Ein Entsetzen ohnegleichen erfaßte mich, brennende Scham bis zu innerer Vernichtung, zugleich Zorn gegen dich, als wärst du allein an dem Unglück schuld; – und all das: Entsetzen, Scham, Zorn war an Heftigkeit mit nichts zu vergleichen, was ich jemals im Wachsein empfunden habe. Du aber im Bewußtsein deiner Schuld stürztest davon, nackt wie du warst, um hinabzusteigen und uns Gewänder zu verschaffen. Und als du verschwunden warst, wurde mir ganz leicht zumut. Du tatest mir weder leid, noch war ich in Sorge um dich, ich war nur froh, daß ich allein war, lief glückselig auf der Wiese umher und sang: es war die Melodie eines Tanzes, die wir auf der Redoute gehört haben. Meine Stimme klang wundervoll, und ich wünschte, man sollte mich unten in der Stadt hören. Diese Stadt sah ich nicht, aber ich *wußte* sie. Sie lag tief unter mir und war von einer hohen Mauer umgeben; eine ganz phantastische Stadt, die ich nicht schildern kann. Nicht orientalisch, auch nicht eigentlich altdeutsch, und doch bald das eine, bald das andere, jedenfalls eine längst und für immer versunkene Stadt. Ich aber lag plötzlich auf der Wiese hingestreckt im Sonnenglanz, – viel schöner, als ich je in Wirklichkeit war, und während ich so dalag, trat aus dem Wald ein Herr, ein junger Mensch hervor, in einem hellen, modernen Anzug, er sah, wie ich jetzt weiß, ungefähr aus wie der Däne, von dem ich dir gestern erzählt habe. Er ging seines Weges, grüßte sehr höflich, als er an mir vorüberkam, beachtete mich aber nicht weiter, ging geradenwegs auf die Felswand zu und betrachtete sie aufmerksam, als überlegte er, wie man sie bezwingen könnte. Zugleich aber sah ich auch dich. Du eiltest in der versunkenen Stadt von Haus zu Haus, von Kaufladen zu Kaufladen, bald unter Laubengängen, bald durch eine Art von türkischem Bazar, und kauftest die schönsten Dinge ein, die du für mich nur finden konntest: Kleider, Wäsche, Schuhe, Schmuck; – und all das tatest du in eine kleine gelblederne Handtasche, in der doch alles Platz fand. Immerfort aber warst du von einer Menschenmenge verfolgt, die ich nicht wahrnahm, ich hörte nur ihr dumpfes, drohendes Geheul. Und nun erschien der andere wieder, der Däne, der früher vor der Felswand stehengeblieben war. Wieder kam er vom Walde her auf mich zu, – und ich wußte, daß er indessen um die ganze Welt gewandert war. Er sah anders aus als zuvor, aber doch war er derselbe. Er blieb wie das erstemal vor der Felswand stehen, verschwand wieder, dann kam er wieder aus dem Wald hervor, verschwand, kam aus dem Wald; das wiederholte sich zwei- oder drei- oder

Bogengänge an Gebäuden

hundertmal. Es war immer derselbe und immer ein anderer, jedesmal grüßte er, wenn er an mir vorüberkam, endlich aber blieb er vor mir stehen, sah mich prüfend an, ich lachte verlockend, wie ich nie in meinem Leben gelacht habe, er streckte die Arme nach mir aus, nun wollte ich fliehen, doch ich vermochte es nicht, – und er sank zu mir auf die Wiese hin.“

Sie schwieg. Fridolin war die Kehle trocken, im Dunkel des Zimmers merkte er, wie Albertine das Gesicht in den Händen gleichsam verborgen hielt.

„Ein merkwürdiger Traum“, sagte er. „Ist er schon zu Ende?“ Und da sie verneinte: „So erzähl’ doch weiter.“

„Es ist nicht so leicht“, begann sie wieder. „In Worten lassen sich diese Dinge eigentlich kaum ausdrücken. Also – mir war, als erlebte ich unzählige Tage und Nächte, es gab weder Zeit noch Raum, es war auch nicht mehr die von Wald und Fels eingefriedete Lichtung, in der ich mich befand, es war eine weit, unendlich weithin gedehnte, blumenbunte Fläche, die sich nach allen Seiten in den Horizont verlor. Ich war auch längst – seltsam: dieses längst! – nicht mehr mit diesem einen Mann allein auf der Wiese. Aber ob außer mir noch drei oder zehn oder noch tausend Paare da waren, ob ich sie sah oder nicht, ob ich nur jenem einen oder auch andern gehörte, ich könnte es nicht sagen. Aber so wie jenes frühere Gefühl von Entsetzen und Scham über alles im Wachen Vorstellbare weit hinausging, so gibt es gewiß nichts in unserer bewußten Existenz, das der Gelöstheit, der Freiheit, dem Glück gleichkommt, das ich nun in diesem Traum empfand. Und dabei hörte ich keinen Augenblick lang auf, von dir zu wissen. Ja, ich sah dich, ich sah, wie du ergriffen wurdest, von Soldaten, glaube ich, auch Geistliche waren darunter; irgendwer, ein riesengroßer Mensch, fesselte deine Hände, und ich wußte, daß du hingerichtet werden solltest. Ich wußte es ohne Mitleid, ohne Schauer, ganz von fern. Man führte dich in einen Hof, in eine Art von Burghof. Da standest du nun mit nach rückwärts gefesselten Händen und nackt. Und so wie ich dich sah, obwohl ich anderswo war, so sahst du auch mich, auch den Mann, der mich in seinen Armen hielt, und alle die andern Paare, diese unendliche Flut von Nacktheit, die mich umschäumte und von der ich und der Mann, der mich umschlungen hielt, gleichsam nur eine Welle bedeuteten. Während du nun im Burghof standest, erschien an einem hohen Bogenfenster zwischen roten Vorhängen eine junge Frau mit einem Diadem auf dem Haupt und im Purpurmantel. Es war die Fürstin des Landes. Sie sah hinab zu dir mit einem strenge fragenden Blick. Du standest allein, die andern, so viele es waren, hielten sich abseits, an die Mauern gedrückt, ich hörte ein tückisches, gefahrdrohendes Murmeln und Raunen. Da beugte sich die Fürstin über die Brüstung. Es wurde still, und die Fürstin gab dir ein Zeichen, als gebiete sie dir, zu ihr hinaufzukommen, und ich wußte, daß sie entschlossen war, dich zu begnadigen. Aber du merktest ihren Blick nicht oder wolltest ihn nicht bemerken. Plötzlich aber, immer noch mit gefesselten Händen, doch in einen schwarzen Mantel gehüllt, standest du ihr gegenüber, nicht etwa in einem Gemach, sondern irgendwie in freier Luft, schwebend gleichsam. Sie hielt ein Pergamentblatt in der Hand, dein Todesurteil, in dem auch deine Schuld und die Gründe deiner Verurteilung aufgezeichnet waren. Sie fragte dich – ich hörte die Worte nicht, aber ich wußte es –, ob du bereit seist, ihr Geliebter zu werden, in diesem Fall war dir die Todesstrafe erlassen. Du schüt-

Stirn- oder Kopfreif aus Edelmetall, häufig mit Edelsteinen und Perlen verziert, Herrscherattribut

(veraltet) Zimmer, Raum

enthaarte, geglättete, zum Beschreiben zubereitete Tierhaut

teltest verneinend den Kopf. Ich wunderte mich nicht, denn es war vollkommen in der Ordnung und konnte gar nicht anders sein, als daß du mir auf alle Gefahr hin und in alle Ewigkeit die Treue halten mußtest. Da zuckte die Fürstin die Achseln, winkte ins Leere, und da befandest du dich plötzlich in einem unterirdischen Kellerraum, und Peitschen sausten auf dich nieder, ohne daß ich die Leute sah, die die Peitschen schwangen. Das Blut floß wie in Bächen an dir herab, ich sah es fließen, war mir meiner Grausamkeit bewußt, ohne mich über sie zu wundern. Nun trat die Fürstin auf dich zu. Ihre Haare waren aufgelöst, flossen um ihren nackten Leib, das Diadem hielt sie in beiden Händen dir entgegen – und ich wußte, daß sie das Mädchen vom dänischen Strande war, das du einmal des Morgens nackt auf der Terrasse einer Badehütte gesehen hattest. Sie sprach kein Wort, aber der Sinn ihres Hierseins, ja ihres Schweigens war, ob du ihr Gatte und der Fürst des Landes werden wolltest. Und da du wieder ablehntest, war sie plötzlich verschwunden, ich aber sah zugleich, wie man ein Kreuz für dich aufrichtete; – nicht unten im Burghof, nein, auf der blumenübersäten unendlichen Wiese, wo ich in den Armen eines Geliebten ruhte, unter all den andern Liebespaaren. Dich aber sah ich, wie du durch altertümliche Gassen allein dahinschrittest ohne jede Bewachung, doch wußte ich, daß dein Weg dir vorgezeichnet und jede Flucht unmöglich war. Jetzt gingst du den Waldpfad bergan. Ich erwartete dich mit Spannung, aber ohne jedes Mitgefühl. Dein Körper war mit Striemen bedeckt, die aber nicht mehr bluteten. Du stiegst immer höher hinan, der Pfad wurde breiter, der Wald trat zu beiden Seiten zurück, und nun standest du am Wiesenrand in einer ungeheuern, unbegreiflichen

Ferne. Doch du grüßtest mich lächelnd mit den Augen, wie zum Zeichen, daß du meinen Wunsch erfüllt hattest und mir alles brachtest, wessen ich bedurfte: – Kleider und Schuhe und Schmuck. Ich aber fand dein Gebaren über alle Maßen töricht und sinnlos, und es lockte mich, dich zu verhöhnen, dir ins Gesicht zu lachen, – und gerade darum, weil du aus Treue zu mir die Hand einer Fürstin ausgeschlagen, Foltern erduldet und nun hier heraufgewankt kamst, um einen furchtbaren Tod zu erleiden. Ich lief dir entgegen, auch du schlugst einen immer rascheren Gang ein – ich begann zu schweben, auch du schwebstest in den Lüften; doch plötzlich entschwanden wir einander, und ich wußte: wir waren aneinander vorbeigeflogen. Da wünschte ich, du solltest doch wenigstens mein Lachen hören, gerade während man dich ans Kreuz schlüge. – Und so lachte ich auf, so schrill, so laut ich konnte. Das war das Lachen, Fridolin, – mit dem ich erwacht bin."

Benehmen, Betragen, Verhalten

Sie schwieg und blieb ohne jede Regung. Auch er rührte sich nicht und sprach kein Wort. Jedes wäre in diesem Augenblick matt, lügnerisch und feig erschienen. Je weiter sie in ihrer Erzählung fortgeschritten war, um so lächerlicher und nichtiger erschienen ihm seine eigenen Erlebnisse, so weit sie bisher gediehen waren, und er schwor sich zu, sie alle zu Ende zu erleben, sie ihr dann getreulich zu berichten und so Vergeltung zu üben an dieser Frau, die sich in ihrem Traum enthüllt hatte als die, die sie war, treulos, grausam und verräterisch, und die er in diesem Augenblick tiefer zu hassen glaubte, als er sie jemals geliebt hatte.

Nun merkte er, daß er immer noch ihre Finger mit seinen Händen umfaßt hielt und daß er, wie sehr er diese Frau auch zu hassen gewillt war, für diese schlanken, kühlen, ihm so vertrauten Finger eine unveränderte, nur schmerzlicher gewordene Zärtlichkeit empfand; und unwillkürlich, ja gegen seinen Willen, – ehe er diese vertraute Hand aus der seinen löste, berührte er sie sanft mit seinen Lippen.

Albertine öffnete noch immer nicht die Augen, Fridolin glaubte zu sehen, wie ihr Mund, ihre Stirn, ihr ganzes Antlitz mit beglücktem, verklärtem, unschuldsvollem Ausdruck lächelte, und er fühlte einen ihm selbst unbegreiflichen Drang, sich über Albertine zu beugen und auf ihre blasse Stirn einen Kuß zu drücken. Aber er bezwang sich in der Erkenntnis, daß es nur die allzu begreifliche Ermüdung nach den aufwühlenden Ereignissen der letzten Stunden war, die in der trügerischen Atmosphäre des Ehegemachs sich in sehnsüchtige Zärtlichkeit verkleidet hatte.

Doch wie immer es in diesem Augenblicke mit ihm stand – zu welchen Entschlüssen er im Laufe der nächsten Stunden gelangen sollte, das dringende Gebot des Augenblicks für ihn war, sich auf eine Weile wenigstens in Schlaf und Vergessen zu flüchten. Auch in der Nacht, die dem Tod seiner Mutter gefolgt war, hatte er geschlafen, hatte tief und traumlos schlafen können, und er sollte es in dieser nicht? Und er streckte sich an der Seite Albertines hin, die schon eingeschlummert zu sein schien. Ein Schwert zwischen uns, dachte er wieder. Und dann: wie Todfeinde liegen wir hier nebeneinander. Aber es war nur ein Wort.

VI

Das leise Klopfen des Dienstmädchens weckte ihn um sieben Uhr früh. Er warf einen raschen Blick auf Albertine. Manchmal, nicht immer, weckte dieses Klopfen auch sie. Heute schlief sie regungslos, allzu regungslos weiter. Fridolin machte sich rasch fertig. Ehe er fortging, wollte er seine kleine Tochter sehen. Sie lag ruhig in ihrem weißen Bett, die Hände nach Kinderart zu kleinen Fäustchen verkrampft. Er küßte sie auf die Stirn. Und noch einmal, auf den Fußspitzen, schlich er zur Tür des Schlafzimmers, wo Albertine immer noch ruhte, unbeweglich wie vorher. Dann ging er. In seiner schwarzen Arztentasche, wohl verwahrt, trug er Mönchskutte und Pilgerhut mit sich. Das Programm für den Tag hatte er sorgfältig, ja mit einiger Pedanterie entworfen. An erster Stelle stand ein Besuch ganz in der Nähe bei einem schwerkranken jungen Rechtsanwalt. Fridolin nahm eine sorgfältige Untersuchung vor, fand den Zustand etwas gebessert, gab seiner Befriedigung darüber ehrlich erfreuten Ausdruck und versah ein altes Rezept mit dem üblichen Repetatur. Dann begab er sich unverzüglich nach dem Hause, in dessen Kellertiefen Nachtigall gestern abend Klavier gespielt hatte. Das Lokal war noch gesperrt, doch im Café oben die Kassiererin wußte, daß Nachtigall in einem kleinen Hotel der Leopoldstadt wohne. Eine Viertelstunde darauf fuhr Fridolin dort vor. Es war ein elender Gasthof. Im Flur roch es nach ungelüfteten Betten, schlechtem Fett und Zichorienkaffee. Ein übel aussehender Portier, mit rotgeränderten pfiffigen Augen, stets auf polizeiliche Einvernahme gefaßt, gab bereitwillig Auskunft. Herr Nachtigall sei heute morgen um fünf Uhr in Gesellschaft zweier Herren

Pedanterie: (griech., ital., frz.) übertriebene Genauigkeit, Sorgfalt, Ordnungsliebe

Repetatur: (lat. „soll erneuert werden") ärztl. Rezept zur Wiederverordnung eines Medikaments

Leopoldstadt: 2. Wiener Gemeindebezirk auf der Insel zw. Donau und Donaukanal mit Prater

Zichorienkaffee: aus der Staudenpflanze Wegwarte (Zichorie) hergestellter Ersatzkaffee

Einvernahme: (österr.) Verhör, Vernehmung

vorgefahren, die ihr Gesicht durch hochgeschlungene Halstücher vielleicht absichtlich beinahe unkenntlich gemacht hätten. Während Nachtigall sich in sein Zimmer begeben, hätten die Herren seine Rechnung für die letzten vier Wochen bezahlt; als er nach einer halben Stunde nicht wieder erschienen war, hätte ihn der eine Herr persönlich heruntergeholt, worauf alle drei zum Nordbahnhof gefahren wären. Nachtigall hatte einen höchst aufgeregten Eindruck gemacht; ja – warum sollte man einem so vertrauenerweckenden Herrn nicht die ganze Wahrheit sagen – er hatte dem Portier einen Brief zuzustecken versucht, was die beiden Herren aber sofort verhindert hatten. Briefe, die für Herrn Nachtigall kämen, – so hatten die Herren weiter erklärt – würden von einer hierzu legitimierten Person abgeholt werden. Fridolin empfahl sich, es war ihm angenehm, daß er seine Arztenstasche in der Hand trug, als er aus dem Haustor trat; so würde man ihn wohl nicht für einen Bewohner dieses Hotels halten, sondern für eine Amtsperson. Mit Nachtigall war es also vorderhand nichts. Man war recht vorsichtig gewesen und hatte wohl allen Anlaß dazu.

heute Bahnhof Wien Praterstern, 1865–1918 größter und wichtigster Bahnhof der Habsburgermonarchie, vgl. 174

(lat., frz.) berechtigten, autorisierten

Nun fuhr er zur Maskenverleihanstalt. Herr Gibiser öffnete selbst. „Hier bringe ich das entliehene Kostüm zurück“, sagte Fridolin, „und wünsche meine Schuld zu begleichen.“ Herr Gibiser nannte einen mäßigen Betrag, nahm das Geld in Empfang, machte eine Eintragung in ein großes Geschäftsbuch und sah vom Bürotisch einigermaßen verwundert zu Fridolin auf, der keine Miene machte, sich zu entfernen.

„Ich bin ferner hier,“ sagte Fridolin im Ton eines Untersuchungsrichters, „um ein Wort wegen Ihres Fräulein Tochter mit Ihnen zu reden.“

Irgend etwas zuckte um die Nasenflügel des Herrn Gibiser; – Unbehagen, Spott oder Ärger, es war nicht recht zu entscheiden.

„Wie meinen der Herr?“ fragte er in einem gleichfalls völlig unbestimmbaren Ton.

„Sie bemerkten gestern,“ sagte Fridolin, die eine Hand mit gespreizten Fingern auf den Bürotisch gestützt, „daß Ihr Fräulein Tochter geistig nicht ganz normal sei. Die Situation, in der wir sie betrafen, legte diese Vermutung tatsächlich nahe. Und da mich der Zufall nun einmal zum Teilnehmer oder wenigstens zum Zuschauer jener sonderbaren Szene gemacht hat, so möchte ich Ihnen doch nahelegen, Herr Gibiser, einen Arzt zu Rate zu ziehen.“

Gibiser, einen unnatürlich langen Federstiel in der Hand hin und her drehend, maß Fridolin mit einem unverschämten Blick.

(österr.) Federhalter

„Und Herr Doktor wären vielleicht selbst so gütig, die Behandlung zu übernehmen?“

„Ich bitte mir keine Worte in den Mund zu legen“, erwiderte Fridolin scharf, aber etwas heiser, „die ich nicht ausgesprochen habe.“

In diesem Augenblick öffnete sich die Tür, die nach den Innenräumen führte, und ein junger Herr mit offenem Überzieher über dem Frackanzug trat heraus. Fridolin wußte sofort, daß es niemand anders sein konnte als einer der Femrichter von heute nacht. Kein Zweifel, er kam aus Pierrettens Zimmer. Er schien betreten, als er Fridolins ansichtig wurde, faßte sich aber sofort, grüßte Gibiser flüchtig durch ein Winken mit der Hand, zündete sich dann noch eine Zigarette an, wozu er sich eines auf dem Bürotisch befindlichen Feuerzeugs bediente, und verließ die Wohnung.

Herrenmantel

„Ach so“, bemerkte Fridolin mit einem verächtlichen

Zucken der Mundwinkel und mit einem bitterem Geschmack auf der Zunge.

„Wie meinen der Herr?“ fragte Gibiser mit vollkommenem Gleichmut.

„Sie haben also darauf verzichtet, Herr Gibiser,“ und er ließ den Blick überlegen von der Wohnungstür nach der andern schweifen, aus der der Femrichter getreten war, „verzichtet, die Polizei zu verständigen.“

„Man hat sich auf anderm Weg geeinigt, Herr Doktor“, bemerkte Gibiser kühl und erhob sich, als wäre eine Audienz beendet. Fridolin wandte sich zum Gehen, Gibiser öffnete beflissen die Türe, und mit unbeweglicher Miene sagte er: „Wenn der Herr Doktor wieder einen Bedarf haben sollten … Es muß ja nicht gerade ein Mönchsgewand sein.“

(lat. *audire* „[an-]hören“) feierlicher Empfang, Gespräch mit einer hochgestellten Persönlichkeit

Fridolin schlug die Tür hinter sich zu. Dies wäre nun erledigt, dachte er mit einem Gefühl des Ärgers, das ihn selbst unverhältnismäßig dünkte. Er eilte die Treppe hinab, begab sich ohne besondere Eile auf die Poliklinik und telephonierte vor allem nach Hause, um sich zu erkundigen, ob ein Patient nach ihm geschickt habe, ob Post gekommen sei, was es sonst Neues gebe. Das Dienstmädchen hatte kaum ihre Antworten erteilt, als Albertine selbst an den Apparat kam und Fridolin begrüßte. Sie wiederholte alles, was das Dienstmädchen schon gesagt, dann erzählte sie unbefangen, daß sie eben erst aufgestanden sei und mit dem Kinde gemeinsam frühstücken wolle. „Gib ihr einen Kuß von mir,“ sagte Fridolin, „und laßt es euch gut schmecken.“

Ihre Stimme hatte ihm wohlgetan, und gerade darum läutete er rasch ab. Er hatte eigentlich noch fragen wollen, was Albertine im Laufe dieses Vormittags vorhabe, aber was ging ihn das an? In der Tiefe seiner Seele war

legte er schnell den Hörer auf

er doch fertig mit ihr, wie immer das äußere Leben weitergehen sollte. Die blonde Schwester half ihm aus den Ärmeln seines Rocks und reichte ihm den weißen Ärztekittel. Dabei lächelte sie ihn ein wenig an, wie sie eben alle zu lächeln pflegen, ob man sich um sie kümmerte oder nicht.

Ein paar Minuten darauf war er im Krankensaal. Der Chefarzt hatte melden lassen, daß er eines Konsiliums wegen plötzlich habe verreisen müssen, die Herren Assistenten möchten ohne ihn Visite machen. Fridolin fühlte sich beinahe glücklich, als er, von den Studenten gefolgt, von Bett zu Bett ging, Untersuchungen vornahm, Rezepte schrieb, mit Hilfsärzten und Wärterinnen sich fachlich besprach. Es gab allerlei Neuigkeiten. Der Schlossergeselle Karl Rödel war in der Nacht gestorben. Sektion nachmittag halb fünf. Im Weibersaal war ein Bett frei geworden, aber schon wieder belegt. Die Frau von Bett siebzehn hatte man auf die chirurgische Abteilung transferieren müssen. Zwischendurch wurden auch Personalfragen berührt. Die Neubesetzung der Augenabteilung sollte übermorgen entschieden werden; Hügelmann, jetzt Professor in Marburg, vor vier Jahren noch zweiter Assistent bei Stellwag, hatte die meisten Chancen. Rasche Karriere, dachte Fridolin. Ich werde nie für die Leitung einer Abteilung in Betracht kommen, schon weil mir die Dozentur fehlt. Zu spät. Warum eigentlich? Man müßte eben wieder wissenschaftlich zu arbeiten anfangen oder manches Begonnene mit größerem Ernst wieder aufnehmen. Die Privatpraxis ließ immer noch Zeit genug.

Er bat Herrn Doktor Fuchstaler, die Ambulanz zu leiten, und mußte sich gestehen, daß er lieber hier geblieben als auf den Galitzinberg gefahren wäre. Und doch, es mußte

Konsilium: (lat.) Beratung mehrerer Ärzte über einen Krankheitsfall

Visite machen: (lat.) Krankenbesuch des Arztes im Krankenhaus

Sektion: (lat.) Obduktion, Öffnung einer Leiche zur Klärung der Todesursache

Weiber: (veraltet) Frau

Dozentur: (lat.) akademischer Lehrauftrag an einer Universität

Ambulanz: (lat., frz.) Krankenhausstation zur Behandlung von Patienten, die anschließend nicht weiter (stationär) im Krankenhaus verbleiben

sein. Nicht nur sich allein gegenüber war er verpflichtet, der Sache weiter nachzugehen; noch allerlei anderes gab es heute zu erledigen. Und so entschloß er sich für alle Fälle, Herrn Doktor Fuchstaler auch mit der Abendvisite zu betrauen. Das junge Mädchen mit dem verdächtigen Spitzenkatarrh dort im letzten Bett lächelte ihm zu. Es war dieselbe, die neulich bei Gelegenheit einer Untersuchung ihre Brüste so zutraulich an seine Wange gepreßt hatte. Fridolin erwiderte ihren Blick ungnädig und wandte sich stirnrunzelnd ab. Eine wie die andere, dachte er mit Bitterkeit, und Albertine ist wie sie alle – sie ist die Schlimmste von allen. Ich werde mich von ihr trennen. Es kann nie wieder gut werden.

Auf der Treppe wechselte er noch ein paar Worte mit einem Kollegen von der chirurgischen Abteilung. Nun, wie stand es eigentlich mit der Frau, die heute nacht hinübertransferiert worden war? Er für seinen Teile glaube nicht recht an die Notwendigkeit einer Operation. Man werde ihm doch das Resultat der histologischen Untersuchung berichten?

(lat., engl.) verlegt

medizinische Untersuchung von Körpergewebe

„Selbstverständlich, Herr Kollega."

An der Ecke nahm er einen Wagen. Er zog sein Notizbuch zu Rate, lächerliche Komödie vor dem Kutscher, als müsse er sich jetzt erst entscheiden. „Nach Ottakring", sagte er dann, „die Straße gegen den Galitzinberg. Ich werde Ihnen sagen, wo Sie zu halten haben."

16. Wiener Stadtbezirk

Im Wagen kam plötzlich wieder eine schmerzlich-sehnsüchtige Erregung über ihn, ja beinahe ein Schuldbewußtsein, daß er in den letzten Stunden seiner schönen Retterin kaum mehr gedacht hatte. Ob es ihm nun gelingen würde, das Haus zu finden? Nun, das konnte nicht sonderlich schwierig sein. Die Frage war nur: was dann? polizeiliche Anzeige? Das konnte gerade für die

Frau, die sich vielleicht für ihn geopfert oder bereit gewesen war, sich für ihn zu opfern, üble Folgen nach sich ziehen. Oder sollte er sich an einen Privatdetektiv wenden? Das erschien ihm ziemlich abgeschmackt und seiner nicht ganz würdig. Aber was blieb ihm sonst noch übrig? Er hatte doch weder die Zeit noch wahrscheinlich das Talent, die nötigen Nachforschungen kunstgerecht durchzuführen. – Eine geheime Gesellschaft? Nun ja, jedenfalls geheim. Aber untereinander kannten sie sich doch? Aristokraten, vielleicht gar Herren vom Hof? Er dachte an gewisse Erzherzöge, denen man dergleichen Scherze schon zutrauen konnte. Und die Damen? Vermutlich … aus Freudenhäusern zusammengetrieben. Nun, das war keineswegs sicher. Jedenfalls ausgesuchte Ware. Aber die Frau, die sich ihm geopfert hatte? Geopfert? Warum er nur immer wieder sich einbilden wollte, daß es wirklich ein Opfer gewesen war! Eine Komödie. Selbstverständlich war das Ganze eine Komödie gewesen. Eigentlich sollte er froh sein, so leichten Kaufs davongekommen zu sein. Nun ja, er hatte gute Haltung bewahrt. Die Kavaliere konnten wohl merken, daß er nicht der erste beste war. Und sie hatte es jedenfalls auch gemerkt. Wahrscheinlich war er ihr lieber als alle diese Erzherzöge oder was sie sonst gewesen sein mochten.

Bordell

Am Ende des Liebhartstals, wo der Weg entschiedener nach aufwärts führte, stieg er aus und schickte den Wagen vorsichtshalber wieder fort. Der Himmel war blaßblau, mit weißen Wölkchen, und die Sonne schien frühlingswarm. Er blickte zurück – nichts Verdächtiges war zu sehen. Kein Wagen, kein Fußgänger. Langsam stieg er bergan. Der Mantel wurde ihm schwer; er legte ihn ab und warf ihn um die Schultern. Er kam an die Stelle, wo rechts die Seitenstraße abbiegen mußte, in der das geheimnisvolle Haus stand; er konnte nicht fehlgehen; sie führte nach abwärts, aber keineswegs so steil, als es ihn nachts im Fahren gedünkt hatte. Eine stille Gasse. In einem Vorgarten standen Rosenstöcke, sorgfältig in Stroh gehüllt, in einem nächsten stand ein Kinderwägelchen; ein Bub, ganz in blaue Wolle gekleidet, tollte hin und her; vom Parterrefenster aus schaute eine junge Frau lachend zu. Dann kam ein unbebauter Platz, dann ein wilder eingezäunter Garten, dann eine kleine Villa, dann ein Rasenplatz, und nun, kein Zweifel –, dies hier war das Haus, das er suchte. Es sah keineswegs groß oder prächtig aus, es war eine einstöckige Villa in bescheidenem Empirestil und offenbar vor nicht allzu langer Zeit renoviert. Die grünen Jalousien waren überall heruntergelassen, nichts deutete darauf hin, daß die Villa bewohnt sein könnte. Fridolin blickte rings um sich. Niemand war in der Gasse zu sehen; nur weiter unten gingen, sich entfernend, zwei Knaben mit Büchern unter dem Arm. Er stand vor der Gartentür. Und was nun? Einfach wieder zurückspazieren? Das wäre ihm geradezu lächerlich erschienen. Er suchte nach dem elektrischen Taster. Und wenn man ihm aufschlösse, was sollte er sagen? Nun, ganz einfach – ob das hübsche Landhaus nicht über den Sommer zu vermieten wäre? Doch schon tat sich das Haustor von selbst auf, ein alter Diener in einfacher Morgenlivree trat heraus und ging langsam den schmalen Pfad bis zur Gartentür. Er hielt einen Brief in der Hand und reichte ihn stumm zwischen den Gitterstäben Fridolin, dem das Herz klopfte.

„Für mich?" fragte er stockend. Der Diener nickte, wandte sich, ging, und die Haustür fiel hinter ihm zu. Was bedeutet das? fragte sich Fridolin. Am Ende von ihr? *Sie* ist es vielleicht selbst, der das Haus gehört –?

Empirestil: klassizistischer Stil in der Zeit Napoléon Bonapartes (1769–1821)

Livree: (lat., frz.) uniformartige Dienerkleidung

Rasch schritt er wieder die Straße aufwärts, jetzt erst merkte er, daß auf dem Kuvert sein Name stand in steiler, hoheitsvoller Schrift. An der Ecke öffnete er den Brief; entfaltete ein Blatt und las: „Geben Sie Ihre Nachforschungen auf, die völlig nutzlos sind, und betrachten Sie diese Worte als zweite Warnung. Wir hoffen in Ihrem Interesse, daß keine weitere nötig sein wird.“ Er ließ das Blatt sinken.

(lat., frz.) Briefumschlag

Diese Botschaft enttäuschte ihn in jeder Hinsicht; jedenfalls aber war es eine andere, als die er törichterweise für möglich gehalten hatte. Immerhin, der Ton war merkwürdig zurückhaltend, gänzlich ohne Schärfe. Er ließ erkennen, daß die Leute, die diese Botschaft gesandt, sich keineswegs sicher fühlten.

Zweite Warnung –? Wieso? Ach ja, in der Nacht war die erste an ihn ergangen. Warum aber *zweite* – und nicht letzte? Wollten sie seinen Mut nochmals erproben? Sollte er eine Prüfung zu bestehen haben? Und woher kannten sie seinen Namen? Nun, das war weiter nicht sonderbar, wahrscheinlich hatte man Nachtigall gezwungen, ihn zu verraten. Und überdies – er lächelte unwillkürlich über seine Zerstreutheit – im Futter seines Pelzes war sein Monogramm und seine genaue Adresse eingenäht.

(griech.) Anfangsbuchstaben des Vor- und Nachnamens

Doch wenn er auch nicht weiter war als vorher, – der Brief hatte ihn im ganzen beruhigt – ohne daß er recht zu sagen gewußt hätte, warum. Insbesondere war er überzeugt, daß die Frau, um deren Schicksal er gebangt hatte, sich noch am Leben befand und daß es nur an ihm lag, sie zu finden, wenn er mit Vorsicht und Schlauheit zu Werke ging.

Als er etwas ermüdet, aber in einer seltsam erlösten Stimmung, die er doch zugleich als trügerisch empfand, zu Hause anlangte, hatten Albertine und das Kind

schon zu Mittag gegessen, leisteten ihm aber Gesellschaft, während er selbst sein Mahl einnahm. Da saß sie ihm gegenüber, die ihn heute nacht ruhig ans Kreuz hatte schlagen lassen, mit engelhaftem Blick, hausfraulich-mütterlich, und er verspürte zu seiner Verwunderung keinerlei Haß gegen sie. Er ließ es sich schmecken; befand sich in etwas erregter, aber eigentlich heiterer Laune, und nach seiner Art sprach er sehr lebhaft von den kleinen Berufserlebnissen des Tages, insbesondere von den ärztlichen Personalfragen, über die er Albertine immer genau zu unterrichten pflegte. Er erzählte, daß die Ernennung Hügelmanns so gut wie sicher sei und sprach von seinem eigenen Vorsatz, die wissenschaftlichen Arbeiten wieder mit etwas größerer Energie aufzunehmen. Albertine kannte diese Stimmung, wußte, daß sie nicht allzulange anzuhalten pflegte, und ein leises Lächeln verriet ihre Zweifel. Fridolin ereiferte sich, worauf Albertine mit milder Hand ihm beruhigend über die Haare strich. Jetzt zuckte er leicht zusammen und wandte sich dem Kinde zu, wodurch er seine Stirn weiterer peinlicher Berührung entzog. Er nahm die Kleine auf den Schoß, schickte sich eben an, sie auf den Knien zu schaukeln, als das Dienstmädchen meldete, daß schon einige Patienten warteten. Fridolin erhob sich wie befreit, erwähnte noch beiläufig, daß doch Albertine und das Kind die schöne sonnige Nachmittagsstunde zum Spazierengehen benützen sollten, und begab sich in sein Sprechzimmer.
Im Laufe der nächsten zwei Stunden hatte Fridolin sechs alte Patienten und zwei neue vorzunehmen. Er war in jedem einzelnen Fall völlig bei der Sache, untersuchte, machte Notizen, verordnete – und freute sich, daß er nach den zwei letzten, fast ohne Schlaf verbrach-

ten Nächten sich so wunderbar frisch und geistesklar fühlte.

Nach Erledigung der Sprechstunde sah er noch einmal, wie es seine Gewohnheit war, nach Frau und Kind und stellte nicht ohne Befriedigung fest, daß Albertine eben Besuch von ihrer Mutter hatte, sowie daß die Kleine mit dem Fräulein Französisch lernte. Und erst auf der Stiege kam ihm wieder zu Bewußtsein, daß all diese Ordnung, all dies Gleichmaß, all diese Sicherheit seines Daseins nur Schein und Lüge zu bedeuten hatten.

Trotzdem er die Nachmittagsvisite abgesagt hatte, zog es ihn doch unwiderstehlich auf die Abteilung. Es lagen zwei Fälle dort, die für die wissenschaftliche Arbeit, die er vor allem plante, besonders in Betracht kamen, und er beschäftigte sich eine Weile eingehender mit ihnen, als er es bisher getan. Dann hatte er noch einen Krankenbesuch in der inneren Stadt zu erledigen, und so war es sieben Uhr abends geworden, als er vor dem alten Hause in der Schreyvogelgasse stand. Nun erst, da er zu Mariannens Fenster aufblickte, wurde ihm ihr Bild, das indes völlig verblaßt war, noch mehr als das aller anderen wieder lebendig. Nun – hier konnte es ihm nicht fehlen. Ohne Aufwand besonderer Mühe konnte er hier sein Rachewerk beginnen, hier gab es für ihn keine Schwierigkeit, keine Gefahr; und das, wovor andere vielleicht zurückgeschreckt wären, der Verrat an dem Bräutigam, das bedeutete für ihn beinahe einen Anreiz mehr. Ja, verraten, betrügen, lügen, Komödie spielen, da und dort, vor Marianne, vor Albertine, vor diesem guten Doktor Roediger, vor der ganzen Welt; – eine Art von Doppelleben führen, zugleich der tüchtige, verläßliche, zukunftsreiche Arzt, der brave Gatte und Familienvater sein – und zugleich ein Wüstling, ein Verführer, ein Zyniker, der mit den Menschen, mit Männern und Frauen spielte, wie ihm just die Laune ankam – das erschien ihm in diesem Augenblick als etwas ganz Köstliches; – und das Köstlichste dran war, daß er später einmal, wenn Albertine sich schon längst in der Sicherheit eines ruhigen Ehe- und Familienlebens geborgen wähnte, ihr kühl lächelnd alle seine Sünden eingestehen wollte, um so Vergeltung zu üben für das, was sie ihm in einem Traume Bitteres und Schmachvolles angetan hatte.

Im Hausflur fand er sich dem Doktor Roediger gegenüber, der ihm harmlos-herzlich die Hand entgegenreichte.

„Wie geht es Fräulein Marianne?" fragte Fridolin. „Hat sie sich ein wenig beruhigt?"

Doktor Roediger zuckte die Achseln. „Sie war lange genug auf das Ende vorbereitet, Herr Doktor. – Nur als man heute gegen Mittag die Leiche holte – –"

„Ah, ist das schon geschehen?"

Doktor Roediger nickte. „Morgen nachmittag drei Uhr findet das Begräbnis statt …"

Fridolin sah vor sich hin. „Es sind wohl – die Verwandten bei Fräulein Marianne?"

„Nicht mehr," erwiderte Doktor Roediger, „jetzt ist sie allein. Es wird sie gewiß freuen, Sie noch zu sehen, Herr Doktor. Morgen bringen wir sie nämlich nach Mödling, meine Mutter und ich", und auf einen höflich fragenden Blick Fridolins: „Meine Eltern haben nämlich dort ein kleines Häuschen. Auf Wiedersehen, Herr Doktor. Ich habe noch allerlei zu besorgen. Ja, was so ein – Fall zu tun gibt! Ich hoffe, Sie noch oben anzutreffen, Herr Doktor, wenn ich zurückkomme." Und schon trat er aus dem Haustor auf die Straße.

Kleinstadt südl. von Wien

Fridolin zögerte einen Augenblick, dann schritt er langsam die Treppe hinauf. Er klingelte; und Marianne selbst war es, die ihm öffnete. Sie war schwarz gekleidet, um den Hals trug sie eine schwarze Jettkette, die er noch nie an ihr gesehen. Ihr Antlitz rötete sich leise.

(griech., lat.) Schmuckstein aus versteinerter Kohle

„Sie lassen mich lange warten", sagte sie mit einem schwachen Lächeln.

„Verzeihen Sie, Fräulein Marianne, ich hatte heute einen besonders angestrengten Tag."

Er folgte ihr durch das Sterbezimmer, in dem das Bett nun leer stand, in den Nebenraum, wo er gestern unter dem Bilde mit dem weißuniformierten Offizier den Totenschein für den Hofrat geschrieben hatte. Auf dem Schreibtisch brannte schon eine kleine Lampe, so daß Zwielicht im Zimmer war. Marianne wies ihm einen Platz auf dem schwarzen Lederdiwan an, sie selbst setzte sich ihm gegenüber an den Schreibtisch.

(pers., türk., roman.) niedrige gepolsterte Liege ohne Rückenlehne

„Eben bin ich im Hausflur Herrn Doktor Roediger begegnet. – Also morgen schon fahren Sie aufs Land?"

Marianne sah ihn an, als wundere sie sich über den kühlen Ton seiner Fragen, und ihre Schultern senkten sich, als er mit beinahe harter Stimme fortsetzte: „Ich finde das sehr vernünftig." Und er erläuterte sachlich, wie günstig die gute Luft, die neue Umgebung auf sie wirken würde.

Sie saß unbeweglich, und Tränen flossen ihr über die Wangen. Er sah es ohne Mitgefühl, eher mit Ungeduld; und die Vorstellung, daß sie vielleicht in der nächsten Minute wieder zu seinen Füßen liegen, ihr gestriges Geständnis wiederholen könnte, erfüllte ihn mit Angst. Und da sie schwieg, stand er brüsk auf. „So leid es mir tut, Fräulein Marianne –" Er sah auf die Uhr.

Sie hob den Kopf, blickte Fridolin an, und ihre Tränen

flossen weiter. Er hätte ihr gern irgendein gutes Wort gesagt und war es nicht imstande.
„Sie bleiben wohl einige Tage auf dem Land", begann er gezwungen. „Ich hoffe, Sie geben mir Nachricht ... Herr Doktor Roediger sagt mir übrigens, daß die Hochzeit bald stattfinden werde. Erlauben Sie mir schon heute Ihnen meinen Glückwunsch auszusprechen."
Sie rührte sich nicht, als hätte sie seinen Glückwunsch, seinen Abschied überhaupt nicht zur Kenntnis genommen. Er streckte ihr die Hand entgegen, die sie nicht nahm, und fast in einem Ton des Vorwurfs wiederholte er: „Also, ich hoffe zuversichtlich, Sie geben mir Nachricht über Ihr Befinden. Auf Wiedersehen, Fräulein Marianne." Sie saß da wie versteinert. Er ging, eine Sekunde lang blieb er in der Türe stehen, als gewähre er ihr noch eine letzte Frist, ihn zurückzurufen, sie schien den Kopf eher wegzuwenden, und nun schloß er die Türe hinter sich. Auf dem Gang draußen verspürte er irgend etwas wie Reue. Einen Augenblick dachte er daran, umzukehren, aber er fühlte, daß das vor allem andern sehr lächerlich gewesen wäre.
Aber was nun? Nach Hause? Wohin sonst! Heute konnte er ja doch nichts mehr unternehmen. Und morgen? Was? Und wie? Er fühlte sich ungeschickt, hilflos, alles zerfloß ihm unter den Händen; alles wurde unwirklich, sogar sein Heim, seine Frau, sein Kind, sein Beruf, ja, er selbst, wie er so mit schweifenden Gedanken die abendlichen Straßen mechanisch weiterging.
Von der Uhr des Rathausturmes schlug es halb acht. Es war übrigens gleichgültig, wie spät es war; die Zeit lag in völliger Überflüssigkeit vor ihm. Nichts, niemand ging ihn an. Er verspürte ein leises Mitleid mit sich selbst. Ganz flüchtig, nicht etwa wie ein Vorsatz, kam ihm der

Einfall, zu irgendeinem Bahnhof zu fahren, abzureisen, gleichgültig wohin, zu verschwinden für alle Leute, die ihn gekannt, irgendwo in der Fremde wieder aufzutauchen und ein neues Leben zu beginnen als ein anderer, neuer Mensch. Er besann sich gewisser merkwürdiger Krankheitsfälle, die er aus psychiatrischen Büchern kannte, sogenannter Doppelexistenzen: ein Mensch verschwand plötzlich aus ganz geordneten Verhältnissen, war verschollen, kehrte nach Monaten oder nach Jahren wieder, erinnerte sich selbst nicht, wo er in dieser Zeit gewesen, aber später erkannte ihn irgendwer, der irgendwo in einem fernen Land mit ihm zusammengetroffen war, und der Heimgekehrte wußte gar nichts davon. Solche Dinge kamen freilich selten vor, aber immerhin, sie waren erwiesen. Und in abgeschwächter Form erlebte sie wohl mancher. Wenn man aus Träumen wiederkehrte zum Beispiel? Freilich, man erinnerte sich … Aber gewiß gab es auch Träume, die man völlig vergaß, von denen nichts übrig blieb als irgendeine rätselhafte Stimmung, eine geheimnisvolle Benommenheit. Oder man erinnerte sich erst später, viel später und wußte nicht mehr, ob man etwas erlebt oder nur geträumt hatte. Nur – nur – –!

Und wie er so weiterhin und doch unwillkürlich die Richtung nach seiner Wohnung zu nahm, geriet er in die Nähe der dunklen, ziemlich verrufenen Gasse, in der er vor weniger als vierundzwanzig Stunden einem verlorenen Geschöpf nach ihrer armseligen und doch traulichen Behausung gefolgt war. *Verloren,* gerade die? Und gerade diese Gasse *verrufen*? Wie man doch immer wieder, durch Worte verführt, Straßen, Schicksale, Menschen in träger Gewohnheit benennt und beurteilt. War dieses junge Mädchen nicht im Grunde von allen, mit denen seltsame Zufälle ihn in der letzten Nacht zusammengeführt, das anmutigste, ja geradezu das reinste gewesen? Er fühlte einige Rührung, wenn er ihrer dachte. Und nun erinnerte er sich auch seines Vorsatzes von gestern; rasch entschlossen kaufte er im nächsten Laden allerlei Eßbares ein; und als er mit dem kleinen Päckchen die Häusermauern entlangschritt, fühlte er sich geradezu froh in dem Bewußtsein, daß er im Begriffe war, eine zum mindesten vernünftige, vielleicht sogar lobenswerte Handlung zu begehen. Immerhin schlug er den Kragen hoch, als er in den Hausflur trat, nahm beim Treppensteigen einige Stufen auf einmal, die Wohnungsglocke tönte ihm mit unerwünschter Schrille ins Ohr; und als er von einer übel aussehenden Frauensperson den Bescheid erhielt, daß das Fräulein Mizzi nicht zu Hause sei, atmete er auf. Doch ehe die Frau noch Gelegenheit hatte, das Päckchen für die Abwesende in Empfang zu nehmen, trat ein anderes, noch junges, nicht unhübsches Frauenzimmer, in eine Art von Bademantel gehüllt, ins Vorzimmer und sagte: „Wen sucht der Herr? Die Fräuln Mizzi? Die wird so bald nicht z'haus kommen."

Die Alte gab ihr ein Zeichen, zu schweigen; Fridolin aber, als wünschte er dringend eine Bestätigung zu erhalten für das, was er irgendwie doch schon geahnt hatte, bemerkte einfach: „Sie ist im Spital, nicht wahr?"

„Na, wenn's der Herr eh weiß. Aber mir sein g'sund, Gott sei Dank", rief sie fröhlich aus und trat ganz nahe an Fridolin heran mit halbgeöffneten Lippen und einem frechen Zurückwerfen ihres üppigen Leibes, so daß der Bademantel sich öffnete. Fridolin sagte ablehnend: „Ich bin nur im Vorbeigehen heraufgekommen, um der Mizzi was zu bringen", und er erschien sich plötzlich wie ein

Gymnasiast. Und in einem neuen, sachlichen Ton fragte er: „Auf welcher Abteilung liegt sie denn?"

Die Junge nannte ihm den Namen eines Professors, auf dessen Klinik Fridolin vor einigen Jahren Sekundararzt gewesen war. Und dann fügte sie gutmütig hinzu: „Geben S' es her, die Packerln, ich bring ihr's morgen. Können sich drauf verlassen, daß ich nichts wegnaschen werde. Und grüßen werd ich sie auch von Ihnen und ihr ausrichten, Sie sein ihr nicht untreu worden."

Assistenzarzt

Wiener Mundart, vgl. Seite 165

Zugleich aber trat sie näher auf ihn zu und lachte ihn an. Doch als er leicht zurückwich, gab sie es sofort auf und bemerkte tröstend: „In sechs, spätestens acht Wochen, hat der Doktor g'sagt, is sie wieder zu Haus."

Als Fridolin aus dem Haustor auf die Straße trat, fühlte er Tränen in der Kehle; aber er wußte, daß das nicht so sehr Ergriffenheit zu bedeuten hatte als ein allmähliches Versagen seiner Nerven. Er nahm absichtlich einen rascheren und lebhafteren Schritt an, als seiner Stimmung gemäß war. Sollte dieses Erlebnis ein weiteres, ein letzten Zeichen sein, daß ihm alles mißlingen mußte? Warum? Daß er einer so großen Gefahr entgangen war, konnte immerhin auch ein gutes Zeichen bedeuten. Und war es gerade das, worauf es ankam: Gefahren zu entgehen? Allerlei andere standen ihm wohl noch bevor. Er dachte keineswegs daran, die Nachforschungen nach der wunderbaren Frau von heute nacht aufzugeben. Nun war freilich nicht mehr Zeit dazu. Und überdies mußte genau erwogen werden, auf welche Art diese Nachforschungen weiterzuführen waren. Ja, wenn man jemanden hätte, mit dem man sich beraten könnte! Aber er wußte keinen, den er in die Abenteuer der vergangenen Nacht gerne eingeweiht hätte. Seit Jahren war er mit keinem Menschen wirklich vertraut als mit seiner Frau, und mit der konnte er sich in diesem Fall doch kaum beraten, in diesem nicht und in keinem andern. Denn man mochte es nehmen, wie man wollte: heute nacht hatte sie ihn ans Kreuz schlagen lassen.

Und nun wußte er, warum seine Schritte ihn statt in der Richtung seines Hauses unwillkürlich immer weiter in die entgegengesetzte führten. Er wollte, er konnte Albertine jetzt nicht entgegentreten. Das Vernünftigste war es, irgendwo auswärts zur Nacht zu essen, dann auf die Abteilung nach seinen zwei Fällen sehen – und keinesfalls daheim sein – „daheim!“ – bevor er sicher sein konnte, Albertine schon schlafend anzutreffen.

Er trat in ein Café, eines der vornehmeren, stilleren in der Nähe des Rathauses, telephonierte nach Hause, daß man ihn zum Abendessen nicht erwarten solle, läutete rasch ab, damit nicht etwa Albertine noch ans Telephon käme, dann setzte er sich an ein Fenster und zog den Vorhang zu. In einer entfernten Ecke nahm eben ein Herr Platz; in dunklem Überzieher, auch sonst ganz unauffällig gekleidet. Fridolin erinnerte sich, diese Physiognomie im Laufe dieses Tages schon irgendwo gesehen zu haben. Das konnte natürlich auch Zufall sein. Er nahm ein Abendblatt zur Hand und las, so wie er es gestern nacht in einem anderen Kaffeehaus getan, da und dort ein paar Zeilen: Berichte über politische Ereignisse, Theater, Kunst, Literatur, über kleine und große Unglücksfälle aller Art. In irgendeiner Stadt Amerikas, deren Namen er niemals gehört hatte, war ein Theater abgebrannt. Der Rauchfangkehrermeister Peter Korand hatte sich zum Fenster hinausgestürzt. Es kam Fridolin irgendwie sonderbar vor, daß auch Rauchfangkehrer sich zuweilen umbrachten, und er fragte sich unwillkürlich, ob der Mann sich vorher ordentlich gewaschen

Überzieher: Pullover; Herrenmantel

Rauchfangkehrer: (österr.) Schornsteinfeger

oder schwarz, wie er war, ins Nichts gestürzt hatte. In einem vornehmen Hotel der inneren Stadt hatte sich heute früh eine Frau vergiftet, eine Dame, die unter dem Namen einer Baronin D. vor wenigen Tagen dort abgestiegen war, eine auffallend hübsche Dame. Fridolin fühlte sich sofort ahnungsvoll berührt. Die Dame war morgens um vier Uhr in Begleitung zweier Herren nach Hause gekommen, die am Tore sich von ihr verabschiedeten. Vier Uhr. Gerade zu der Stunde, da auch er nach Hause gekommen war. Und gegen Mittag war sie bewußtlos – so hieß es weiter – mit den Anzeichen einer schweren Vergiftung im Bette gefunden worden … Eine auffallende hübsche junge Dame … Nun, es gab manche auffallend hübsche junge Damen … Es war kein Anlaß, anzunehmen, daß die Baronin D., vielmehr die Dame, die unter dem Namen Baronin D. in dem Hotel abgestiegen war, und eine gewisse andere ein und dieselbe Person vorstellen. Und doch – ihm klopfte das Herz, und das Blatt bebte in seiner Hand. In einem vornehmen Stadthotel … in welchem –? Warum so geheimnisvoll? – So diskret? …

Freifrau, Angehörige des niederen Adels

Er ließ das Blatt sinken und sah, wie zugleich der Herr dort in der fernen Ecke eine Zeitung, eine große illustrierte Zeitung, wie einen Vorhang vor sein Gesicht schob. Sofort nahm auch Fridolin sein Blatt wieder zur Hand, und er wußte in diesem Augenblick, daß die Baronin D. … unmöglich jemand anders sein konnte als die Frau von heute nacht … In einem vornehmen Stadthotel … Es gab nicht so viele, die in Betracht kamen – für eine Baronin D … Und nun mochte geschehen, was da wolle – diese Spur mußte verfolgt werden. Er rief nach dem Kellner, zahlte, ging. An der Tür wandte er sich noch einmal nach dem verdächtigen Herrn in der

Ecke um. Der aber war sonderbarerweise schon verschwunden …

Schwere Vergiftung … Aber sie lebte … In dem Augenblick, da man sie aufgefunden hatte, lebte sie noch. Und es war am Ende kein Grund, anzunehmen, daß sie nicht gerettet war. Jedenfalls, ob sie lebte oder tot war – er würde sie finden. Und er würde sie sehen – in jedem Fall – ob tot oder lebendig. Sehen würde er sie; kein Mensch auf der Erde konnte ihn daran hindern, die Frau zu sehen, die seinetwegen, ja, die *für ihn* in den Tod gegangen war. Er war schuldig an ihrem Tod – er allein – wenn sie es war. Ja, sie war es. Um vier Uhr morgens nach Hause gekommen in Begleitung zweier Herren! Wahrscheinlich derselben, die ein paar Stunden später Nachtigall zur Bahn gebracht hatten. Sie hatten kein sonderlich reines Gewissen, diese Herren.

Er stand auf dem großen weiten Platz vor dem Rathaus und blickte nach allen Seiten. Nur wenige Menschen befanden sich innerhalb seiner Sehweite, der verdächtige Herr aus dem Kaffeehaus war nicht unter ihnen. Und wenn auch – die Herren fürchteten sich, der Überlegene war er. Fridolin eilte weiter, auf dem Ring nahm er einen Wagen, ließ sich zuerst zum Hotel Bristol fahren und erkundigte sich bei dem Portier, als wäre er dazu befugt oder beauftragt, ob die Frau Baronin D., die sich heute morgen bekanntlich vergiftet, hier in dem Hotel gewohnt habe. Der Portier schien weiter nicht erstaunt, hielt Fridolin vielleicht für einen Herrn von der Polizei oder sonst eine Amtsperson, in jedem Fall erwiderte er höflich, daß sich der traurige Fall nicht hier, sondern im Hotel Erzherzog Karl zugetragen habe …

Prachtstraße um das historische Zentrum von Wien (1. Stadtbezirk), seit 2000 Teil des UNESCO Weltkulturerbes Europa

Fridolin fuhr sofort in das bezeichnete Hotel und erhielt dort die Auskunft, daß die Baronin D. unverzüglich nach ihrer Auffindung ins Allgemeine Krankenhaus geschafft worden sei. Fridolin erkundigte sich, auf welche Weise die Entdeckung des Selbstmordversuches erfolgt sei. Was für Anlaß denn vorgelegen habe, sich schon um die Mittagstunde um eine Dame zu kümmern, die doch erst um vier Uhr früh nach Hause gekommen war? Nun, das war ganz einfach: zwei Herren (also wieder zwei Herren!) hatten vormittags um elf Uhr nach ihr gefragt. Da die Dame sich auf wiederholten telephonischen Anruf nicht gemeldet, hatte das Stubenmädchen an die Türe geklopft; da sich darauf wieder nichts gerührt hatte und die Türe von innen verriegelt blieb, war nichts übriggeblieben, als sie aufzusprengen, und da hatte man die Baronin bewußtlos im Bette liegend gefunden. Man hatte sofort Rettungsgesellschaft und Polizei verständigt.

„Und die zwei Herren?" fragte Fridolin scharf und kam sich selbst vor wie ein Geheimpolizist.

Ja, die Herren, das gab freilich zu denken, die waren indes spurlos verschwunden. Im übrigen dürfte es sich keineswegs um eine Baronin Dubieski gehandelt haben, unter welchem Namen die Dame im Hotel gemeldet war. Sie war das erstemal in diesem Hotel abgestiegen, und es gab überhaupt keine Familie dieses Namens, jedenfalls keine adlige.

Fridolin dankte für die Auskunft, entfernte sich ziemlich rasch, da einer der eben hinzugetretenen Hoteldirektoren ihn mit unangenehmer Neugier zu mustern begann, stieg wieder in den Wagen und ließ sich zum Krankenhaus fahren. Wenige Minuten später, in der Aufnahmekanzlei, erfuhr er nicht nur, daß die angebliche Baronin Dubieski auf die zweite interne Klinik eingeliefert worden, sondern daß sie nachmittags um fünf, trotz aller ärztlichen Bemühungen – ohne das Bewußtsein wiedererlangt zu haben – gestorben war.

Fridolin holte tief Atem, so glaubte er, doch es war ein schwerer Seufzer gewesen, der sich ihm entrungen. Der diensthabende Beamte blickte mit einiger Verwunderung zu ihm auf. Fridolin faßte sich gleich wieder, empfahl sich höflich und stand in der nächsten Minute im Freien. Der Krankenhausgarten war fast menschenleer. In einer benachbarten Allee unter einer Laterne ging eben eine Wärterin in blauweiß gestreiftem Kittel und weißem Häubchen. „Tot", sagte Fridolin vor sich hin. – Wenn sie es ist. Und wenn sie es nicht ist? Wenn sie noch lebt, wie kann ich sie finden?

Wo der Leichnam der Unbekannten sich in diesem Augenblick befand, diese Frage konnte er sich leicht beantworten. Da sie erst vor wenigen Stunden gestorben war, lag sie jedenfalls in der Totenkammer, nur wenige hundert Schritte von hier. Schwierigkeiten für ihn als Arzt, sich auch in dieser späten Stunde dort Eingang zu verschaffen, gab es natürlich nicht. Doch – was wollte er dort? Er kannte ja nur ihren Körper, ihr Antlitz hatte er nie gesehen, nur eben einen flüchtigen Schimmer davon erhascht in der Sekunde, da er heute nacht den Tanzsaal verlassen hatte oder, richtiger gesagt, aus dem Saal gejagt worden war. Doch daß er diesen Umstand bis jetzt gar nicht erwogen, das kam daher, daß er in diesen ganzen letztverflossenen Stunden, seit er die Zeitungsnotiz gelesen, die Selbstmörderin, deren Antlitz er nicht kannte, sich mit den Zügen Albertinens vorgestellt hatte, ja, daß ihm, wie er nun erst erschaudernd wußte, ununterbrochen seine Gattin als die Frau vor Augen geschwebt war, die er suchte. Und nochmals fragte er sich, was er eigentlich in der Totenkammer wollte? Ja, hätte er sie lebend wiedergefunden, heute, morgen – in Jahren, wann, wo und in welcher Umgebung immer – an ihrem Gang, ihrer Haltung, ihrer Stimme vor allem hätte er sie, so war er überzeugt, unwidersprechlich erkannt. Nun aber sollte er nur den Körper wiedersehen, einen toten Frauenkörper und ein Antlitz, von dem er nichts kannte als die Augen – Augen, die nun gebrochen waren. Ja – diese Augen kannte er und die Haare, die sich in jenem letzten Augenblick, ehe man ihn aus dem Saal gejagt, plötzlich gelöst und die nackte Gestalt verhüllt hatten. Würde das genug sein, um ihn untrüglich wissen zu lassen, ob sie es sei oder nicht?

Und langsamen, zögernden Schritts nahm er den Weg durch die wohlbekannten Höfe nach dem Pathologisch-anatomischen Institut. Er fand das Tor unverschlossen, so daß er nicht nötig hatte zu klingeln. Der steinerne Fußboden hallte unter seinen Tritten, als er durch den schwach beleuchteten Gang schritt. Ein vertrauter, gewissermaßen heimatlicher Geruch von allerlei Chemikalien, der den angestammten Duft dieses Gebäudes übertönte, umfing Fridolin. Er klopfte an die Tür des histologischen Kabinetts, wo er wohl noch einen Assistenten bei der Arbeit vermuten durfte. Auf ein etwas unwirsches „Herein“ trat Fridolin in den hohen, geradezu festlich erhellten Raum, in dessen Mitte, das Auge eben vom Mikroskop entfernend, wie Fridolin beinahe erwartet, sein alter Studienkollege, der Assistent des Institutes, Doktor Adler, sich von seinem Stuhl erhob.

universitäre medizinische Einrichtung zur Erforschung von krankhaften Veränderungen in Organismen von Leichen

(veraltet) Arbeitsraum

„Oh, lieber Kollege“, begrüßte ihn Doktor Adler immer noch etwas unwillig, aber zugleich verwundert, „was verschafft mir die Ehre zu so ungewohnter Stunde?“

„Entschuldige die Störung“, sagte Fridolin. „Du bist gerade mitten in der Arbeit.“

„Allerdings“, erwiderte Adler in dem scharfen Ton, der ihm noch von seiner Burschenzeit eigen war. Und leichter fügte er hinzu: „Was sollte man in diesen heiligen Hallen sonst um Mitternacht zu schaffen haben? Aber du störst mich natürlich nicht im geringsten. Womit kann ich dienen?“

Seite 181

Und da Fridolin nicht gleich antwortete: „Der Addison, den ihr uns heute heruntergeliefert habt, liegt noch in holder Unberührtheit da drüben. Sektion morgen früh acht Uhr dreißig.“

Addison-Krankheit: Erkrankung der Nebennierenrinde

Und auf eine verneinende Bewegung Fridolins: „Ah so – der Pleuratumor! Nun – die histologische Untersuchung hat unwiderleglich Sarkom ergeben. Darüber braucht ihr euch also auch keine grauen Haare wachsen zu lassen.“

Krebserkrankung von Brust- und Rippenfell

(griech. *Sárx* „Fleisch“) Fleischgeschwulst, bösartige Zellwucherung von Stütz- und Bindegewebe

Fridolin schüttelte wieder den Kopf. „Es handelt sich um keine – dienstliche Angelegenheit.“

„Na, um so besser, “ sagte Adler, „ich hab’ schon geglaubt, das schlechte Gewissen treibt dich da herunter zu nachtschlafender Zeit.“

„Mit schlechtem Gewissen oder wenigstens mit Gewissen überhaupt hängt es schon eher zusammen“, erwiderte Fridolin.

„Oh!“

„Kurz und gut, “ – er befliß sich eines harmlos-trockenen Tones – „ich möchte gern Auskunft wegen einer Frauensperson, die heute abend auf der zweiten Klinik an Morphiumvergiftung gestorben ist und die jetzt da herunten liegen dürfte, eine gewisse Baronin Dubieski.“ Und rascher fuhr er fort: „Ich habe nämlich die Vermutung, daß diese angebliche Baronin Dubieski eine Person ist, die ich vor Jahren flüchtig gekannt habe. Und es würde mich interessieren, ob meine Vermutung stimmt.“

„Suicidium?“ fragte Adler.

(lat.) Selbstmord

Fridolin nickte. „Ja. Selbstmord“, übersetzte er, als wünschte er damit der Angelegenheit wieder ihren privaten Charakter zu verleihen.

Adler deutete mit humoristisch gestrecktem Zeigefinger auf Fridolin. „Unglückliche Liebe zu Euer Hochwohlgeboren?“

Fridolin verneinte etwas ärgerlich. „Der Selbstmord dieser Baronin Dubieski hat mit meiner Person nicht das geringste zu tun.“

„Bitte, bitte, ich will nicht indiskret sein. Wir können uns ja sofort überzeugen. Meines Wissens ist heute abend keine Anforderung von der gerichtlichen Medizin gekommen. Also jedenfalls –“

Gerichtliche Obduktion, zuckte es durch Fridolins Hirn. Das könnte wohl noch der Fall sein. Wer weiß, ob ihr Selbstmord überhaupt ein freiwilliger war? Die zwei Herren fielen ihm wieder ein, die so plötzlich aus dem Hotel verschwunden waren, nachdem sie von dem Selbstmordversuch erfahren hatten. Die Angelegenheit könnte sich wohl noch zu einer Kriminalaffäre ersten Ranges entwickeln. Und ob er – Fridolin – nicht gar als Zeuge vorgeladen würde – ja, ob er nicht eigentlich verpflichtet wäre, sich freiwillig bei Gericht zu melden?

Er folgte Doktor Adler über den Gang zu der gegenüberliegenden Türe, die halb offen stand. Der kahle hohe Raum war durch die zwei offenen, etwas heruntergeschraubten Flammen eines zweiarmigen Gaslüsters schwach beleuchtet. Von den zwölf oder vierzehn Leichentischen war nur die geringere Anzahl belegt. Einige Körper lagen nackt da, über die andern waren Leinentücher gebreitet. Fridolin trat zu dem ersten Tisch gleich an der Türe und zog vorsichtig das Tuch von dem Kopf

(lat. *lustrare* „beleuchten“) von der Decke herabhängender (Kron-)Leuchter

der Leiche weg. Ein greller Lichtschein von der elektrischen Taschenlampe des Doktor Adler fiel plötzlich hin. Fridolin sah ein gelbes, graubärtiges Männergesicht und bedeckte es gleich wieder mit dem Leichentuch. Auf dem nächsten Tisch lag ein hagerer nackter Jünglingsleib. Doktor Adler, von einem anderen Tische her, sagte: „Eine zwischen sechzig und siebzig, die wird's also wohl auch nicht sein."

Fridolin aber, wie plötzlich hingezogen, schritt ans Ende des Saales, von wo ein Frauenleib ihm fahl entgegenleuchtete. Der Kopf war zur Seite gesenkt; lange, dunkle Haarsträhnen fielen fast bis zum Fußboden herab. Unwillkürlich streckte Fridolin die Hand aus, um den Kopf zurechtzurücken, doch mit einer Scheu, die ihm, dem Arzt, sonst fremd war, zögerte er wieder. Doktor Adler war herzugetreten und bemerkte hinter sich deutend: „Kommen alle nicht in Betracht – – also die?" Und er leuchtete mit der elektrischen Lampe auf den Frauenkopf, den Fridolin eben, seine Scheu überwindend, mit beiden Händen gefaßt und ein wenig emporgehoben hatte. Ein weißes Antlitz mit halbgeschlossenen Lidern starrte ihm entgegen. Der Unterkiefer hing schlaff herab, die schmale, hinaufgezogene Oberlippe ließ das bläuliche Zahnfleisch und eine Reihe weißer Zähne sehen. Ob dieses Antlitz irgendeinmal, ob es vielleicht gestern noch schön gewesen – Fridolin hätte es nicht zu sagen vermocht – es war ein völlig nichtiges, leeres, es war ein totes Antlitz. Es konnte ebensogut einer Achtzehnjährigen als einer Achtunddreißigjährigen angehören.

„Ist sie's?" fragte Doktor Adler.

Fridolin beugte sich unwillkürlich tiefer herab, als könnte sein bohrender Blick den starren Zügen eine Antwort entreißen. Und er wußte doch zugleich, auch wenn es wirklich *ihr* Antlitz wäre, *ihre* Augen, dieselben Augen, die gestern so lebensheiß in die seinen geleuchtet, er wüßte es nicht, könnte es – wollte es am Ende gar nicht wissen. Und sanft legte er den Kopf wieder auf die Platte hin und ließ seinen Blick den toten Körper entlang schweifen, vom wandernden Schein der elektrischen Lampe geleitet. War es ihr Leib? – der wunderbare, blühende, gestern noch so qualvoll ersehnte? Er sah einen gelblichen, faltigen Hals, er sah zwei kleine und doch etwas schlaff gewordene Mädchenbrüste, zwischen denen, als wäre das Werk der Verwesung schon vorgebildet, das Brustbein mit grausamer Deutlichkeit sich unter der bleichen Haut abzeichnete, er sah die Rundung des mattbraunen Unterleibs, er sah, wie von einem dunklen, nun geheimnis- und sinnlos gewordenen Schatten aus wohlgeformte Schenkel sich gleichgültig öffneten, sah die leise auswärts gedrehten Kniewölbungen, die scharfen Kanten der Schienbeine und die schlanken Füße mit den einwärts gekrümmten Zehen. All dies versank nacheinander rasch wieder im Dunkel, da der Lichtkegel der elektrischen Lampe den Weg zurück mit vielfacher Geschwindigkeit zurücklegte, bis er endlich leicht zitternd über dem bleichen Antlitz ruhen blieb. Unwillkürlich, ja wie von einer unsichtbaren Macht gezwungen und geführt, berührte Fridolin mit beiden Händen die Stirne, die Wangen, die Schultern, die Arme der toten Frau; dann schlang er seine Finger wie zu einem Liebesspiel in die der Toten, und so starr sie waren, es schien ihm, als versuchten sie sich zu regen, die seinen zu ergreifen; ja ihm war, als irrte unter den halbgeschlossenen Lidern ein ferner, farbloser Blick nach dem seinen; und wie magisch angezogen beugte er sich herab.

Da flüsterte es plötzlich hinter ihm: „Aber was treibst du denn?"
Fridolin kam jählings zur Besinnung. Er löste seine Finger aus denen der Toten, umklammerte ihre schmalen Handgelenke und legte sorglich, ja mit einer gewissen Pedanterie die eiskalten Arme zu seiten des Rumpfes hin. Und ihm war, als ob jetzt, eben erst in diesem Augenblick, dieses Weib gestorben sei. Dann wandte er sich ab, lenkte die Schritte zur Türe und über den hallenden Gang, trat in das Arbeitskabinett zurück, das man früher verlassen. Doktor Adler folgte ihm schweigend und schloß hinter ihnen ab.
Fridolin trat ans Waschbecken. „Du erlaubst", sagte er und reinigte seine Hände sorgfältig mit Lysol und Seife. Indes schien Doktor Adler ohne weiteres seine unterbrochene Arbeit wieder aufnehmen zu wollen. Er hatte die entsprechende Lichtvorrichtung neu eingeschaltet, drehte die Mikrometerschraube und blickte ins Mikroskop. Als Fridolin zu ihm trat, um sich zu verabschieden, war Doktor Adler völlig in seine Arbeit vertieft.

Seifenlösung zur Desinfektion

„Willst du dir das Präparat einmal anschauen?" fragte er.
„Warum?" fragte Fridolin abwesen.
„Nun, zur Beruhigung deines Gewissens", erwiderte Doktor Adler, – als nähme er doch an, daß Fridolins Besuch nur einen medizinisch-wissenschaftlichen Zweck gehabt hätte.
„Findest du dich zurecht?" fragte er, während Fridolin ins Mikroskop schaute. „Es ist nämlich eine ziemlich neue Färbungsmethode."
Fridolin nickte, ohne das Auge vom Glas zu entfernen. „Geradezu ideal", bemerkte er, „ein farbenprächtiges Bild, könnte man sagen."

Und er erkundigte sich nach verschiedenen Einzelheiten der neuen Technik.
Doktor Adler gab ihm die gewünschten Aufklärungen, und Fridolin äußerte die Ansicht, daß ihm diese neue Methode bei einer Arbeit, die er für die nächste Zeit vorhabe, voraussichtlich gute Dienste leisten würde. Er erbat sich die Erlaubnis, morgen oder übermorgen wiederkommen zu dürfen, um sich weitere Aufschlüsse zu holen.
„Stets gerne zu Diensten", sagte Doktor Adler, begleitete Fridolin über die hallenden Steinfliesen bis zum Tore, das indessen geschlossen worden war, und sperrte es mit seinem eigenen Schlüssel auf.
„Du bleibst noch?" fragte Fridolin.
„Aber natürlich", erwiderte Doktor Adler, „das sind ja die allerschönsten Arbeitsstunden – so von Mitternacht bis früh. Da ist man wenigstens vor Störungen ziemlich sicher."
„Na", – sagte Fridolin mit einem leisen, wie schuldbewußten Lächeln.
Doktor Adler legte die Hand beruhigend auf Fridolins Arm, dann fragte er mit einiger Zurückhaltung: „Also – war sie's?"
Fridolin zögerte einen Augenblick, dann nickte er wortlos, und war sich kaum bewußt, daß diese Bejahung möglicherweise eine Unwahrheit bedeutete. Denn ob die Frau, die nun da drin in der Totenkammer lag, dieselbe war, die er vor vierundzwanzig Stunden zu den wilden Klängen von Nachtigalls Klavierspiel nackt in den Armen gehalten, oder ob diese Tote irgendeine andere, eine Unbekannte, eine ganz Fremde war, der er niemals vorher begegnet; er wußte: auch wenn das Weib noch am Leben war, das er gesucht, das er verlangt, das

er eine Stunde lang vielleicht geliebt hatte, und, wie immer sie dieses Leben weiter lebte; – was da hinter ihm lag in der gewölbten Halle, im Scheine von flackernden Gasflammen, ein Schatten unter andern Schatten, dunkel, sinn- und geheimnislos wie sie –, ihm bedeutete es, ihm konnte es nichts anderes mehr bedeuten als, zu unwiderruflicher Verwesung bestimmt, den bleichen Leichnam der vergangenen Nacht.

VII

Durch die finsteren menschenleeren Gassen eilte er nach Hause, und wenige Minuten später, nachdem er, wie vierundzwanzig Stunden vorher, schon in seinem Ordinationszimmer (Sprechzimmer) sich entkleidet hatte, so leise als möglich betrat er das eheliche Schlafgemach.

Er hörte den gleichmäßig-ruhigen Atem Albertinens und sah die Umrisse ihres Kopfes sich auf dem weichen Polster abzeichnen. Ein Gefühl von Zärtlichkeit, ja von Geborgenheit, wie er es nicht erwartet, durchdrang sein Herz. Und er nahm sich vor, ihr bald, vielleicht morgen schon, die Geschichte der vergangenen Nacht zu erzählen, doch so, als wäre alles, was er erlebt, ein Traum gewesen – und dann, erst wenn sie die ganze Nichtigkeit seiner Abenteuer gefühlt und erkannt hatte, wollte er ihr gestehen, daß sie Wirklichkeit gewesen waren. Wirklichkeit? fragte er sich –, und gewahrte in diesem Augenblick, ganz nahe dem Antlitz Albertines auf dem benachbarten, auf *seinem* Polster etwas Dunkles, Abgegrenztes, wie die umschatteten Linien eines menschlichen Gesichts. Einen Moment nur stand ihm das Herz still, im nächsten schon wußte er, woran er war, griff nach dem Polster hin und hielt die Maske in der Hand, die er während der vorigen Nacht getragen, die ihm, während er heute morgen das Paket zusammengerollt, ohne daß er es bemerkt, entglitten, und von dem Stubenmädchen oder Albertine selbst gefunden sein mochte. So konnte er auch nicht daran zweifeln, daß Albertine nach diesem Fund mancherlei ahnte und vermutlich noch mehr und noch Schlimmeres, als sich tatsächlich ereignet hatte. Doch die Art, wie sie ihm das zu verstehen gab, ihr Einfall, die dunkle Larve neben sich auf das Polster hinzulegen, als hätte sie nun sein, des Gatten, ihr nun rätselhaft gewordenes Antlitz zu bedeuten, diese scherzhafte, fast übermütige Art, in der zugleich eine milde Warnung und die Bereitwilligkeit des Verzeihens ausgedrückt schien, gab Fridolin die sichere Hoffnung, daß sie, wohl in Erinnerung ihres eigenen Traums –, was auch geschehen sein mochte, geneigt war, es nicht allzu schwer zu nehmen. Fridolin aber, mit einem Male am Ende seiner Kräfte, ließ die Maske zu Boden gleiten, schluchzte, sich selbst ganz unerwartet, laut und schmerzlich auf, sank neben dem Bette nieder und weinte leise in die Kissen hinein.

Nach wenigen Sekunden fühlte er eine weiche Hand über seine Haare streichen. Da erhob er sein Haupt, und aus der Tiefe seines Herzens entrang sich's ihm: „Ich will dir alles erzählen."

Sie hob zuerst, wie in leiser Abwehr die Hand; er faßte sie, behielt sie in der seinen, sah wie fragend und zugleich bittend zu ihr auf, sie nickte ihm zu und er begann.

Der Morgen dämmerte grau durch die Vorhänge, als Fridolin zu Ende war. Nicht ein einziges Mal hatte ihn Albertine mit einer neugierigen oder ungeduldigen Frage unterbrochen. Sie fühlte wohl, daß er ihr nichts verschweigen wollte und konnte. Ruhig lag sie da, die Arme im Nacken verschlungen, und schwieg noch lange, als Fridolin schon längst geendet hatte. Endlich – er lag an ihrer Seite hingestreckt – beugte er sich über sie, und in ihr regungsloses Antlitz mit den großen hellen Augen, in denen jetzt auch der Morgen aufzugehen schien, fragte er zweifelnd und hoffnungsvoll zugleich: „Was sollen wir tun, Albertine?"

Sie lächelte, und nach kurzem Zögern erwiderte sie: „Dem Schicksal dankbar sein, glaube ich, daß wir aus allen Abenteuern heil davongekommen sind – aus den wirklichen und aus den geträumten."

„Weißt du das auch ganz gewiß?" fragte er.

„So gewiß, als ich ahne, daß die Wirklichkeit einer Nacht, ja daß nicht einmal die eines ganzen Menschenlebens zugleich auch seine innerste Wahrheit bedeutet."

„Und kein Traum," seufzte er leise, „ist völlig Traum."

Sie nahm seinen Kopf in beide Hände und bettete ihn innig an ihre Brust. „Nun sind wir wohl erwacht," sagte sie –, „für lange."

Für immer, wollte er hinzufügen, aber noch ehe er die Worte ausgesprochen, legte sie ihm einen Finger auf die Lippen und, wie vor sich hin, flüsterte sie: „Niemals in die Zukunft fragen."

So lagen sie beide schweigend, beide wohl auch ein wenig schlummernd und einander traumlos nah – bis es wie jeden Morgen um sieben Uhr an die Zimmertür klopfte, und, mit den gewohnten Geräuschen von der Straße her, einem sieghaften Lichtstrahl durch den Vorhangspalt und einem hellen Kinderlachen von nebenan der neue Tag begann.

Wort- und Sacherklärungen

LEUTNANT GUSTL

Leutnant: niedrigster Offiziersdienstgrad. Bei den militäri- 21
schen Rängen von Soldaten in gehobenen Führungspositionen unterscheidet man in einer aufsteigenden Hierarchie unter anderem Leutnant – Oberleutnant – Hauptmann – Major – Oberstleutnant – Oberst – Brigadier – Generalmajor – Generalleutnant – Major.

Gustl: österr. Kurz- und Koseform des männlichen Vornamens 21
August und des weiblichen Vornamens Augusta. Das lat. Bezugswort *augustus*, auf das der Name zurückgeht, bedeutet „ehrwürdig“, „erhaben“.

Konzert: Die zu Beginn der Erzählung notierten Informatio- 21.3
nen zu der von Leutnant Gustl besuchten Veranstaltung, lassen den Rückschluss zu, dass es sich um eine historisch verbürgte Aufführung handelt: Am 4. April 1900, in der Karwoche am Mittwoch vor Ostern, brachte der Evangelische Singverein das musikalische Werk PAULUS. ORATORIUM NACH WORTEN DER HEILIGEN SCHRIFT (op. 36) des deutschen Komponisten, Pianisten, Organisten und Dirigenten Felix Mendelssohn Bartholdy (1809–1847) aus dem Jahre 1836 im Saal des Wiener Musikvereins am Karlsplatz im 1. Wiener Gemeindebezirk zur Aufführung. Das zweiteilige Oratorium handelt vom Leben des Apostels Paulus, dessen Verlauf sich durch das dramatische Ereignis einer göttlichen Vision radikal veränderte: Als Sohn einer streng jüdischen Familie aus der historischen Landschaft Zilizien (heute Süd-Anatolien) besaß der Zeltmacher Schaul das römische Bürgerrecht. Nach der Überlieferung der neutestamentarischen Apostelgeschichte und nach eigenen brieflichen Aussagen nahm er als ausgebildeter Gesetzeslehrer und als Mitglied der jüdischen Religionspartei der Pharisäer aktiv an den gewalttätigen Christenverfolgungen teil und empfand bei der Steinigung des ersten christlichen Märtyrers Stephanus „Wohlgefallen“. Um das Jahr 34 n. Chr. bekehrte er sich unter dem Eindruck einer Begegnung mit dem auferstandenen Jesus („Damaskus-Erlebnis“) vom Gegner der Urchristen zum

Apostel (griech. „Sendbote"), der durch seine theologischen Aussagen und durch die Missionierung der Heiden im Mittelmeerraum maßgeblich zur Verbreitung des Christentums beitrug.

21.9 **Oratorium:** (zu lat. *orare* „beten", „bitten"): Vertonung eines meist geistlichen Textes an Orten außerhalb von Kirchen mit mehreren Einzelsängern, Chor und Orchester. Im Gegensatz zur Oper, die in der Regel weltliche Stoffe zum Inhalt hat und Handlungselemente wie in einem Theaterstück szenisch aufführt, beschränkt sich das Oratorium auf die nicht-szenische, konzertante Wiedergabe einer dramatischen Bibelerzählung.

22.33 **Fräulein Walker:** Edyth Walker (1867–1950), amerikan. Opern- und Oratoriensängerin von internationalem Rang, von 1895 bis 1903 an der Wiener Hofoper.

22.33 **Fräulein Michalek:** Margarete Merlitschek, geb. Michalek (1875–1944), von 1897 bis 1910 Sopranistin an der Wiener Hofoper.

[La] Traviata: Titel einer im Jahre 1853 erstmals aufgeführten romantischen Oper des italienischen Komponisten Giuseppe Verdi (1813–1901), welche vom heroischen Leiden und Sterben einer an Tuberkulose erkrankten Edelprostituierten erzählt. Der Stoff basiert auf dem 1848 veröffentlichten Roman

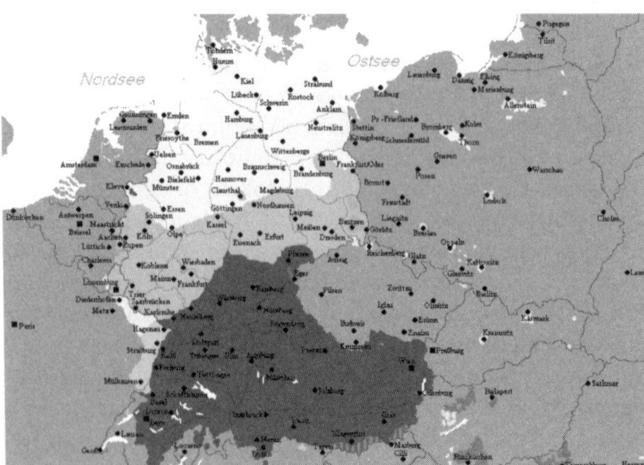

Karte der Deutschen Mundarten

La dame aux camélias (dt. Die Kameliendame) des frz. Schriftstellers Alexandre Dumas des Jüngeren (1824–1895).

eine tote Leiche: rhetorisches Stilmittel der Verdoppelung sinngleicher Ausdrücke (Pleonasmus). 22.38

Warten S' nur, Herr Doktor, Ihnen wird's vergeh'n, solche Bemerkungen zu machen! Das Nasenspitzel hau' ich Ihnen herunter …: Zur Sprache des Textes: Das österreichische Deutsch gehört zum Dialektgebiet des Mittel- und Südbairischen, das als Teil des Bairischen zusammen mit dem Alemannischen und dem Langobardischen das oberdeutsche Sprachgebiet bildet. Die Dialekte des Oberdeutschen, des Mitteldeutschen (Mittelfränkisch, Rheinfränkisch, Hessisch, Thüringisch-Obersächsisch u. a.) und des Niederdeutschen (Nordniedersächsisch, Westfälisch, Ostfälisch, Märkisch, Mecklenburgisch u. a.) sind Teil des kontinental-westgermanischen Sprachraums, aus dem sich zwischen dem 4. und 10. Jahrhundert n. Chr. im Zuge der so genannten Zweiten (althochdeutschen) Lautverschiebung unter anderem auch das heutige Hochdeutsch entwickelte. 22.39–42

Das Wienerische ist eine Stadtmundart, die zum ostmittelbairischen Dialektgebiet gehört. Ihre Merkmale sind Besonderheiten in der Aussprache, in der Grammatik, in der Wortbildung und im Wortgebrauch, welche in Schnitzlers Erzählungen nur angedeutet sind. Spezielle Hinweise auf das österreichische Lokalkolorit der gesprochenen Sprache geben – wie im Textbeispiel zu sehen – die Auslassung von Vokalen am Ende oder innerhalb eines Wortes (Elision, Apokope: „vergeh'n“; „hau' ich“) und zu Beginn eines Wortes (Aphärese: „wird's“). Viel stärker als diese phonetischen und auch einzelne grammatische Eigentümlichkeiten wie zum Beispiel der veränderte Genusgebrauch („das Nasenspitzel“) vermitteln die relativ zahlreichen lexikalischen Auffälligkeiten des Textes einen Eindruck vom österreichischen Deutsch. Dazu gehören Austriazismen wie „fesch“, „Zeug'l“, „Hascherl“ usw.

Loge: abgeteilter kleiner Zuschauerraum mit mehreren Sitzplätzen in Theater und Oper 22.43

Operngucker: kleines Fernglas mit zwei- bis dreifacher Vergrößerung für Theater- und Opernpublikum 22.44

Offizierskasino: (lat., ital.) Kantinen- und Aufenthaltsraum für militär. Personal im Offiziersrang 22.49

22.57 **Belgrad:** Hauptstadt von Serbien, das von 1882–1918 Königreich war

23.82–83 **Reserveleutnant:** Leutnant im Stand der Beurlaubung, der gemäß der seit 1868 geltenden österreichischen Militärordnung nach Ableistung einer einjährigen Wehrdienstzeit den Offiziersrang behielt, indem er weiterhin seine Ausrüstung pflegte, an Manövern teilnahm und für den Einsatz im Kriegsfall zur Verfügung stand.

23.85 **Juden zu Offizieren machen:** In der Armee der kaiserlich-königlichen (k.u.k.) Doppelmonarchie Österreich-Ungarn besaßen Juden um die Wende vom 19. zum 20. Jahrhundert im Prinzip dieselben Aufstiegsmöglichkeiten wie nicht-jüdische Militärangehörige.

23.85–86 **da pfeif' ich auf'n ganzen Antisemitismus!:** ironischer Ausdruck der feindlichen Haltung Gustls gegenüber den Juden.

Die wechselvolle Geschichte der Juden in Österreich war wie in ganz Europa bestimmt durch Phasen der Integration, der Ausgrenzung und der Verfolgung. Während die Juden beispielsweise in der Zeit der Wende vom 12. zum 13. Jahrhundert auch hohe gesellschaftliche Positionen erlangen konnten, verloren sie vor allem in Zeiten politischer, wirtschaftlicher oder religiöser Krisen die ihnen von unterschiedlichen Herrschern garantierten Privilegien. So wurden sie unter anderem 1420/21 aus dem Herzogtum Österreich vertrieben, als auf dem Gebiet des damaligen Königreichs Böhmen die Konflikte zwischen den aufständischen Anhängern des tschechischen Reformators Jan Hus und den Vertretern der kaiserlichen Macht der Habsburger eskalierten und die Juden verdächtigt wurden, den ständisch-sozialen und nationalen Aufstand der Hussiten zu unterstützen.

Unter dem Einfluss der Aufklärung verminderte sich im 18. Jahrhundert die judenfeindliche Einstellung der seit 1438 regierenden katholischen Dynastie der Habsburger. Ein im Jahre 1782 von Kaiser Joseph II. (1741–1790) erlassenes Toleranzpatent sicherte den ca. 1,5 Millionen Juden innerhalb der Habsburgermonarchie insbesondere größere Freiheiten in der Religionsausübung zu. In der Folge führten die bürgerlichen Revolutionen bis zur Mitte des 19. Jahrhunderts zur fortschreitenden Ausweitung der Bürgerrechte der männlichen Juden

und zu einem weitgehenden Verschwinden des religiös motivierten Antijudaismus. Die politische und soziale Emanzipation der Juden setzte sich endgültig durch, als die so genannte Dezemberverfassung des Jahres 1867 im Staatsgrundgesetz allen Bürgern „die volle Glaubens- und Gewissensfreiheit sowie die persönliche Freiheit" gewährleistete.
Zugleich allerdings breitete sich im öffentlichen Leben ein politisch, völkisch und rassisch begründeter Hass auf die Juden aus, die unter anderem für die angebliche Auflösung der traditionellen Wertekultur, für den liberalen Parlamentarismus, für Individualismus und Sozialismus verantwortlich gemacht wurden. Mit dem wirtschaftlichen, kulturellen und politischen Zusammenbruch des herrschenden Liberalismus, der für die wachsenden Probleme der Nationalitätenkonflikte im habsburgischen Vielvölkerstaat und für die große Wirtschaftskrise der Jahre 1873 bis 1896 keine Lösungsangebote hatte, verschärfte sich mit dem Erstarken deutschnationaler und christlichsozialer Strömungen der Antisemitismus gegen die als liberal und kapitalistisch angesehenen Juden.
Judentum und Antisemitismus blieben in Schnitzlers Werken bis zur Publikation des Romans DER WEG INS FREIE eine thematische Randerscheinung. In einem Brief vom 15.12.1908 an Leonie Meyerhof-Hildeck meint der Autor, dass er zuvor lediglich in LEUTNANT GUSTL „von weitem" auf Juden direkt angespielt habe (vgl. N. Beier 2008: 49).
getauft natürlich: Um die Wende vom 19. zum 20. Jahrhundert lebten im Habsburgerreich ca. zwei Millionen Juden, was einem Anteil von knapp fünf Prozent an der Gesamtbevölkerung entsprach. Von den im Jahre 1900 etwa 1,7 Millionen Einwohnern Wiens waren 8,8 Prozent Juden. Als zahlenmäßig große Minderheit prägten sie das gesellschaftliche Leben, dem sie sich häufig durch Akkulturation, d.h. durch die Übernahme der christlich-bürgerlichen Lebensweise, anpassten. In Einzelfällen erfolgte die Assimilation auch dadurch, dass sich Juden taufen ließen. 23.89
(Hundertsechzig) Gulden: seit dem Mittelalter bestehende Währungseinheit. Im kaiserlichen Österreich war der (Reichs-) Gulden seit dem Wiener Münzvertrag im Jahre 1857 offizielles Zahlungsmittel, bevor im Jahre 1892 zusätzlich zum Gulden die Kronenwährung eingeführt wurde. Mit einem Gulden 24.102

(= 100 Kreuzer) ließen sich zur Jahrhundertwende 10 kg Brot oder 2 kg Rindfleisch erwerben. Ein Leutnant verdiente um 1900 monatlich zwischen 50 und 96 Gulden.

25.155 **Landwehr:** die kaiserlich-königliche Landwehr bildete als stehendes Nationalheer der Reserve zusammen mit der Gemeinsamen Armee und der Kriegsmarine in der Zeit von 1869 bis zum Ende der habsburgischen k.u.k. Donaumonarchie im Jahre 1918 die Bewaffnete Macht (Wehrmacht) Österreich-Ungarns.

25.160 **Sozialist:** Anhänger einer politischen Lehre, welche seit dem Beginn der Industrialisierung ab dem Ende des 18. und dem Beginn des 19. Jahrhunderts die kapitalistische Profitwirtschaft und die Ausbeutung menschlicher Arbeitskraft abschaffen wollte, indem sie die bestehenden gesellschaftlichen Verhältnisse mit ihren katastrophalen Begleiterscheinungen von Armut, Hunger, Unrecht, Abhängigkeit, Unterdrückung und Entfremdung durch ein neues, nach den Prinzipien der Gleichheit, Gerechtigkeit und Solidarität funktionierendes Gesellschaftssystem ersetzte. Nach der marxistischen Theorie stellte der Sozialismus die Übergangsform vom Kapitalismus zum kommunistischen Ideal der klassenlosen Gesellschaft und der Diktatur des Proletariats dar.

In der Praxis entstanden in Mitteleuropa in der Folge der bürgerlichen Revolutionen von 1789 (Französische Revolution), 1830 (Julirevolution) und 1848 (Märzrevolution) sowie aus dem wachsenden massenhaften Widerstand der Arbeiterbewegung gegen das kapitalistische Wirtschaftssystem unterschiedliche politische Gruppierungen des Anarchismus, des Kommunismus und der Sozialdemokratie. In Anbindung an die Reformideen Ferdinand Lassalles (1825–1864) und seines Allgemeinen Deutschen Arbeitervereins (gegründet 1863) formierte sich in Österreich die Sozialdemokratische Arbeiterpartei, deren Programm wesentlich durch das KOMMUNISTISCHE MANIFEST von Karl Marx (1818–1883) beeinflusst war. Die Forderungen der SDAP richteten sich nach ihrer Gründung im Jahre 1888/89 auf die Durchsetzung des Allgemeinen Wahlrechts für Männer und auf die Bildung von Institutionen zur Verbesserung der sozialen Lage der Arbeiterklasse. Der radikale Flügel der seit 1897 erstmals mit 14 Abgeordneten im

Reichstag vertretenen Partei verlangte die Abschaffung des Beamtentums und die Auflösung der Armee.

wenn die Chinesen über sie kommen: Anspielung auf die Es- 26.164
kalation der militärischen Auseinandersetzungen zwischen der chinesischen Volksbewegung der Boxer und den Vereinigten acht Staaten (Deutsches Reich, Frankreich, Großbritannien, Italien, Japan, Österreich-Ungarn, Russland und die USA) im Jahre 1900. Die im Frühjahr beginnenden Angriffe auf chinesische Christen und auf sich in China aufhaltende Ausländer richteten sich gegen die wirtschaftlichen und rechtlichen Privilegien der Kolonialmächte in China und gegen die Einmischung christlicher Missionare und ausländischer Beamter in innerchinesische Angelegenheiten, waren aber auch bedingt durch eine allgemeine Krisenstimmung, die seit 1890 durch Naturkatastrophen und Hungersnöte in Nordchina ausgelöst worden war. Als sich sogar die Kaiserinwitwe Cixi und schließlich auch reguläre kaiserliche Truppen mit den Milizen verbündeten, reagierten die Alliierten mit der Entsendung eines aus über 2000 Soldaten bestehenden internationalen Expeditionskorps, dem es jedoch nicht gelang, die europäischen, nordamerikanischen und japanischen Gesandtschaften in Peking vor den gewaltsamen Übergriffen der Boxer zu schützen. Erst ein zweites internationales Expeditionskorps mit ca. 20.000 Mann vermochte den Krieg zu beenden. Die Siegermächte erzwangen von den Chinesen mit der Unterzeichnung des so genannten Boxerprotokolls am 7. September 1901 unter anderem Strafaktionen gegen die Aufständischen, Reparationszahlungen an die Verbündeten sowie den Verzicht auf Waffenimporte und -exporte.

Während Gustl die „chinesische Gefahr“ durch die „Hunnen“, als die der deutsche Kaiser Wilhelm II. die Chinesen in seiner berüchtigten Agitationsrede („Hunnenrede“) bei der Verabschiedung der deutschen Truppen bezeichnet hatte, als Rechtfertigung für die aggressive Militärpolitik der Donaumonarchie betrachtet, hatten sozialistische, liberale und kirchliche Kreise die Intervention und die damit verbundenen brutalen Gewaltakte der Kolonialmächte gegenüber den Aufständischen als Verstoß gegen die humanitären Grundsätze der westlichen Zivilisation verurteilt.

26.188 **Kadettenschulen:** Teil der „Militär-Erziehungs- und Bildungs-Anstalten" in Österreich-Ungarn, an denen Schülern aus Realschulen oder Gymnasien ab dem 14. Lebensjahr in drei bis vier Jahren weitere allgemeinbildende sowie militärische Kenntnisse vermittelt wurden. Nach dem Abschluss dieser Phase der beruflichen Weiterbildung traten die jungen Männer als Kadett-Offizier-Stellvertreter in die Offizierslaufbahn ein. Kadettenschulen eröffneten damit auch Kindern aus (klein) bürgerlichen Familien die Möglichkeit zu einer Karriere in der Armee.

Der aus einer nicht-adligen Familie stammende Gustl verkörpert den Typ des Aufsteigers, der nach Eintritt in eine Kadettenschule durch die folgende militärische Laufbahn seinen sozialen Status hebt.

27.213 **die Front abgeritten:** (Ober-) Kommandierender eines Heeres (teils) zu Pferd vor den versammelten Soldaten

28.253–54 **O, die Nase! – Jüdin:** Die Behauptung einer auffälligen Krümmung der Nase bei Juden wurde erstmals von Johann Friedrich Blumenbach (1752–1840) in dem 1790 in Göttingen erschienenen Hauptwerk DECAS QUARTA COLLECTIONIS SUAE CRANIORUM DIVERSARUM GENTIUM ILLUSTRATA aufgestellt. Obwohl das Stereotyp einer für die jüdische Rasse typischen Hakennase unter anderem durch den amerikanischen Anthropologen Maurice Fishberg im Jahre 1913 auf der Grundlage statistischer Studien widerlegt worden war, diente die karikaturhaft übersteigerte Darstellung der gekrümmten Nase im rassistisch-propagandistischen Bildrepertoire der Nationalsozialisten als physiognomisches Merkmal zur Identifizierung und Denunzierung von Juden.

31.356–57 **ein Sechserl:** Silbermünze im Wert von ursprünglich sechs, später zehn Kreuzern. Bekannt auch als 20-Heller-Stück. Die seit 1892 in Österreich bis zum Jahre 1922 bestehende Kronenwährung unterteilte 1 Krone in 100 Heller.

33.411–12 **Café Hochleitner:** vermutlich das von dem Ehepaar Hochleitner 1861 in der Wiener Innenstadt gegründete Kaffeehaus Café Schwarzenberg

34.441–42 **Ehrenrat:** Kommission, in der militärische Vertreter über das Ansehen des Offiziersstandes wachen.

Als die Erzählung LEUTNANT GUSTL am 25. Dezember 1900

in der Weihnachtsbeilage der NEUEN FREIEN PRESSE veröffentlicht wurde, entzog der Ehrenrat für Landwehroffiziere und Kadetten in Wien Arthur Schnitzler selbst in einem ehrengerichtlichen Urteil den Offiziersrang als Oberarzt der Reserve mit der Begründung, dass er durch den Inhalt der Novelle „die Ehre und das Ansehen der österreichisch-ungarischen Armee geschädigt und herabgesetzt“ habe.

Duell: mit tödlichen Waffen (Degen, Pistole) zwischen zwei 34.442
Gegnern (Duellanten) ausgetragener Kampf mit dem Ziel, für eine vermeintliche oder tatsächliche Beleidigung Genugtuung (Satisfaktion) zu erhalten bzw. zu geben. Bei der Auseinandersetzung war es gleichgültig, ob der Herausforderer (Provokant) oder der Geforderte (Provokat) siegte: Allein die Bereitschaft der Kontrahenten, zur Wiedererlangung ihrer Ehre Gesundheit und Leben aufs Spiel zu setzen, sowie die Durchführung des Zweikampfes selbst reichten aus, um die persönliche Mannesehre und das gesellschaftliche Ansehen der Gegner wiederherzustellen.

Das Recht zum Zweikampf setzte die Satisfaktionsfähigkeit der Duellanten voraus: Während zunächst ausschließlich Angehörige des oberen Standes mit dem Recht zum Waffentragen (Adlige, Offiziere und Studenten) an einem Duell teilnehmen konnten, galten seit dem 19. Jahrhundert auch Angehörige des gehobenen Bürgertums als satisfaktionsfähig. Gustl entschließt sich zum Selbstmord, weil der niedrige soziale Status des Bäckermeisters es nicht erlaubt, dass Gustl seine „verlorene Ehre“ durch ein Duell mit diesem wiederherstellt.

Das Ritual des Zweikampfes erfolgte nach festen Konventionen: Ein sog. Kartellträger überbrachte demjenigen, der die Ehrverletzung begangen hatte, die Forderung. Je zwei Sekundanten erhielten den Auftrag (das Mandat), Ort und Zeitpunkt des Duells zu vereinbaren, die Einhaltung der Regeln zu überwachen und den Ausgang des Duells zu bezeugen.

Die Verteidigung der persönlichen Ehre und der Standesehre im Rahmen eines potenziell tödlichen Zweikampfes war für das vorwiegend aus Adligen bestehende Offizierskorps im Dienst des Deutschen Reichs und Österreich-Ungarns eine Pflicht, deren Nichterfüllung die unehrenhafte Entlassung aus der Armee zur Folge haben konnte. Das deutsche Reichsstrafgesetzbuch von 1871 verbot das Duellieren unter Androhung einer Festungshaft von bis zu fünf Jahren, doch unterblieb in der Praxis häufig die gerichtliche Verfolgung der Straftat oder sie beschränkte sich auf milde Strafen, die zudem im Zuge einer Begnadigung ausgesetzt wurden. Liberale, sozialistische und kirchliche Kräfte innerhalb der Gesellschaft hingegen verurteilten die gewaltsame Verteidigung eines ohnehin unzeitgemäßen ständischen Ehrenkodex' als moralisch verwerflich und als Vergehen gegen Recht und Ordnung.

37.530 **Punktum und Streusand drauf!:** bildhafter Ausdruck für den endgültigen Abschluss einer Angelegenheit
Vor der Erfindung von saugfähigem Löschpapier um die Mitte des 19. Jahrhunderts wurde die noch schreibnasse Tinte nach der Niederschrift von Texten, also nach dem Setzen des Schlusspunktes, mit feinkörnigem Sand (Löschsand, Schreibsand, Streusand) getrocknet.

37.547 **Aspernbrücke:** Brücke über den Donaukanal („Kleine Donau") in Wien zur Verbindung der Innenstadt mit dem 2. Gemeindebezirk (Leopoldstadt).

37.548–49 **Kagran:** Ehemals selbstständige Gemeinde, die seit 1904 ein nördlicher Stadtteil Wiens im 22. Gemeindebezirk Donaustadt ist.

37.554 **Ronacher:** Von Anton Ronacher (1841–1892) errichtetes Vergnügungszentrum („Etablissement") mit Theater, Ballsaal, Hotel, Restaurant und Kaffeehaus im Wiener Zentrum.

37.558 **Einjährigen:** Einjährig-Freiwilliger: Wehrpflichtiger mit höherem Schulabschluss, der einen freiwilligen Militärdienst mit dem Ziel der Offizierslaufbahn ableistet.

37.559 **Stellvertreter:** Gustl kritisiert, dass Schulabgänger mit dem höheren Schulabschluss der Matura (Abitur) bereits nach einem einjährigen Wehrdienst den Offiziersgrad erlangen, während die Absolventen der Kadettenschulen mehrere Jahre als „Cader-Stellvertreter" dienen müssen, bevor sie zum Offizier befördert werden.

38.578 **Bataillon:** Truppenverband aus mehreren Kompanien oder Batterien mit insgesamt 300–1200 Soldaten.

38.579 **Garnison:** Gesamtheit der an einem gemeinsamen Standort stationierten Truppen.

Salven: gleichzeitiges Schießen von mehreren Feuerwaffen, meist Geschützen 38.579

Armee-Steeple-Chase: (engl.: „Kirchturmrennen“) Hindernisrennen zu Pferd durchs Gelände mit einem Kirchturm als optischem Ziel 38.582

Przemysl: galizische Garnisons- und Festungsstadt, heute auf südpolnischem Gebiet 38.591

Rittmeister: Soldat im Führungsrang eines Hauptmanns (vgl. Wort- und Sacherklärungen, S. 163 „Leutnant“). Die historische Dienstgradbezeichnung für Offiziere der Kavallerie (Reiterarmee) wurde in Deutschland 1945 und in Österreich, wo sie noch weiterhin für Polizei und Gendarmerie galt, im Jahre 1978 abgeschafft. 46.851

Lohengrin: Romantische Oper in drei Akten des deutschen Komponisten und Dirigenten Richard Wagner (1813–1883). Das im Jahre 1850 in Weimar uraufgeführte Musikdrama handelt von der literarischen Figur des Gralsritters Lohengrin aus dem letzten Kapitel im mittelhochdeutschen höfischen Versroman PARZIVAL des mittelalterlichen Dichters Wolfram von Eschenbach (1160/80 – ca. 1220). Als Sohn des Gralskönigs Parzival begibt sich der Held in einem von einem Schwan gezogenen Nachen (Boot) nach Antwerpen, um Elsa, die Tochter des verstorbenen Herzogs von Brabant, gegen den Vorwurf des Mordes an ihrem Bruder Gottfried zu verteidigen. Der Schwanenritter rettet und heiratet Elsa unter der Bedingung, dass sie ihn nie nach seinem Namen und seiner Herkunft fragt. Nachdem sie sich zunächst den intriganten Versuchungen des unterlegenen Mordanklägers zur Preisgabe der Identität des geheimnisvollen Fremden widersetzt hat, stellt Elsa schließlich doch ihrem Mann die verbotene Frage. Daraufhin gibt sich Lohengrin als Gralsritter zu erkennen, lehnt aber nun die Führung des Heereszuges von König Heinrich gegen die Hunnen mit dem Hinweis ab, dass er nur unerkannt die Kraft zum Kampf gegen die Feinde besitze. Lohengrin verabschiedet sich und wird vom Schwan fortgeführt. 48.892

Wagners Oper thematisiert den Konflikt zwischen Germanentum und Christentum, zwischen dem menschlichen Bedürfnis nach irdischer und der übergeordneten Notwendigkeit göttlicher Bindung. Lohengrin personifiziert die Menschwerdung des liebenden Gottes und die folgende Erlösung des Menschen.

48.904 **Fischamend:** Kleine niederösterreichische Gemeinde am Zusammenfluss von Fischa und Donau in der südöstlichen Umgebung von Wien. Zur Zeit der Erzählhandlung existierte dort ein Truppenübungsplatz.

51.989 **Nordbahnhof:** Nach seiner Neueröffnung im Jahre 1865 war der k.u.k. Nordbahnhof im 2. Wiener Gemeindebezirk (Leopoldstadt) der größte und wichtigste Bahnhof der Habsburgermonarchie und bis 1918 einer der bedeutendsten Verkehrsknotenpunkte Europas. Nach seiner Zerstörung in der Endphase des Zweiten Weltkriegs im Jahre 1945 wurde der kunsthistorisch wertvolle Bahnhofsbau 1965 gesprengt. An seiner Stelle entstand der neue Bahnhof Wien Praterstern.

Nordbahnhof Wien (im Hintergrund)

51.997 **nach Bahnzeit oder nach Wiener Zeit:** Die Wiener Ortszeit unterschied sich um die Jahrhundertwende von den Ortszeiten entfernterer Gebiete Österreich-Ungarns. Die Bahn hingegen verkehrte nach einer für alle Verbindungspunkte einheitlichen Zeit.

51.1006 **dem wird der Knopf aufgeh'n:** (ugs.) dem wird ein Licht aufgehen, der wird endlich begreifen

56.1175 **Der Burghof:** Innenhof der Hofburg im Wiener Stadtzentrum. Die Hofburg im 1. Bezirk war Herrschersitz der Kaiser und

Könige des Heiligen Römischen Reiches und von 1806 bis 1918 Residenz des Kaisers von Österreich. Heute ist sie Amtssitz des österreichischen Bundespräsidenten.
Die Bosniaken: Bezeichnung für eine muslimische Volksgruppe 56.1176
in Bosnien-Herzegowina, Serbien und Montenegro. Die osmanischen Provinzen Bosnien und Herzegowina standen seit 1878 unter österreichisch-ungarischer Verwaltung und wurden 1908 annektiert. Nach dem Ersten Weltkrieg wurde das Land Bestandteil des Königreichs der Serben, Kroaten und Slowenen. Die Ermordung des österreichischen Thronfolgers Franz Ferdinand und seiner Frau Sophie durch serbische Nationalisten am 28. Juni 1914 in der bosnischen Hauptstadt Sarajewo bildete den Anlass zur Kriegserklärung Österreich-Ungarns an Serbien und damit zum Ausbruch des Ersten Weltkrieges (1914–1918).
Wie wir im 78er Jahr unten waren, hätt' keiner geglaubt, daß 56.1177-79
uns die einmal so parieren werden!: Im Jahre 1875 setzte mit einem Aufstand der christlichen Bevölkerung in der Herzegowina, in Bosnien und Thrakien gegen die osmanischen Herrscher die sog. Balkankrise ein, in deren Verlauf Russland als Schutzmacht der orthodoxen Christen in Südosteuropa den Türken 1877 den Krieg erklärte und weite Teile des Balkangebietes besetzte. Mit dem Ende des Krieges vereinbarten die europäischen Großmächte auf dem Berliner Kongress 1878 eine neue Friedensordnung für Südosteuropa. Dabei wurde Österreich-Ungarn das Recht zugestanden, Bosnien-Herzegowina zu besetzen.
Gustl erinnert mit seinem Gedanken an die militärische Unterwerfung („parieren“ bedeutet umgangssprachlich „ohne Widerstand gehorchen“) des neuen Herrschaftsgebietes der Habsburger.
Kaution: finanzielle Sicherheitsleistung, hier: Geldbetrag, den 58.1231
ein heiratswilliger Offizier aufbringen musste, um der Braut und ihrer Familie gegenüber eine standesgemäße Lebensführung zu garantieren.

Wort- und Sacherklärungen

Traumnovelle

63.2–7 **„Vierundzwanzig braune Sklaven ruderten (... und sein Blick –)":** Anspielung auf die „Geschichte der Prinzen Amgiad und Assad" aus den indisch-persisch-arabischen Erzählungen Tausendundeine Nacht, deren älteste erhaltene Handschrift aus dem 15. Jahrhundert stammt. Die Rahmenhandlung berichtet davon, wie der König Schahrayâr seine Ehefrau wegen Ehebruchs töten lässt und seinem obersten Regierungsbeamten (Wesir) den Befehl erteilt, dass ihm jede Nacht eine Jungfrau zugeführt wird, die er am folgenden Morgen jeweils umbringen lässt.

In der Absicht, den täglichen Hinrichtungen ein Ende zu setzen, beginnt Scheherazade, die Tochter des Wesirs, dem Herrscher allabendlich Geschichten zu erzählen, deren Handlung sie in einer nahezu endlosen Folge so spannend gestaltet, dass der König in der 1001. Nacht von seiner mörderischen Rache für die Untreue der Ehefrau ablässt.

Die Geschichten der 217. bis 249. Nacht handeln von dem in der Traumnovelle namentlich erwähnten Prinzen Amgiad und seinem Halbbruder Assad (vgl. Materialien).

63.2 **Galeere:** mittelalterliches zweimastiges Ruderschiff des Mittelmeerraumes, meist von Sklaven oder Sträflingen gerudert

64.32 **Dominos:** (lat. *dominus* „Herr"; ital. *domino* „Geistlicher") ursprünglich Kapuzencape der italienischen Geistlichen. Seit dem 16. Jahrhundert langer, schwarzseidener Maskenmantel mit Kapuze und weiten Ärmeln. Als Domino wird auch der Masken- bzw. Kostümträger selbst bezeichnet.

64.35 **Spital:** schweizer., österr., bayer. u. allg. mundartl. Bezeichnung für Krankenhaus (Hospital)

64.36 **Loge:** (frz.) abgeteilter kleiner Zuschauerraum mit mehreren Sitzplätzen in Theater und Oper

64.40 **Parterre:** (frz.) Erdgeschoss, hier: die zu ebener Erde befindlichen Zuschauerplätze im Theater

72.317 **Centi:** zu lateinisch *centum* „hundert": Vorsatz vor physikalischen Einheiten, bezeichnet den hundertsten Teil der betreffenden Einheit. Fridolin verwendet die Abkürzung „Centi“ vermutlich für Zentigramm (1 cg = 0,01 g).

Morphin: zu den Opiaten zählender Wirkstoff zur Behandlung 72.317
von starken und stärksten Schmerzen. Die ursprüngliche Bezeichnung „Morphium“ der um die Mitte des 19. Jahrhunderts entwickelten Medizin verweist auf Morpheus, den antiken griechischen Gott der Träume und des Schlafes.

Allgemeine[s] Krankenhaus: Universitätsklinikum der Stadt 73.328–29
Wien, im 19. Jahrhundert Zentrum der medizinischen Lehre und Forschung in Wien, von 1885 bis 1888 Arbeitsplatz Arthur Schnitzlers während seiner Tätigkeit als Assistenzarzt (vgl. Zeittafel zu Leben und Werk Arthur Schnitzlers, S. 9 f.)

Hysterie: Sigmund Freud (1856–1939), der österreichische 78.497
Arzt und Begründer der Psychoanalyse, veröffentlichte im Jahre 1885 zusammen mit dem Wiener Arzt Josef Breuer (1842–1925) die STUDIEN ÜBER HYSTERIE. Darin werden abnorme seelische Verhaltensweisen sowie Symptome wie Gefühlsstörungen, Lähmungen, Krampfanfälle, Bewusstseinstrübungen u. a., für die sich keine organischen Ursachen finden lassen, tiefenpsychologisch als Ausdruck einer neurotischen, auf sexuelle Störungen zurückgehenden Erkrankung gedeutet. Schon in der Antike galt die Hysterie (griech. *hystera*, lat. *uterus* „Gebärmutter“) als eine Krankheit, die ausschließlich bei Frauen auftritt.

Im Rahmen der Hysteriestudien entwickelte Freud die Grundlagen der Psychoanalyse als Wissenschaft, Methodik und Therapie. Der medizinische Begriff der Hysterie gilt jedoch heute als veraltet; an seine Stelle sind Fachbegriffe wie diejenigen der histrionischen Persönlichkeitsstörung oder des psychoreaktiven Syndroms getreten. Ungeachtet dieser Tatsache dienen die alten Bezeichnungen „Hysterie“ und „hysterisch“ weiterhin in der Umgangssprache zur pauschal abwertenden Charakterisierung von Frauen.

Gasflammen in den Laternen: Mit der Entdeckung der Gewin- 80.565–66
nung von brennbarem Gas aus Steinkohle verbreitete sich zu Beginn des 19. Jahrhunderts die Technik der Straßenbeleuchtung mittels Gaslaternen.

Tausende von solchen armen Teufeln gibt's in Wien allein: In 80–81.
der Zeit der Wende vom 19. zum 20. Jahrhundert führte das 584–85

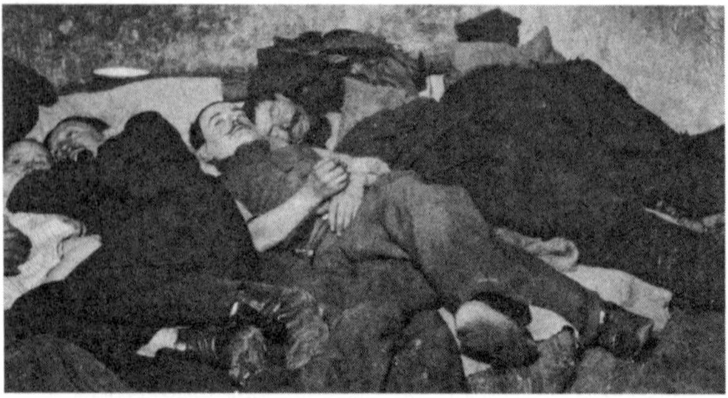

explosionsartige Bevölkerungswachstum in europäischen Metropolen wie Paris, London, Wien und Berlin zu Formen des Massenelends mit Arbeitslosigkeit, Wohnungsnot, Armut und Krankheit.
Zwischen 1910 und 1918 war Wien mit ca. zwei Millionen Einwohnern die fünftgrößte Stadt der Welt. Bereits um 1900 gab es dort schätzungsweise 300.000 Personen ohne eigene Wohnung.
In einer bildunterstützten Sozialreportage und einer spektakulären Diaschau, die ein zahlreiches Publikum anzog, beschrieben und zeigten der Journalist Emil Kläger und der Amateurfotograf Herrmann Drawe im Jahre 1904 die WIENER QUARTIERE DES ELENDS UND DES VERBRECHENS.

81.611 **Couleurstudenten:** (frz. *couleur* „Farbe“) Studenten, die durch bestimmte Farbkombinationen ihrer Kleidung ihre Zugehörigkeit zu einer Verbindung bzw. Burschenschaft demonstrieren. Studentenverbindungen (Korporationen, Landsmannschaften) sind Organisationen von meist männlichen Studenten und berufstätigen Akademikern, die gemeinsam festgelegte Grundsätze, Umgangs- und auch Sprachformen pflegen. Es lassen sich konfessionelle (vor allem katholische) und schlagende, national-freiheitliche Verbindungen unterscheiden.

Säbelmensuren: Traditioneller Fechtkampf mit scharfen Waffen 81.616
zwischen Studenten als Ritual zur Aufnahme in eine Verbindung. Das lateinische Wort *mensura* („Abmessung“) bezeichnet den festgelegten Abstand zwischen den Kämpfern.

Kontrahage: (gesprochen Kontrahsche): Substantiv zu dem 83.651
Verb „kontrahieren“: veralteter studentischer Fachausdruck zur Bezeichnung einer Herausforderung und Verabredung zu einem Zweikampf. Im Gegensatz zur Bestimmungsmensur, einem zwischen Angehörigen unterschiedlicher studentischer Verbindungen ausgetragenen Übungsduell mit Säbel oder Degen, folgt die Kontrahage einer persönlich gestellten Forderung zur Erfüllung einer Rechtsverbindlichkeit.

[D]iphtheritis: Bakterielle Infektionskrankheit besonders bei 83.663
Kindern mit entzündlichen Belägen auf den Schleimhäuten insbesondere des Nasen-Rachen-Raumes. Zwei bis sechs Tage nach der Ansteckung treten mit Schluck-, Bauch- und Gliederschmerzen (Mandel- und Rachendiphterie) oder mit Atmungsbeschwerden (Nasendiphterie) die ersten Symptome

auf. Das von den Erregern abgesonderte Gift kann zu lebensbedrohlichen Komplikationen (hohes Fieber, Kreislaufkollaps, Lungenentzündung, Tod durch Ersticken) und Spätfolgen (Herzmuskelschäden, Nierenschäden, Nervenlähmungen) führen. Nach der Isolierung des Serums durch E. von Behring im Jahre 1890 besteht seit 1907 die Möglichkeit einer vorbeugenden Impfung. Im Falle einer akuten Erkrankung kann man die Diphtherie antibiotisch mit Penicillin behandeln und heilen.

84.703–04 **Könnte gleichfalls mit Tod enden, dachte er, nur nicht *so* rasch!:** Durch Geschlechtsverkehr übertragene chronische Infektionskrankheiten wie die Syphilis (Lues, harter Schanker, Franzosenkrankheit) ließen sich bis zur Entdeckung des biologischen Wirkstoffs (Antibiotikum) Penicillin im Jahre 1928 nicht wirksam behandeln und verliefen zumeist qualvoll und tödlich in Schüben. Die Symptome der Syphilis entwickeln sich ohne medizinische Behandlung über mehrere Jahre hinweg in mehreren Phasen bis hin zum Spät- bzw. Endstadium, in dem die Zerstörung des zentralen Nervensystems mit Hirnerweichung, Demenz und Lähmung zum Tod führt.

98.1145–46 **Königinnen der Nacht:** Weibliche Figur einer bösen Zauberin aus der Oper Die Zauberflöte (Uraufführung 1791) von Wolfgang Amadeus Mozart (1756–1791).

107.1445 **Kavalier:** ital. *cavaliere;* frz. *chevalier* zu lat. *caballus* „Pferd“ das um 1600 aus dem Französischen entlehnte Wort bezeichnete zunächst speziell Angehörige eines Ritterordens, sodann generell einen Mann adliger Herkunft. Seit der Barockzeit des 17. Jahrhunderts ist der Kavalier ein Mann, der dem gesellschaftlichen Verhaltensideal taktvollen Auftretens, ausgesuchter Höflichkeit und besonderer Hilfsbereitschaft vor allem gegenüber Frauen entspricht.

122.1953 **Ein Schwert zwischen uns:** Anspielung auf ein Handlungs- und Bildmotiv aus der musikalischen Gestaltung der Nibelungensage in dem vierteiligen Opernzyklus Der Ring des Nibelungen von Richard Wagner (1813–1883). Im letzten Teil der erstmals 1876 in Bayreuth aufgeführten Tetralogie Das Rheingold – Die Walküre – Siegfried – Götterdämmerung verabschiedet sich der Protagonist Siegfried auf der Suche nach neuen Herausforderungen von seiner Frau Brünnhilde und zieht zu Gunther, dem Fürsten der Gibichungen. Durch die Wirkung eines ihm gereichten Zaubertranks vergisst er seine Frau und verliebt sich in Gunthers Schwester Gutrune. Um diese als Braut zu erringen, ist er bereit, Brünnhilde in der Gestalt Gunthers im Kampf zu bezwingen und sie mit Gunther zu vermählen. Aus Treue zu Gunther legt er sein Schwert zwischen sich und Brünnhilde, die ja eigentlich seine eigene Frau, nun aber dem Anführer der Gibichungen am Rhein versprochen ist.

Das Schwert symbolisiert damit den Treuebruch und die Störung einer sexuellen Beziehung zugleich.

in diesen heiligen Hallen: ironische Anspielung auf ein Zitat aus der Oper DIE ZAUBERFLÖTE (Uraufführung 1791) von Wolfgang Amadeus Mozart (1756–1791). Im 2. Aufzug des 3 Akte umfassenden Singspiels reagiert der Fürst Sarastro auf die Bitte Paminas um Vergebung für die Schuld ihrer Mutter, der Königin der Nacht, die durch eine mörderische Intrige versucht hatte, von Sarastro die verlorene Macht über den Sonnenkreis wiederzugewinnen. Der Text der Arie lautet: 154.2986–87

„In diesen heil'gen Hallen
kennt man die Rache nicht
Und ist ein Mensch gefallen
führt Liebe ihn zur Pflicht.
Dann wandelt er an Freundes Hand
vergnügt und froh ins bess're Land

In diesen heil'gen Mauern
wo Mensch den Menschen liebt
kann kein Verräter lauern
weil man dem Feind vergibt.
Wen solche Lehren nicht erfreu'n
verdienet nicht ein Mensch zu sein

In diesem heil'gen Kreise
wo man nach Wahrheit ringt
und nach der Väter Weise
das Band der Eintracht schlingt
da reifet unter Gottes Blick
der Wahrheit und der Menschheit Glück."

Materialien

Arthur Schnitzler

Material 1

Marcel Reich-Ranicki: Arthur Schnitzler. Auch das Grausame kann diskret sein. In: Marcel Reich-Ranicki: Sieben Wegbereiter. Schriftsteller des zwanzigsten Jahrhunderts (Arthur Schnitzler – Thomas Mann – Alfred Döblin – Robert Musil – Franz Kafka – Kurt Tucholsky – Bertolt Brecht). Stuttgart u.a.: Deutsche Verlags-Anstalt (DVA). 2002, S. 15–18.

Als im Frühjahr 1926 der preußische Kultusminister die Gründung einer „Sektion für Dichtkunst" an der Akademie der Künste zu Berlin angeordnet hatte, wandte sich die Redaktion der „Literarischen Welt" an rund 20.000 ihrer regelmäßigen Leser mit der Frage, wer nach deren Ansicht dieser Sektion angehören sollte. Auch wenn wir nicht wissen, wie viele Leser die Umfrage tatsächlich beantwortet haben, zeigen ihre Ergebnisse sehr deutlich, welche Schriftsteller damals populär waren und von dem an der Literatur interessierten Publikum geschätzt wurden.

Über hundert Stimmen erhielten siebenundzwanzig Autoren, darunter auch mehrere Österreicher. An der Spitze der Liste stand mit weitem Vorsprung Thomas Mann, für den 1421 Leser votierten. Es folgten Franz Werfel (682 Stimmen) und Gerhart Hauptmann (594), ferner Rudolf Borchardt, Stefan George, Alfred Döblin, Rainer Maria Rilke und Hermann Hesse. Die nächsten auf der Liste, Albrecht Schaeffer und Fritz von Unruh, beide heute fast vergessen, hatten immerhin mehr Befürworter als Heinrich Mann, Ricarda Huch, Jakob Wassermann und Leonhard Frank. Und Georg Kaiser, der sich auf dem fünfzehnten Platz fand, schnitt besser ab als Stefan Zweig, Ernst Toller, Arno Holz, Hugo von Hofmannsthal (!) und Klabund. Auch Brecht war unter den siebenundzwanzig vorgeschlagenen Schriftstellern, freilich erst auf dem vierundzwanzigsten Platz. Den Namen Arthur Schnitzler sucht man auf dieser Liste vergeblich.

Für die neue Generation waren die Motive Schnitzlers belanglos geworden, und seine Gestalten muteten so fremd an wie seine Stoffe verstaubt. Die Welt, aus der er schuf, habe der Krieg zerstampft, so daß „seine ganze Kultur für lange oder für immer vernichtet scheint", urteilte 1922 Stefan Zweig. Damit sagte er damals nichts Neues, denn schon während des Krieges hatten viele Rezensenten Schnitzler immer wieder als Dichter nicht mehr vorhandener Milieus und niemanden angehender Fragen bezeichnet, wenn nicht beschimpft.
Auch das Spätwerk Schnitzlers, zu dem einige beachtliche Erzählungen gehören, blieb ohne Einfluß auf die literarische Welt: Kurt Tucholsky scheint von ihm nur die Novelle „Leutnant Gustl" aus dem Jahre 1900 gelesen zu haben, für Walter Benjamin, Georg Lukács und Theodor W. Adorno hat er offenbar überhaupt nicht existiert, in Brechts Schriften, Briefen und Tagebüchern wird sein Name kein einziges Mal erwähnt. Schnitzler, noch kurz zuvor von Thomas Mann als eine oder gar *die* repräsentative Figur der Gegenwartsliteratur gepriesen, wurde nun hartnäckig ignoriert. Als er 1931 starb, würdigte man ihn in meist knappen und kühlen Nachrufen nur als Autor einer abgeschlossenen Epoche, einer „versunkenen Welt", den man nicht zu Unrecht vergessen habe.
Inzwischen hat sich das Blatt gewendet. [...]
Schnitzler [...] wurde unverkennbar rehabilitiert und aufgewertet: Er gehört heute zu den wenigen deutschsprachigen Schriftstellern der Jahrhundertwende, für die sich die Wissenschaftler in wachsendem Maße interessieren und die zugleich einen festen Platz im Bewußtsein des Publikums haben. Das Theater und das Fernsehen haben hierzu ebenso beigetragen wie Veröffentlichungen, die seinem Werk neue Züge hinzufügen und uns lehren, seine Person anders und genauer als bisher wahrzunehmen.

Material 2

Gotthart Wunberg: Fin de siècle in Wien. Zum bewußtseinsgeschichtlichen Horizont von Schnitzlers Zeitgenossenschaft. In: edition text + kritik: Arthur Schnitzler. H. 138/139, München 1998, S. 5 f.

[...]

Soviel jedenfalls kann man sagen: Was man *Fin de siècle* nennt, definiert zweifellos nicht nur den Kontext von Schnitzlers Anfängen, sondern nachhaltig auch seinen Weg weit über 1900 hinaus. Wirklich verständlich wird das Werk Arthur Schnitzlers erst aus den bewußtseinsgeschichtlichen Voraussetzungen, die mit den damaligen Tatbeständen zusammenhängen, den Aufkündigungen nämlich, den Impulsen und theoretischen Anstößen der Zeit, und schließlich dem, was aus alledem resultiert.

1 Tatbestände

Stärker als vorangehende Jahrhunderte ist das 19. auf allen Gebieten von Technik und Wissenschaft durch Innovationen gekennzeichnet; an der Wende zum 20. akkumulieren sie in nie dagewesener Weise. Erstaunlich übrigens, daß heute, hundert Jahre später, die wichtigsten Entdeckungen, Theoreme, Hypothesen und Strategien noch immer gültig sind: Relativitätstheorie und Psychoanalyse, die Erfindung von Film, Otto- und Dieselmotor, Grammophon oder Flugzeug, von Röntgenstrahlen (1895), Braunscher Röhre (1898), die Entwicklung des Diphterie-Serums (1892) und des Tuberkulin (1890) oder etwas so Banales wie die Erfindung des Druckknopfs (1885 von H. Bauer). Das meiste daran war überdies und ist bis heute von unmittelbarem Einfluß auf die Gesamtgesellschaft; konnte, heißt das, von nahezu jedem selbst unmittelbar und als schlagender Beweis für Vielfalt, Fortschritt und nicht zuletzt Rationalität der modernen Welt, für die vermeintlichen oder tatsächlichen Segnungen der Zivilisation also, erlebt werden. – Ebenso Verwirrung und Entsetzen angesichts der Rückschläge: Dreyfus-Affäre in Frankreich (1894); Börsenkrach in Wien (1876); Selbstmord des österreichischen Kronprinzen Rudolf (1889); Ermordung der Kaiserin Elisabeth in Genf (1898); Bismarcks

Entlassung (1890); Boxeraufstand (1900) und russische Revolution (1905); Untergang der Titanic (1912) und so weiter. Daneben blühen privates und gesellschaftliches Leben in Salons und Soireen, bei Umzügen und Maskenbällen, Jours und Landpartien. Der Armen gedenkt man auf Wohltätigkeitsbällen. Nationales und internationales Leben wird seit der Jahrhundertmitte zum erstenmal vor einer breiten Öffentlichkeit inszeniert: in historischen Umzügen (am berühmtesten der von Hans Makart inszenierte zur Silberhochzeit Franz Josephs I. in Wien am 27. April 1879) und Weltausstellungen. Diese *expositions universelles* verzeichnen große Besuchererfolge; wenn auch die meisten zugleich erhebliche bis desaströse Verluste bilanzieren; was darauf schließen läßt, daß der Wirtschaftlichkeitsgedanke sich gegen das Vergnügungsbedürfnis der Zeit nicht durchzusetzen vermochte. [...]

Zu reden ist also über das *Fin de siècle* als Bedingung der Moderne, zu der Arthur Schnitzler gehört, und über die Möglichkeiten, die einer solchen Moderne aus der Radikalisierung ihrer Voraussetzungen erwachsen – freilich nicht nur im Hinblick auf Erfindungen.

Fin de siècle. Diese Epoche hat viele Gesichter. Unsinnig wäre also schon der Versuch, sie auf einen, gar *den* Begriff bringen zu wollen. Einzelne Züge sind hervorzuheben, das ist alles. Zudem stellt die Epoche sich im Bewußtsein der Zeit zuweilen anders dar als von heute her. Im Bewußtsein der Zeitgenossen war das *Fin de siècle* die *facies hippocratica* der Epoche: das seltsam und den Umstehenden unbegreiflich sich verändernde Gesicht ihres sterbenden Zeitalters. Aber mit der Vorstellung vom Ende des Jahrhunderts verband sich merkwürdigerweise explizit diejenige von der Notwendigkeit seiner Fortführung und Erneuerung. Die Physiognomie des *Fin de siècle* ist daher paradoxerweise zugleich die der Moderne. Deren erste Formulierungen in ihrer noch heute verbindlichen Fassung – hier sind sie zu finden. Sich mit dieser Zeit zu beschäftigen, ist also unerläßlich, will man die eigene Epoche begreifen.

Das *Fin de siècle* ist so geradezu die Prämisse der Moderne. Es bündelt die Voraussetzungen, die ihm aus dem 19. Jahrhundert überkommen sind, in Problemkomplexe. Die Formulierungen, mit denen es jenen entgegentritt, legen den Grund für das, was kommt.

Man tut also gut daran, sich diese Voraussetzungen noch einmal ins Bewußtsein zu rufen, bevor man von dem spricht, wozu sie führen; von den Theoremen, die sich mit Namen wie Mach, Freud, Nietzsche oder Hofmannsthal und Mauthner verbinden.

Material 3

Wien 1890–1918. In: Ingo Leiß, Hermann Stadler: Deutsche Literaturgeschichte Bd. 8: Wege in die Moderne 1890–1918. München: Deutscher Taschenbuch-Verlag, 3. Aufl., 2004, S. 40–41.

Wenn man auch von Deutschland, vor allem aber von Preußen aus, häufig etwas verächtlich auf die österreichisch-ungarische Kaiserstadt Wien blickte, ihre leichtlebige Genußsucht und selbstgenügsame Zufriedenheit bespöttelte, erlebte diese Metropole gerade in den Jahrzehnten vor dem Untergang der Donaumonarchie noch einmal eine Phase höchster kultureller Blüte.

Seit 1857 war die Stadt schrittweise umgestaltet und modernisiert worden: mit dem Schleifen der Befestigungsanlagen konnte die großzügige „Ringstraße“ angelegt werden, die bald schon flankiert wurde von palastartigen Bauwerken. Mit imperialer Geste entworfen, sollten sie den Rang der europäischen Großmacht anschaulich machen.

Allerdings empfanden schon Zeitgenossen den Widerspruch zwischen Anspruch und Wirklichkeit sehr intensiv: Der hinter den glänzenden Fassaden sich vollziehende Machtverfall des Kaiserreichs, die im Gefolge der nationalen Auseinandersetzungen auftretenden Lärm- und Radauszenen im Reichsrat, die sich in Straßenkämpfen fortsetzten, weckten Skepsis im Hinblick auf die Überlebensfähigkeit der Monarchie.

Ungeachtet aller in der Hauptstadt der k. u. k. Monarchie wie unter einem Brennglas aufflammenden politischen und gesellschaftlichen Krisen, die im Zeitalter der Nationalismen in einem Vielvölkerstaat nicht ausbleiben konnten, war Wien jedoch auch Schauplatz und Bühne von Höchstleistungen einer urbanen, weltstädtischen Kultur. Ernst Mach und Sigmund

Freud begründeten hier auf je eigene Weise ihre vieldiskutierten Vorstellungen über das Individuum und das Ich, Maler wie Gustav Klimt, Egon Schiele und Oskar Kokoschka erregten hier mit ihren Bildern Aufsehen, die Architekten Otto Wagner, der dem Jugendstil verpflichtet war, und Adolf Loos, Vertreter einer funktionellen Sachlichkeit, setzten neue städtebauliche Akzente jenseits des „Ringstraßenstils".

Ein Zentrum der Musik war Wien schon lange. Die populären Formen Walzer und Operette feierten weiterhin Triumphe: 1885 wurde ‚Der Zigeunerbaron' von Johann Strauß, 1905 ‚Die lustige Witwe' von Franz Léhar uraufgeführt, 1915 – also bereits während des Krieges – ‚Die Csárdásfürstin' von Emmerich Kálmán. In Wien wirkte aber mit Gustav Mahler (von 1897 bis 1907 Hofoperndirektor) auch ein Vertreter progressiver Musikformen, provozierten die Werke der Zweiten Wiener Schule, angeführt von Arnold Schönberg, Anton von Webern und Alban Berg, die Hörgewohnheiten eines kunstsinnigen, aber konservativen Publikums.

1888 war der Neubau des Burgtheaters fertiggestellt worden, damals wie heute eine der bedeutendsten Bühnen des deutschsprachigen Raums. 1895 fand dort die Uraufführung von Arthur Schnitzlers Drama ‚Liebelei' statt, ein Signal, daß moderne Literatur sich trotz des mächtigen Einflusses von Hof, Kirche und Militär auf diesem Theater Geltung zu verschaffen verstand.

Wenig Widerhall hatte die Literatur des Naturalismus gefunden, deren kämpferische Haltung und sprachliche wie inhaltliche Härten in Wien kaum geschätzt wurden. Noch bevor Gerhart Hauptmanns Drama ‚Die Weber' 1893 in Berlin uraufgeführt worden war, hatte der wendige Literaturtheoretiker Hermann Bahr (1863–1934) 1891 in der Wiener Literaturszene die „Überwindung des Naturalismus" gefordert. Dieser „Organisator der österreichischen Literatur", wie man ihn genannt hat, lieferte der Gruppe von Autoren, die sich unter dem Namen „Jung-Wien" zusammengefunden hatten, entscheidende Stichworte, wie etwa „nervöse Romantik", „Mystik der Nerven", „Décadence".

Als Ort ihres geselligen Austausches von Meinungen, als Informations- und Nachrichtenbörse hatten sie das „Café Griensteidl" erkoren, eines der zahlreichen Wiener Kaffeehäuser, die eine „Institution besonderer Art" waren, „eine Art demokratischer, jedem für eine billige Schale Kaffee zugänglicher Klub, wo jeder Gast für diesen kleinen Obulus stundenlang sitzen, diskutieren, schreiben, Karten spielen, seine Post empfangen und vor allem eine unbegrenzte Zahl von Zeitungen und Zeitschriften konsumieren konnte" (Stefan Zweig). Im „Griensteidl" trafen sich neben Bahr Arthur Schnitzler und Hugo von Hofmannsthal, Richard Beer-Hofmann und Peter Altenberg, Felix Salten und anfangs sogar Karl Kraus, der allerdings in einer seiner ersten polemisch-satirischen Schriften (‚Die demolierte Literatur', 1897) den Kaffeehausdekadenzmodernen offen den Krieg erklärte und sich von der Gruppe „Jung-Wien" lossagte. Nachdem das „Griensteidl" der Spitzhacke zum Opfer gefallen war, wurde das „Café Central" neues Kommunikationszentrum.

Eine größere Zahl neuer Zeitschriften sollten der modernen Literatur als Forum dienen (‚Moderne Rundschau', ‚Neue Revue', ‚Die Zeit', ‚Wiener Rundschau', ‚Liebelei'); sie konnten sich zum größeren Teil aber nur kurzfristig halten. Eine Ausnahme bildete in jeder Hinsicht ‚Die Fackel', die Karl Kraus seit 1899 (bis 1936) herausgab.

Material 4

Peter Gay: Das Zeitalter des Doktor Arthur Schnitzler. Innenansichten des 19. Jahrhunderts, Frankfurt am Main: S. Fischer Verlag 2002 (aus dem Amerikanischen von Ulrich Enderwitz, Monika Noll und Rolf Schubert), S. 326–328.

Jene unerwarteten, Staunen erregenden Neuerungen, die das bürgerliche Leben im neunzehnten Jahrhundert kennzeichneten – eingeschlossen die vermehrten Möglichkeiten der Gestaltung der Privatsphäre –, standen in engem Zusammenhang mit der von vielen geteilten Faszination durch das Ich. Dieses Interesse geht bekanntlich auf Sokrates, den großen Störenfried in Athen zurück, der sich in den Bemühungen, zu erkennen, aus welchem Stoff die Welt gemacht ist, dadurch von seinen Vorgängern unterschied, dass er sich menschlichen Dingen zuwendete. Auch andere Autoren, die, von Augustinus bis

Montaigne, Pascal und Rousseau, schonungslose Reiseberichte aus der Innenwelt des Menschen hinterlassen haben, machen deutlich, dass die Auseinandersetzung der viktorianischen Bürger mit ihrem Ich eine lange und ehrwürdige Tradition hatte. Zudem hatten auch die Verfasser politischer Theorien, angefangen bei Platon, über Jahrhunderte hin ihren Denksystemen ihre Auffassung von der Natur des Menschen zugrunde gelegt. So hatte etwa Thomas Hobbes in seinem Hauptwerk *Leviathan* von 1651 die Selbstbeobachtung zum Schlüssel aller Herrschaftsausübung erklärt: „Wer sich zum Lenker einer ganzen Nation bestimmt, muss in sich selbst nicht diesen oder jenen besonderen Menschen, sondern die Menschheit als solche kennenlernen.“ Im neunzehnten Jahrhundert schließlich entwickelte sich die Selbstanalyse in der Weise, dass sie, mit einem Quäntchen Unterweisung, für jedermann zugänglich wurde. Friedrich Nietzsche hat dies in *Jenseits von Gut und Böse,* veröffentlicht 1886, einer seiner grundlegenden und am leichtesten lesbaren Schriften, unmissverständlich deutlich gemacht: Es sei an der Zeit, so schrieb er, „daß die Psychologie wieder als Herrin der Wissenschaften anerkannt werde, zu deren Dienste und Vorbereitung die übrigen Wissenschaften da sind. Denn Psychologie ist nunmehr wieder der Weg zu den Grundproblemen.“

Als unheimlich scharfsinniger Erforscher des menschlichen Tiers, einschließlich seiner selbst, stand Nietzsche quer zu einer nahezu unaufhaltsam zwanghaften Entwicklung zur Spezialisierung: In seinem Denken sind Philosophie und Psychologie untrennbar. Einen bemerkenswerten Mitstreiter hatte Nietzsche in William James, der auf beiden Feldern gleichermaßen Eindrucksvolles vollbrachte. Hier ist nicht der Platz für eine Erörterung der Geschichte der Psychologie im neunzehnten Jahrhundert, doch sei angemerkt, dass lange vor dem Ende der Herrschaft Viktorias die emotionslose Untersuchung der Emotionen auf spannende Weise Tatsache wurde. 1824–25 brachte der Pädagoge und Philosoph Johann Friedrich Herbart, der zuvor bereits ein „Textbuch“ zur Psychologie veröffentlicht hatte, eine ungeheuer einflussreiche, zweibändige Abhandlung mit dem Titel *Psychologie als Wissenschaft, neu gegründet auf Erfahrung, Metaphysik und Mathematik* heraus. Durch seine

Betonung der Erfahrung und seiner im philosophischen Sinne realistischen Metaphysik vermochte Herbart die Psychologie als eigenständige Disziplin zu begründen. In den siebziger Jahren des Jahrhunderts hatte sie sich auch an den Universitäten etabliert, vor allem mit Wilhelm Wundts psychologischem Labor an der Leipziger Universität.

Die viktorianischen Bürger legten großen Eifer an den Tag, um der komplizierten Frage nach dem Ich auf den Grund zu kommen, und betrieben dies mit ihrer viel gerühmten (und auch viel beklagten) Ernsthaftigkeit. Dies ist auch ein Grund für die Popularität des Tagebuchs. Zahllose Tagebuchschreiber hatten die mehr oder weniger deutliche Erwartung, dass ihre Welt sich gleich einem Zauberspiegel ihnen enträtseln werde. William Gladstone etwa führte sein Tagebuch nicht nur, um die gewaltige Menge an Lesestoff zu vermerken, die er jeden Tag bewältigte, sondern auch, um, wie er es nannte, den „Täuschungen der Eigenliebe" auf die Schliche zu kommen, eines höchst unliebsamen Charakterzuges seines christlichen Ichs. Und der geschwätzige, selbstgefällige und durch Drogenkonsum zerrüttete Samuel Taylor Coleridge war in seinen letzten Lebensjahrzehnten nur noch mit der Untersuchung des „einzigen absoluten *Ich*" befasst. Stendhal war zwar weniger pathetisch, aber nicht minder eifrig. „Was ich das Ich – *Qu'est-ce que le moi?*", so lautete seine wiederholte Frage, und er räumte ein, dass er darüber nichts wisse. Weniger dezidierte Bürger schlugen ganz andere Wege ein, wie etwa das Gebet, den Roman, das Gedicht, die philosophische Abhandlung, das psychologische Labor und vor allem die Selbsterforschung, um in den Besitz der Selbsterkenntnis zu gelangen, nach der sie sich sehnten. Das Tagebuch war einfach die demokratischste Methode, wenn man psychologische Einsichten bekommen wollte.

Viele Tagebuchschreiber versagten es sich, ihre Introspektion als Suche zu beschreiben. Und es überrascht nicht, dass dies auch auf Schnitzler zutrifft. Ihm genügte es, mit seinen Stücken und Geschichten auf den Grund seiner Seele zu blicken, freilich auch mit seinem Tagebuch, in dem er sich selbst mitleidlos sezierte. Mit diesen überquellenden Notizen verfolge er, so sagte er einmal, ein ganz simples Ziel: „Selbsterkenntnis". Das war im Jahre 1895. Fünf Jahre später – zwei Jahrzehnte

hatte er da schon seinem Geiste den Puls gefühlt – schrieb er: „Ich (habe) beschlossen, keine meiner Gemeinheiten und Dummheiten vor mir selbst zu verschweigen.“ Er dachte, er würde womöglich nicht aufrichtig genug sein, war aber sicher, dass er die tiefgründigsten Dinge verstehe. Das war ein subtiler und nicht uninteressanter Unterschied. Er erkannte seine Fehler besser als sonst jemand, aber seine Selbsterkenntnis führte zu keiner inneren Besserung. Um Freuds klassische Formulierung zu verwenden: Er wusste und wusste zugleich nicht.
Gewiss brachte die Mehrheit auch der gebildeten viktorianischen Bürger – wie es üblicherweise so ist – nicht das Maß an Selbstbefragung auf, das wir bei Schnitzler finden, und sie lebten einigermaßen gut damit. Wir haben schon darauf hingewiesen, dass das viktorianische Zeitalter, weil es unaufhörlich mit Veränderungen drängte, für das Bürgertum ein Zeitalter der Ängste war. Das war ein plausibler Grund, warum viele Bürger das unerforschte Leben so außergewöhnlich lebenswert fanden. Hätte man sie gefragt, wie genau sie ihre religiösen Einstellungen, politischen Überzeugungen und ihre moralischen Haltungen unter die Lupe nehmen, wer von ihnen sein Innenleben irgend problematisch fände, dann hätten sie mit Gewissheit geantwortet, dass sie diese Arbeit liebend gern ihren Dichtern und Priestern, ihren Leitartiklern und Hausärzten überließen. Für eine wachsende Zahl von Bürgern in Schnitzlers Jahrhundert muss es allerdings beruhigend gewirkt haben, dass auf die Landkarten, die ihnen die Wege zur Selbsterkenntnis ebenso wie zu Reichtum, Schönheit und ehelichem Glück wiesen, immer mehr Verlass zu sein schien.

Material 5

Hermann Bahr: Das unrettbare Ich. In: Gotthart Wunberg (Hg.): Die Wiener Moderne. Literatur, Kunst und Musik zwischen 1890 und 1910, Stuttgart: Philipp Reclam jun., bibliographisch ergänzte Ausgabe 2000, S. 147–148.

Hier [in Machs *Analyse der Empfindungen*] habe ich ausgesprochen gefunden, was mich die ganzen drei Jahre her quält: „Das Ich ist unrettbar.“ Es ist nur ein Name. Es ist nur eine Illusion. Es ist ein Behelf, den wir praktisch brauchen, um unsere Vorstellungen zu ordnen. Es gibt nichts als Verbindungen von Farben, Tönen, Wärmen, Drücken, Räumen, Zeiten, und an diese Verknüpfungen sind Stimmungen, Gefühle und Willen gebunden. Alles ist in ewiger Veränderung. Wenn wir von Kontinuität oder Beständigkeit sprechen, so ist es nur, weil manche Änderung langsamer geschieht. Die Welt wird unablässig und indem sie wird, vernichtet sie sich unablässig. Es gibt aber nichts als dieses Werden. Es gibt kein Ding, das zurückbleiben würde, wenn man die Farben, Töne, Wärmen von ihm abzieht. Das Ding ist nichts außer dem Zusammenhange der Farben, Töne, Wärmen. Nur um uns vorläufig zu orientieren, sprechen wir von „Körpern" und sprechen vom „Ich", von Erscheinung und von Empfindung, die sich doch niemals trennen lassen, sondern sogleich zusammenrinnen. „Die große Kluft zwischen physikalischer und psychologischer Forschung besteht nur für die gewohnte stereotype Betrachtungsweise. Eine Farbe ist ein physikalisches Objekt, sobald wir zum Beispiel auf ihre Abhängigkeit von der beleuchtenden Lichtquelle (anderen Farben, Räumen) achten. Achten wir aber auf ihre Abhängigkeit von der Netzhaut, so ist sie ein psychologisches Objekt, eine Empfindung. Nicht der Stoff, sondern die Untersuchungsrichtung ist in beiden Gebieten verschieden ... Somit setzen sich die Wahrnehmungen sowie die Vorstellungen, der Wille, die Gefühle, kurz die ganze innere und äußere Welt aus einer geringen Zahl von gleichartigen Elementen in bald flüchtigerer, bald festerer Verbindung zusammen." Die ganze innere und äußere Welt, mein Ich und das andere ist nur eine wogende zähe Masse, die hier dicker wird, dort fast zu zerrinnen scheint. Das Ich ist nur ein Name für die Elemente, die sich in ihm verknüpfen.* [...]

Das Ich ist unrettbar. Die Vernunft hat die alten Götter umgestürzt und unsere Erde entthront. Nun droht sie, auch uns zu vernichten. Da werden wir erkennen, daß das Element unseres Lebens nicht die Wahrheit ist, sondern die Illusion. Für mich gilt, nicht was wahr ist, sondern was ich brauche, und so geht die Sonne dennoch auf, die Erde ist wirklich und Ich bin Ich.

Material 6

Hermann Bahr: Die Moderne. In: Gotthart Wunberg (Hg.): Die Wiener Moderne. Literatur, Kunst und Musik zwischen 1890 und 1910, Stuttgart: Philipp Reclam jun., bibliographisch ergänzte Ausgabe 2000, S. 189–191.

Der österreichische Schriftsteller, Dramatiker sowie Theater- und Literaturkritiker Hermann Anastas Bahr (1863–1934) führte den avantgardistischen Dichterkreis Jung-Wien, zu dem neben Hugo von Hofmannsthal, Felix Salten und Peter Altenberg auch Arthur Schnitzler gehörte. In der als „Wiener Moderne" bezeichneten Zeit zwischen 1890 bis 1900 bildete die Gruppe eine zentrale Gegenströmung zur Ästhetik des Naturalismus und propagierte – unter dem Einfluss der Wissenschaftstheorie des Physikers und Philosophen Ernst Mach (1838–1916) – neue Ausdrucksformen, die sich in Impressionismus, Symbolismus, Jugendstil, Décadence und schließlich auch im Expressionismus künstlerisch entfalteten. In einem Aufsatz-Band mit dem programmatischen Titel „Die Überwindung des Naturalismus" (1893) forderte Bahr mit der Wendung „Vom Außen zum Innen" eine Abkehr vom Kunstideal der exakten Abbildung der Wirklichkeit und eine Hinwendung zur Darstellung des Individuums mit seinen psychischen Empfindlichkeiten und Befindlichkeiten.

Es geht eine wilde Pein durch diese Zeit und der Schmerz ist nicht mehr erträglich. Der Schrei nach dem Heiland ist gemein und Gekreuzigte sind überall. Ist es das große Sterben, das über die Welt gekommen?

Es kann sein, daß wir am Ende sind, am Tode der erschöpften Menschheit, und das sind nur die letzten Krämpfe. Es kann sein, daß wir am Anfange sind, an der Geburt einer neuen Menschheit, und das sind nur die Lawinen des Frühlings. Wir steigen ins Göttliche oder wir stürzen, stürzen in Nacht und Vernichtung – aber Bleiben ist keines.

Daß aus dem Leide das Heil kommen wird und die Gnade aus der Verzweiflung, daß es tagen wird nach dieser entsetzlichen Finsternis und daß die Kunst einkehren wird bei den Menschen – an diese Auferstehung, glorreich und selig, das ist der Glaube der Moderne. […]

Die Moderne ist nur in unserem Wunsche und sie ist draußen überall, außer uns. Sie ist nicht in unserem Geiste. Sondern das ist die Qual und die Krankheit des Jahrhunderts, die fieberische und schnaubende, daß das Leben dem Geiste entronnen ist. Das Leben hat sich gewandelt, bis in den letzten Grund, und wandelt sich immer noch aufs neue, alle Tage, rastlos und unstät. Aber der Geist blieb alt und starr und regte sich nicht und bewegte sich nicht und nun leidet er hilflos, weil er einsam ist und verlassen vom Leben. [...]
Die Vergangenheit war groß, oft lieblich. Wir wollen ihr feierliche Grabreden halten. Aber wenn der König bestattet ist, dann lebe der andere König!
Wir wollen die Fenster weit öffnen, daß die Sonne zu uns komme, die blühende Sonne des jungen Mai. Wir wollen alle Sinne und Nerven auftun, gierig, und lauschen und lauschen. Und mit Jubel und Ehrfurcht wollen wir das Licht grüßen, das zur Herrschaft einzieht in die ausgeräumten Hallen.
Es ist nicht wahr, daß es große Taten braucht und einen gewaltigen Messias. Es braucht nur eine schlichte und einfältige Liebe zur Wahrheit. Nur der hochmütige Stolz werde gejätet, der mit Verstand den Sinnen widerstehen will.
Draußen, in dem Gewordenen von heute ist die Erlösung. Innen, in dem Überlieferten von gestern, ist der Fluch. Wir wollen wallfahrten aus der engen, dumpfen Klause nach den hellen, weiten Höhen, wo die Vögel singen, Pilgrime der Sinne.
Ja, nur den Sinnen wollen wir uns vertrauen, was sie verkündigen und befehlen. Sie sind die Boten von draußen, wo in der Wahrheit das Glück ist. Ihnen wollen wir dienen. [...]
Wir haben nichts als das Außen zum Innen zu machen, daß wir nicht länger Fremdlinge sind, sondern Eigentum erwerben, [...] der Segen, der uns erfüllen wird, kommt von außen, ein Geschenk des Lebens. Wir brauchen uns nur zu öffnen. Wenn wir ihm nur unseren Schoß in liebender Hingebung gewähren, dann keimt die Frucht. [...]
Aber dreifach ist die Wahrheit, dreifach das Leben, und dreifach darum ist der Beruf der neuen Kunst. Eine Wahrheit ist der Körper, eine Wahrheit in den Gefühlen, eine Wahrheit in den Gedanken. Die Körper wollen wir schauen, die einzelnen und die ganzen, in denen die Menschheit lebt, wollen

forschen, welchen Gesetzen sie gehorchen, welche Schicksale sie erfahren, von welchen Geburten, nach welchen Toden sie wandern, wollen es aufzeichnen, wie es ist. Die Gefühle wollen wir suchen, in unserer Brust und in den fremden, welche nur irgendwo seufzen, träumen oder schnauben, wollen sie in Retorten setzen, in Dampf gehitzt und wieder erkältet, mit anderen gebunden und vermischt, in ihre Gase zerkocht, wollen es anmerken, wie sie sind. Und wenn dann die Zeichen und Marken in den Gehirnen wandeln, sich begegnen und umarmen, zu Reihe gesellen und in Reihen verschlingen, wenn die in die Seelen getretene Wahrheit sich ins Seelische verwandelt, die seelischen Sprachen annimmt und deutliche Symbole schafft, wenn endlich alles Außen ganz Innen geworden und dieser neue Mensch ein vollkommenes Gleichnis der neuen Natur ist, wieder ein Ebenbild der Gottheit nach so langer Entstellung, diesen neuen Geist wollen wir dann aussagen, was er für Meinungen und Befehle hat. […]

Wir haben kein anderes Gesetz als die Wahrheit, wie jeder sie empfindet. Der dienen wir. […]

Dieses wird die neue Kunst sein, welches wir so schaffen. Und es wird die neue Religion sein. Denn Kunst, Wissenschaft und Religion sind dasselbe. Es ist immer nur die Zeit, jedesmal in einen anderen Teig geknetet.

Vielleicht betrügen wir uns. Vielleicht ist es nur Wahn, daß die Zeit sich erneuert hat. Vielleicht ist es nur der letzte Krampf, das überall stöhnende, der letzte Krampf vor Erstarrung in das Nichts.

Aber wenigstens wäre es ein frommer Betrug, weil er das Sterben leicht macht.

Material 7

Arthur Schnitzler: Aphorismen und Betrachtungen: Beziehungen und Einsamkeiten. In: Arthur Schnitzler: Gesammelte Werke, Robert O. Weiss (Hg.), Frankfurt am Main: S. Fischer Verlag 1967, S. 53–57.

Der Wunsch, der Drang oder gar die Leidenschaft, eine seelische Beziehung zu erleben, zu erfahren, zu erleiden, ist regelmäßig primär vorhanden, noch ehe das würdige oder ersehnte Objekt sich dafür gefunden hat. Und in den seltensten Fällen

bringt eine menschliche Seele die Geduld auf, das richtige Objekt zu erwarten.
Ob im Einzelfalle das ideale Objekt überhaupt vorhanden ist, ob also z.B., um vorerst von der populärsten Gefühlsbeziehung, der Liebe, zu reden, zwei Menschen füreinander bestimmt sind, in dem Sinne, daß der eine oder der andere oder beide niemals geliebt hätten, wenn nicht zufällig eine Begegnung zwischen ihnen erfolgt wäre, das ist höchst zweifelhaft.
Der Mensch *will* lieben, *will* hassen, ebenso wie er Schadenfreude, Entrüstung, Neid, Bewunderung empfinden *will*, und so wird er das Objekt im allgemeinen in der Richtung des geringsten Widerstandes, wenn auch wahrscheinlich nie das ideale Objekt, zu finden wissen. Darum genügt oft ein ganz unbeträchtlicher Anlaß, um eine Verliebtheit hervorzubringen und die Verliebtheit in Leidenschaft ausarten zu lassen, und ebenso stellt sich häufig genug aus den nichtigsten Gründen eine Antipathie ein, die sich unter gewissen Umständen rasch zu Haß steigert oder steigern läßt. [...]
Das Wesen eines Menschen läßt sich durch drei schlagkräftige Anekdoten aus seinem Leben vielleicht mit gleicher Bestimmtheit berechnen, wie der Flächeninhalt eines Dreiecks aus dem Verhältnis dreier fixer Punkte zueinander, deren Verbindungslinien das Dreieck bilden.
Die Seele mancher Menschen scheint aus einzelnen gewissermaßen flottierenden Elementen zu bestehen, die sich niemals um ein Zentrum zu gruppieren, also auch keine Einheit zu bilden imstande sind. So lebt der kernlose Mensch in einer ungeheuren und ihm doch niemals völlig zu Bewußtsein kommenden Einsamkeit dahin. Die große Mehrzahl ist in diesem Sinne kernlos. [...]
Schlimmer betrogen, wer aus Angst vor Enttäuschung immer wieder sein Glück versäumte, als wer jede Möglichkeit eines Glücks ergriff, selbst auf die Gefahr hin, es könnte wieder nicht das wahre gewesen sein.
In den Beziehungen zwischen Menschen gibt es so wenig einen Stillstand wie im Leben des einzelnen. Es gibt Beginn, Entwicklung, Höhepunkt, Abstieg und Ende, und gerade so wie beim Individuum selbst Erkrankungen der verschiedensten Art: Unpäßlichkeiten: angeborene Krankheiten, Erschöpfungs-

zustände, Alterserscheinungen; – und auch an Hypochondrien fehlt es keineswegs. Manche Beziehungen gehen schon an Kinderkrankheiten zugrunde, auch solche, die durch Sorgfalt, gute Pflege, kurz, durch eine vernünftige Hygiene erhalten werden können; andere schwinden in der Blüte ihrer Jahre durch interkurrente Krankheiten dahin, andere wieder sterben früher oder später an konstitutionellen Leiden, die selten rechtzeitig diagnostiziert wurden; einige altern rasch, andere langsam, manche sind scheintot und können durch Geduld, durch Anwendung der richtigen Mittel, durch guten Willen wieder zum Leben erweckt werden. Aber auch darin gleichen die menschlichen Beziehungen den Menschen selbst, daß nur wenige sich in das Unvermeidliche zu fügen, Leiden und Alter mit Würde zu tragen und in Schönheit zu sterben zu wissen.

Innerhalb der Ökonomie menschlicher Beziehungen ist eine Verbindung von Unverläßlichkeit und Herzenswärme einer solchen von Herzenskälte und Verläßlichkeit immer noch vorzuziehen. Denn während es gegen Unverläßlichkeit einen Schutz gibt: Menschenkenntnis, macht Herzenskälte jedes menschliche Verhältnis so rettungslos erstarren, daß es zur Unfruchtbarkeit verurteilt bleibt.

Wenn du den „Jardin secret“, den heimlichen Garten deiner Seele allzu zärtlich hegst, so geschieht es leicht, daß er gar zu üppig zu blühen, über den ihm zugemessenen Raum hinauszuwuchern beginnt und allmählich auch Gebiete deiner Seele in Besitz nimmt, die gar nicht bestimmt waren, geheim zu bleiben. Und so kann es endlich geschehen, daß deine ganze Seele zu einem verschlossenen Garten wird und in all ihrem Blühen und Duften an ihrer Einsamkeit zugrunde geht.

Material 8

Militärische Vorurtheile. In: Königlich privilegierte Berlinische Zeitung von Staats- und gelehrten Sachen. Vossische Zeitung No. 490 (Abend-Ausgabe), 17.10.1896. Zit. nach: Hans-Ulrich Lindken: Arthur Schnitzler – Aspekte und Akzente. Materialien zu Leben und Werk, Frankfurt a. M. u.a.: Peter Lang 1984 (= Europäische Hochschulschriften Reihe 1: Deutsche Sprache und Literatur. Bd. 754).

‚Meine Ehre ist kaput; ich bin ein todter Mann; morgen kann ich meinen Abschied einreichen …' So ertönt der Ruf vor der That. ‚Ich habe ihn gestreckt! …so, jetzt ist meine Ehre gerettet!' So ertönt der Ruf nach der That. Der Mechaniker Siebmann wälzt sich, zu Tode getroffen, in seinem Blut, und der Lieutenant von Brüsewitz geht befriedigt von dannen. Den Offizieren der Garnison Karlsruhe ist vorerst der Besuch der Tannhäuser-Wirthschaft, in der sich jene Greuelszenen abgespielt haben, verboten worden, den Todten aber haben sie gestern zur letzten Ruhe gebettet, die Hinterbliebenen stehen verzweifelnd vor einem frischen Hügel, der ein Opfer militärischer Vorurtheile deckt.

Der Vorfall ist erschütternd. Ein friedlicher Bürger wird jählings erstochen. Wofür? Er hat das Unglück gehabt, an des Lieutenants Stuhl zu stoßen und hat nicht sofort demüthig Abbitte geleistet. Der Offizier will auf ihn eindringen, wird aber daran von dem Wirth gehindert. Der Zivilist besinnt sich eines Andern; er beauftragt den Wirth, dem Lieutenant zu sagen, daß er sich am nächsten Tage bei ihm entschuldigen werde, und will die Wirthschaft heimlich verlassen; Hut und Mantel sollen ihm auf den Hof nachgetragen werden. Aber der Lieutenant eilt auf die Straße, ruft zwei Feldwebel herbei, daß sie Wache stehen, geht dem Zivilisten auf den Hof nach, und obwohl der Wirth wie der Flüchtling dem Offizier zurufen, daß ihm jede Entschuldigung gewährt werden solle, rannte der Premierlieutenant von Brüsewitz dem Wehrlosen den Säbel durch die Leber, die Magenwand, das Zwerchfell, beide Nieren, die Lunge und die linke Brustwand.

‚Ich habe ihn gestreckt! … So, jetzt ist meine Ehre gerettet!' Hätte man es mit einem trunkenen, unzurechnungsfähigen Menschen zu thun, der Fall wäre immer noch traurig genug. Aber in allen Berichten auch der militärfrömmsten nationalliberalen Blätter ist keine Andeutung zu finden, daß der Offizier seiner Sinne nicht mächtig gewesen sei. Herr von Brüsewitz glaubte nur pflichtgemäß zu handeln. Er hielt sich für beleidigt, und er fürchtete, wenn er nicht seine Ehre mit Blut wiederherstellte, kassirt zu werden. Er wird als ein liebenswürdiger, beliebter Offizier geschildert. Um so schlimmer, daß ein militärisches Vorurtheil ihn zu einer That zwingen konnte, die ein Hohn auf Religion, Sitte und Ordnung, auf Vernunft und Menschlichkeit ist.

Es ist aber leider Thatsache, daß in Offizierskreisen das Vorurtheil weit verbreitet ist, wie eine Beleidigung durch eine satisfaktionsfähige Person nur durch einen Zweikampf gesühnt werde, so müsse ein Offizier dem nicht satisfaktionsfähigen Beleidiger auf der Stelle den Degen in den Leib stoßen. An Beispielen, die diese grausige Unsitte beweisen, fehlt es nicht. Auf dem Offiziersstand aber lasten diese Vorurtheile wie eine schwere Bürde. Mancher Offizier verabscheut sowohl den Zweikampf wie jede andere blutige Selbsthilfe. Aber er fürchtet, von seinen Kameraden verurtheilt und ausgestoßen zu werden, wenn er den Molochsdienst falscher Ehre verweigert, und er glaubt thun zu müssen, was er selbst nicht billigt, nicht entschuldigt. Nicht nur der Todte, sondern oft auch der Ueberlebende ist ein Opfer der militärischen Vorurtheile.

Wenn aber die wahre Ehre nur auf echter Sittlichkeit beruhen kann, was hat sie mit einer That gemein, die aus der Furcht entspringt, aus Furcht, für furchtsam zu gelten? ‚Meine Ehre ist kaput; ich bin ein todter Mann, morgen kann ich meinen Abschied einreichen!' Diese Worte zeigen genugsam, aus welchen Beweggründen diese That hervorgegangen ist, auf wen ein Theil der Blutschuld zurückfällt. Giebt es denn keine Mittel und Wege, diesen falschen, unsittlichen Ehrbegriff zu beseitigen? Ist nicht die rein äußerliche Ehre oft der Deckmantel innerer Ehrlosigkeit? Wer die militärischen Vorurtheile vertheidigt, hat offenbar keine Ahnung, wie sie auf die große Masse des Volkes wirken müssen. Ein Verbrechen wie das vom Tann-

häuser in Karlsruhe macht mehr Sozialdemokraten als alle Reden und Schriften der Bebel und Liebknecht und aller ihrer Genossen.
Mit besonderer Trauer aber muß den Norddeutschen erfüllen, daß man im Süden die Auswüchse des Militarismus auf preußische Einrichtungen zurückführt. Man erinnert dort an den Gefreiten Lück und den Gebrauch der Schußwaffen in den belebten Straßen der Großstädte; man spricht von der Entfremdung zwischen Militärs und Bürgern, und wir lesen in Münchener und Stuttgarter Blättern die Behauptung, daß preußische Beispiele süddeutsche Sitten verdorben haben. Auch an erneuten Betrachtungen über die Handhabung des Begnadigungsrechts fehlt es nicht.
Der Reichstag hat eine Erklärung gegen den Zweikampf angenommen; aber man hat nicht erfahren, wie ihr Folge gegeben ist. Der Wunsch ist nur zu berechtigt, daß von den zuständigen Stellen eingreifende Maßnahmen gegen die militärischen Vorurtheile ergriffen werden, damit Preußen wieder moralische Eroberungen mache und auch dem falschen Schein vorgebeugt werde, als werde die blutige Selbsthilfe beschönigt. Es ist hohe Zeit, einen Zustand zu beseitigen, bei dem, wer einen Andern erschossen oder erstochen hat, ausrufen kann: ‚So, jetzt ist meine Ehre gerettet!'

Material 9

Moritz Benedikt zu „Leutnant Gustl". In „Neue Freie Presse". Morgenblatt Nr. 13226. 21. Juni 1901. Zit. nach: Evelyne Polt-Heinzl: Arthur Schnitzler: Leutnant Gustl. Erläuterungen und Dokumente, Stuttgart: Philipp Reclam jun. 2009, S. 47–48.

[…] Gustl ist rau, oft derb geschildert, naturalistisch, mit starken Farben und Worten. Aber er wächst vor unseren Augen im Unglück; er verrät die Erziehung durch das gute Beispiel vornehmer Gesinnung bei den Eltern und durch die Eindrücke der großen Schule des Charakters, welche die österreichische Armee und das österreichische Offizierskorps stets waren und nie aufhören werden zu sein. Wirklich, es ist unsere volle Überzeugung, dass Schnitzler den Offiziersstand nicht verletzt hat und dass diese irrige Meinung schwer zu erklären ist und vielleicht erst entstehen kann, wenn einzelne Sätze oder Worte ohne jeden Zusammenhang mit dem Ganzen, ohne jede Fühlung mit dem starken Zuge der Novelle betrachtet oder gedeutet werden. Gesetzt den Fall, Leutnant Gustl wäre kein würdiger und nach militärischen Begriffen kein achtbarer Offizier gewesen. Sollte einem österreichischen Schriftsteller verboten sein, was einem Ausländer im „Rosenmontag" vor dem Publikum des Burgtheaters gestattet wird, ganz unbefangen die jeder gesellschaftlichen Klasse eigenen Fehler schildern zu dürfen, ohne den Vorwurf fürchten zu müssen, dass der ganze Stand verletzt worden sei? Zu welchen Folgerungen führt diese Beschränkung der künstlerischen Freiheit? Die ängstlichsten Hoftheater können nicht verhüten, dass die Gestalten böswilliger Minister und sogar schlechter Fürsten auf die Bühne kommen, und was sollte aus der dramatischen Literatur werden, wenn durch Verallgemeinerung der Schluss gezogen würde, der Fürstenstand sei verletzt worden. [...] Der Ehrenrat war zweifellos bemüht, einen militärischen Standpunkt einzunehmen, aber das Ergebnis ist doch eine literarische Zensur. Zu den Gründen des Urteils gehört die Ansicht des Ehrenrates, dass der Offiziersstand durch Inhalt und Fassung einer Novelle verletzt sei. Daraus entspringen höchst wichtige Konsequenzen in einem Lande der allgemeinen Wehrpflicht, wo ein großer Teil der Schriftsteller im Alter der stärksten schöpferischen Kraft die Charge von Offizieren hat. Die künstlerische Freiheit wird damit aufgehoben, denn die Grenzen für die Beschlüsse des Ehrenrates sind nicht leicht zu bestimmen, weil sie auf sämtliche Handlungen und die ganze Persönlichkeit des Offiziers sich erstrecken können. Gibt es da eine Bürgschaft, dass politische und soziale Meinungen, die vom Bestehenden abweichen oder sich gegen die geltenden Einrichtungen wenden, nicht ebenfalls vor diesen Richterstuhl gebracht und dem Begriffe der militärischen Ehre untergeordnet werden? Viele hundert Männer verlieren plötzlich die geistige Selbstständigkeit und literarische Unabhängigkeit, die ihnen das Strafgesetz und die dramatische Zensur noch gelassen haben. [...]

Material 10

Gustav Davis zu „Leutnant Gustl". In „Die Reichswehr". Morgenblatt. Nr. 2645. 22. Juni 1901. Zit. nach: Evelyne Polt-Heinzl: Arthur Schnitzler: Leutnant Gustl. Erläuterungen und Dokumente, Stuttgart: Philipp Reclam jun. 2009, S. 49–50.

Es gibt keinen Offizier, der die famose „Studie" Schnitzlers gelesen hat und der dabei nicht den subjektiven Eindruck einer Verhöhnung jener Ansichten und Satzungen empfangen hätte, die dem Offizier nun einmal sakrosant sind. Wo lebt denn ein so widerlicher Ignorant und Zyniker, ein so jämmerliches charakterloses Subjekt, wie es dieser Leutnant Gustl ist? Man nenne ihn, man zeige mit Fingern auf ihn, dann wird es bald zu Ende sein mit seiner Leutnantsherrlichkeit. Aber den Kerl nicht nennen, nicht zeigen können, und ihn doch öffentlich in der Uniform eines k. und k. Leutnants aufführen, das ist eine Insulte, das ist eine Herabwürdigung des Offiziersstandes. Das ist die Grundempfindung, das ist die spontane Meinungsäußerung jedes Offiziers, der den „Lieutenant Gustl" kennenzulernen das mäßige Vergnügen hatte. Und wie begleitet die Öffentlichkeit diese Meinung? An allen Orten hört man es zischeln oder kichern: Ja, ja, so sind die Herren Offiziere, ein Leutnant Gustl neben dem andern, man kennt das. […]

Wenn man ihm [dem Offizier] aber nun auch noch sagt, der Mann, der Dichter, der die Karikatur des „Lieutenant Gustl" entworfen hat zum innigen Vergnügen aller, die dem Offizierskorps, die der Armee nicht sonderlich wohlgesinnt sind, dieser Mann, dieser Dichter, sei selbst Offizier, trage auch das goldene Porte-épée, sei also einer, von dem die Öffentlichkeit behaupten kann, er müsse das wissen, er habe sicherlich porträtgetreu gezeichnet – dann hört für ihn denn doch der Spaß auf! Oder soll er auch das ruhig hinnehmen, soll er auch das ganz in der Ordnung finden, dass der Herr Landwehr-Oberarzt in der Evidenz Dr. Schnitzler bei passender Gelegenheit mit Federhut, Säbel und Porte-épée einherstolzieren und bei anderer passender Gelegenheit „Studien" schreiben dürfe, die, ob nun gewollt oder nicht, den Effekt einer Verunglimpfung des Offiziersstandes hervorrufen? […] Wer als Offizier prunken möchte, muss sich auch als Offizier fühlen und wer das nicht kann oder nicht will, dem nimmt man mit vollem Recht den Säbel ab. Nein, der Fall Schnitzler ist durchaus nicht geeignet, eine „große politische Frage“ aufzurollen, wie es die „Neue Freie Presse“ so gerne sähe. Der Fall Schnitzler ist nichts als das typische Beispiel einer Karambolage kleinlicher literarischer und persönlicher Eitelkeit. Der Schriftsteller Dr. Arthur Schnitzler gefiel sich außerordentlich mit Sturmhut und Schleppsäbel und der Oberarzt in der Evidenz der Landwehr Dr. Arthur Schnitzler gefiel sich nicht minder gut im Rüstzeug des liberalen Kämpen, der den Offiziersehrbegriff auf seine Stahlfeder spießt. Und das ist um eine Eitelkeit zu viel, um die Eitelkeit des Schleppsäbels und Sturmhutes. Die hat der Offiziers-Ehrenrat amputiert.

Material 11

Rainer Maria Rilke: Brief an Schnitzler (24. Juni 1901). In: Evelyne Polt-Heinzl: Arthur Schnitzler: Leutnant Gustl. Erläuterungen und Dokumente, Stuttgart: Philipp Reclam jun. 2009, S. 56–57.

„Sehr verehrter Doctor Schnitzler,
ich habe den ‚Lieutnant Gustl‘ schon aus der ‚N. F. Presse‘ gekannt; dennoch bin ich recht aufrichtig froh, diese eigenthümliche Novelle durch Ihre Güte nun auch als Buch zu besitzen. Die Form ist so überaus gut gewählt, oder eben vielmehr nicht gewählt, sondern an den Stoff gebunden, der von einer anderen Seite, d. h. von mehreren Außenpunkten her gesehen, an Gewalt und Einheitlichkeit nothwendig verloren hätte. Hätte der Verfasser selbst die Erzählung geführt, wäre er seinem Helden gegenüber oft in Verlegenheit gekommen, er hätte vorsichtig sich bewegen müssen, um nicht fortwährend über dessen schmale Persönlichkeit hinauszugreifen. Durch die gewählte Form aber ist die Enge und Begrenztheit des Helden im besten Sinn der Wirkung dienstbar gemacht, indem auf dem beschränkten Schauplatze sich *alles* vollziehen muß, das Äußere und das Innere, so daß alle Ereignisse wie Erscheinungen eines bestimmten Innenlebens sich dort zu begegnen scheinen. So kommt es, daß Lieutenant Gustl interessant und bis zu gewißem Grade als Schauplatz eines Schicksals erscheint, das viel größer als das seine sich anfühlt. Mit dem Willen und Bewußtsein des Dramatikers ist hier viel erreicht. Erscheinungen, die

kaum sichtbar geworden waren, sind für diese innere Schaubühne gewonnen; der Strom Leben ist gebogen und gezwungen worden, durch dieses enge Flußbett durchzufließen, wobei denn ein großes Rauschen geschieht ... Darin liegt der Wert des ‚Lieutenant Gustl'. Man kann natürlich eine Tendenz drinnen erkennen und eine Auflehnung und eine Überlegenheit*, wenn man nicht über die Fabel hinaus in die Tiefe sondiert. Daß eine gewisse offizielle Meinung nicht einmal bis zur ersten Tiefe kam, ist bedauerlich, aber keineswegs erstaunlich. Es kommt bei alledem im ‚Lieutenant Gustl' etwas zum Ausdruck, was man in Oesterreich schwer verträgt: eine Verurtheilung jeder Lebensspielerei und ein Bedürfnis nach Ernst, welches den bevorzugten Ständen jedesmal, wo es auch auftreten mag, als Gefahr erscheint und als Angriff. Wenn eine Gemeinschaft, die sich so eng faßt und so ängstlich schließt, schließlich merkt, daß man außerhalb ihres Kreises steht und das laut erklärt, ist das für sie auch ein Fortschritt, eine Zunahme an Einsicht, über welche jeder unbetheiligte Beobachter sich freuen kann. Es ist viel Wehleidigkeit in unserem Vaterlande, so daß, wenn einer sich nur einmal frei bewegt, alle Nachbaren, an die er rührt, sich geschlagen fühlen!
Nun es verlohnt nicht, mehr als das Allernächstliegende dabei zu sagen.
Nochmals meinen herzlichsten Dank! Ich schicke Ihnen in diesen Tagen zwei Sonderhefte mit Versen. Eines ist in Prag erschienen, eines in München; denn ich habe nichts anderes im Augenblick, um Ihre liebe Gabe zu erwidern als jene Flugblätter und natürlich dieses:

die herzlichste Zuneigung
Ihres sehr ergebenen
Rainer Maria Rilke"

---

* oder wenn man kein gutes Gewissen hat

Material 12

Rolf-Peter Janz: Zur Sozialgeschichte des Duells. In: Rolf-Peter Janz: Arthur Schnitzler. Zur Diagnose des Wiener Bürgertums im Fin de siècle, Stuttgart: Metzler 1977, S. 131–132.

Leutnant Gustl gelangt, nachdem er von einem Bäckermeister beleidigt worden ist, zu der Einsicht, „ganz wehrlos sind wir gegen die Zivilisten" (347). Mit diesem Satz scheint er die Wahrheit, die sich an seiner Geschichte ablesen läßt, aus Selbstmitleid in ihr Gegenteil zu verkehren. Denn am Ende stirbt ja nicht er an den Folgen des Zwischenfalls, sondern der Bäckermeister, den noch am selben Abend der Schlag trifft.

Doch nach den strengen Regeln seines Ehrenkodex ist Gustl dem Bäcker gegenüber in der Tat wehrlos. Er wäre es nicht geworden, wenn er ihn auf der Stelle mit der blanken Waffe bedroht und zu einem Widerruf gezwungen hätte. Aber gerade daran hatte der Bäckermeister ihn gehindert.

Verlegt ist ihm auch der Weg vors Gericht; denn mit einer Beleidigungsklage müßte er die Form und den Inhalt der Beleidigung, an deren Geheimhaltung ihm mehr gelegen sein muß als an einer Verurteilung des Bäckers, einer größeren Öffentlichkeit allererst bekannt machen.

Vermag Gustl demnach keinen der beiden Wege zu gehen, die ihm als Offizier gegenüber dem sozial niedriger rangierenden Handwerker zunächst offenstehen, kann er ihn also weder durch unmittelbare Drohung mit Waffengewalt zu einer Zurücknahme seiner Äußerung bewegen, noch ihn mit einer Beleidigungsklage überziehen, so ist ihm aufgrund des Statusunterschieds zwischen ihnen ein dritter Weg vollends abgeschnitten. Er darf den Bäckermeister nicht zum Duell fordern; denn der ist nach dem genauen Reglement seines Ehrenkodex nicht satisfaktionsfähig.

Diesem Kodex entsprechend wird als satisfaktionsfähig „derjenige angesehen, welchem ein Offizierskorps nach Prüfung und Erwägung seines Rufes in Beziehung auf Charakter, privates und geselliges Leben, Wahl des Umgangs, Sitten, Takt und Bildung die Würdigkeit zum (aktiven oder nichtaktiven) Offizier zuerkennen würde, falls es über diese Frage zu entscheiden hätte."

An dieser Bestimmung ist bemerkenswert, daß die gesellschaftliche Abgrenzung, die sie vornimmt, sich nicht primär an den herrschenden Gesellschaftsklassen, an Adel und Bürgertum, orientiert, sondern an der militärischen Führungsschicht. Ihr wird die Entscheidungskompetenz eingeräumt, festzulegen, wer satisfaktionsfähig ist. Und das geschieht in der Weise, daß ihr ein Urteil darüber zugestanden wird, wen sie gegebenenfalls in ihre Reihen aufnehmen würde. Da nun aber ein solches Urteil nach der um 1900 herrschenden Praxis einer virtuellen sozialen Diskriminierung gleichkommt, wird mit dieser Definition faktisch dem Offizierskorps die Macht zugesprochen, die Grenzen der „guten“ Gesellschaft festzustellen. Da ferner der Zweck dieser Feststellung eine Entscheidung über die Teilnahmeberechtigung (oder gar Teilnahmepflicht) am Duell ist, muß das Recht (und die Pflicht), sich zu duellieren, als entscheidendes Zugehörigkeitskriterium der führenden Gesellschaftsschicht angesehen werden. Verwirkt man dieses Recht (oder verletzt man diese Pflicht), so verliert man in den Augen derer, die zu dieser Schicht gehören, nicht nur alle Rechte und Pflichten eines Angehörigen der herrschenden Klasse, sondern die gesellschaftliche Existenz.

Das ist die Gefahr, der sich Leutnant Gustl ausgesetzt sieht. Als Offizier glaubt er, sich peinlich genau an die Vorschriften des Ehrenkodex halten zu müssen. Sie verlangen von ihm, daß er sich nicht in eine Auseinandersetzung mit gesellschaftlich niedriger Stehenden einläßt, sondern diese durch sein militärisches Auftreten so beeindruckt, daß sie sich ihm nicht zu widersetzen wagen. Durch die ostensible Behauptung eines situativen Gewaltmonopols soll er sie in einer Weise einschüchtern, daß sie ihm weder zu nahe treten, noch gar Hand an ihn zu legen wagen. Entsprechen sie dieser Erwartung nicht, muß er ihr Verhalten als Widerstand werten, den es auf der Stelle zu brechen gilt. Wenn ihm das nicht gelingt und wenn er sie darüber hinaus nicht einmal mit juristischen Mitteln belangen kann, so wird er ihnen gegenüber tatsächlich handlungsunfähig.

Gustls Gefühl, gegenüber Zivilisten „wehrlos“ zu sein (S. 347), rührt also daher, daß er das Gewaltmonopol, das er kraft seines Offiziersstatus in bezug auf nichtmilitärische und sozial untergeordnete Personen nach den herrschenden Normen seiner

Gesellschaft notwendig beanspruchen muß, in einer bestimmten Situation nicht durchsetzen konnte. Aufgrund der gewaltsamen Berührung durch einen nicht Satisfaktionsfähigen, dem er nicht Einhalt zu gebieten vermochte, hat er den Schein seines Herrschaftsanspruchs, seine Unberührbarkeit, verloren. Da das Duell als Ausfluß des militärisch beanspruchten situativen Gewaltmonopols auf der Voraussetzung beruht, daß eine gewaltförmige Auseinandersetzung nur mit sozial gleichrangigen Personengruppen möglich sein darf, kann er mit ihm seine verlorene Ehre nicht wiederherstellen. Er, der sich anscheinend nur zu gern duelliert, geht nach einer Beleidigung durch einen Bäckermeister beinahe daran zugrunde, daß er sich nicht duellieren darf. Denn er droht, nicht der direkten, sondern der indirekten Gewalt des Duells zum Opfer zu fallen.

Material 13

Stadtplan von Wien („Leutnant Gustls Weg durch Wien […]".) In: Evelyne Polt-Heinzl: Arthur Schnitzler „Lieutenant Gustl". Erläuterungen und Dokumente. Stuttgart: Philipp Reclam jun. 2009. S. 10–11.

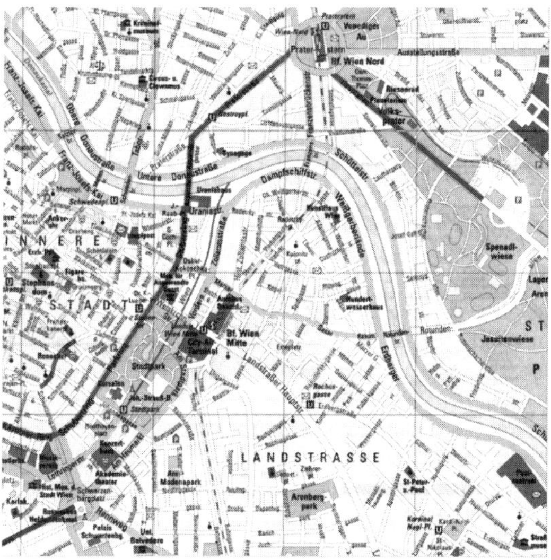

Leutnant Gustls Weg durch Wien lässt sich anhand dieses aus heutiger Zeit stammenden Plans ziemlich genau nachvollziehen. Im Folgenden werden die Orte in der Reihenfolge ihres ‚Auftritts' genannt (in Klammern stehen jene, die Gustl nur erwähnt, aber auf seinem nächtlichen Gang nicht berührt): Musikverein, Karlsplatz – (Gasthaus „Zum Grünen Tor", Lerchenfelder Str. 14) – (Gartenbaugesellschaft, Parkring) – Ring – (Gasthaus Leidinger, Kärntner Straße 61) – (Café Hochleitner ?) – (Reiterkaserne Hamelingplatz) – Aspernbrücke – (Kagran) – (Ronacher, Seilerstätte 9) – (Gußhausstraße) – Prater – Zweites Kaffeehaus, Praterhauptallee 9 – (Gasthaus „Zum Weingartl", Getreidemarkt 5) – Nordbahnhof, Praterstern – (Schießstätte, Wagramer Straße/Arbeiterstrandbadgasse) – Praterstraße – Kirche: St.-Nepomuks-Kirche, Praterstraße – Burghof – Volksgarten, Burgring – (Strozzigasse) – (Florianigasse)

Material 14

Lexikon-Artikel *Innerer Monolog*. In: Dieter Burdorf, Christoph Fasbender, Burkhard Moennighoff (Hg.): Metzler Lexikon Literatur. Begriffe und Definitionen, Stuttgart u.a.: Verlag J.B. Metzler, 3., völlig neu bearb. Aufl. 2007, S. 349–350.

Innerer Monolog, direkte und nicht erkennbar durch den Erzähler vermittelte Form der Präsentation von Gedanken und anderen Bewusstseinsinhalten in Erzähltexten. Der innere Monolog ist eine spezifische Weise, in Erzähltexten Figurenbewusstsein darzubieten, die ohne *verba sentiendi* (Verben des Denkens) auskommt. Im Unterschied zum Gedankenzitat und zur ↗ erlebten Rede fällt der Erzähler als erkennbare Vermittlungsinstanz weg: Es ‚spricht' allein die Figur. Insofern stellt der innere Monolog einen Grenzfall des Erzählens dar. In ihm werden Gedanken, Wahrnehmungen, Eindrücke und Gefühle der Figur so präsentiert, als ob sie direkt – und somit gleichsam dramatisch – wiedergegeben werden: „Ich muß das Programm anschauen ... Ja, richtig: Oratorium? Ich hab' gemeint: Messe" (A. Schnitzler: „Leutnant Gustl", 1900). Das Tempus des inneren Monologs ist das Präsens, seine Syntax ist der Assoziativität von Bewusstseinsinhalten angepasst, und diese sind vom internen Standpunkt (*internal ↗ point of view*) der Figur geprägt. Der innere Monolog ist somit typisch für ↗ personales Erzählen. Eine radikale Variante ist der ↗ Stream of Consciousness. Der innere Monolog ist eine Erscheinung der ästhetischen Moderne mit ihrer Neigung zu subjektiver Perspektivierung und zur Problematisierung des Subjekts. E. Dujardin schrieb als einer der ersten Autoren innere Monologe („Les lauriers sont coupés", 1888) und prägte dafür den Begriff ‚monologue intérieur'. Neben ‚autonomen' inneren Monologen, die einen ganzen Erzähltext prägen, gibt es viele im inneren Monolog verfasste Passagen in modernen Romanen (z.B. A. Döblin: „Berlin Alexanderplatz").

TRAUMNOVELLE

Material 15

Friedrich Stolz: Schnitzlers „Traumnovelle". In: Der Kunstwart, Band 40, 1926, S. 189–190.

Kurz nach dem „Fräulein Else" erscheint jetzt des mehr als sechzigjährigen Artur Schnitzlers „Traumnovelle". „Nach einem Balle," so meldet der Umschlag des bei S. Fischer erschienenen Bandes, „erlebt ein Wiener Arzt den ganzen Kreis seiner versäumten Liebesmöglichkeiten in magischer Steigerung. Damen und Dirnen locken ihn mit dem Rausch von Abenteuer, Freiheit und Gefahr, so daß er seine eigene Frau einer von ihr geträumten Untreue wegen fast preisgibt. Aber die zauberhafte Phantastik der Verführungen weicht vor der nüchterneren und schöneren Wirklichkeit. Alles war ein Spiel der Ahnung, daß kein Traum völlig Traum und keine Wirklichkeit die ganze Wirklichkeit ist." Worten, denen man, sobald man das Buch gelesen, keines mehr beifügen mag; sie sagen deutlicher, als man selber es sagen möchte, daß diese „Traumnovelle" – das Ineinander von mehr oder weniger lüsternen Phantasiechen, die, höchst ungemußt, einem müßiggängerisch träumenden Ehepaar „passieren" – ein Nichts ist; ein Nichts von unzufälligem Einfall, das freilich in der immer noch sehr gescheiten, nonchalanten, aber, ach, überlebten Schnitzlerschen Form das Ansehen eines kapriziösen Vorspeischens annimmt. Nun das ist kein Unglück! Und besonders wir, die wir uns vor der Person Schnitzlers stets respektvoll verneigten und dem Meister, der er war (und daß er einer war, wollte bei der fast starren Begrenztheit seines Genius etwas heißen!), nie den verdienten Lorbeer versagten, ... wir hielten es gerade für billige Patzigmacherei, dies Traumnovellchen mit kritischen Kanonen zu erschießen. Schnitzler hat in seiner Hochkraft so Vollendetes geschaffen, daß er sich dies bißchen natürliche Atemnot noch leisten darf. Und, überdies, ist es unbillig, von Künstlern zu verlangen, daß sie nicht altern; noch ungerechter, daß sie, alternd, nicht mehr schaffen! Also keine literarische Kritik an der „Traumnovelle"! Wohl aber eine Frage, die tiefer geht, als solche wirken könnte! Auch diese Frage zwar stellen wir mit geziemender Ehrfurcht; es steht Niemandem zu, Artur Schnitzler vorzuschreiben, was er zu schaffen habe. Allein, wenn schon er selbst nicht ahnt (oder nicht zu ahnen scheint), daß es sich 1926 auch in Österreich, ja sogar in Wien, nein, sogar in seinem geliebtesten Stück von Wien, im Döblinger und Währinger Cottage, um *ganz und gar* andere Dinge dreht, als darum, daß ein – keineswegs verruchter, vielmehr höchst normaler – fünfunddreißigjähriger Ehemann aus dem Traum von Schlüpfrigkeiten glücklich zur Wirklichkeit seiner ehelichen Schlafgenossin zurückfindet, und diese letztere aus ähnlicher Vision zu ihm, ... warum, so fragen wir, wenn er schon selber dies nicht ahnt, sagt es ihm keiner seiner ihm so tiefverpflichteten Nachfolgegeister? Dem Künstler Schnitzler darf ohne Schaden der Künstler Schnitzler eins dreinpfuschen! Was aber durchaus verboten bleiben soll, ist: daß Schnitzlers Meisterwerke durch Schnitzlers „Spätfrüchte" *geistig* kompromittiert werden! Um so verbotener, je weniger Zwang und Not hierzu vorhanden sind; denn so viel versteht auch der ahnungsloseste Beurteiler des Schnitzlerschen Wesens, daß sich der hohe, tiefe und weise Mensch Schnitzler *nicht* darin erschöpft, dies Traumnovellchen zu er„leben"! Nein! Nicht deutlich genug kann es ausgesprochen werden: auf *diesem* mühsam noch einmal nacherotisierten, dann wieder einmal skeptizierten, und endlich – diese Bravour ist ein Minus! – sieglächelnd ad absurdum geführten Wiener Pflaster wächst heute kein grüner Halm mehr! Diese Flur ist endgültig abgeweidet! *Sie geht uns nichts mehr an*! Vorbei!

Bei solcher Sachlage drängt sich aber, nicht sanfter als die erste, noch eine zweite Frage auf! Für wen ist es peinlicher, wenn besonders geschäftige Götzenkultler nicht müde werden, auch dieses Werklein als „repräsentatives Werk österreichischen Geistes“ auszuposaunen; für Artur Schnitzler, für den „österreichischen Geist“, oder für die österreichische Dichtkunst? So spezifisch wienerisch nämlich Schnitzler von Anfang an gewesen, und so viele seiner Lebensbesonderheiten der Österreicher nur von Schnitzler erdrungen und nur von Schnitzlerschen Gestalten verkörpert weiß: den *wesentlichen* österreichischen Menschen und dessen Schicksal hat Schnitzler nie erfaßt, weil nie erlebt! Tragik und Glück dieses Menschen sind von den Schnitzlerschen Lust- und Leibkomplexen völlig verschieden! Schnitzlers allermeiste Werke repräsentieren eine Zeit die einmal – long ago! – einer dünnen egozentrisch für und in sich lebenden Oberschichte von Wiener Intellektuellen den Rahmen für ihre – halb genießerische, halb quälerische Beschäftigung mit … ihr selber bot mit ihrer höchsteigenen Psychologie; und sie repräsentierten die Mentalität dieser Schicht auch dort, wo sie die sogenannte „Volksseele“ spiegelten, denn der Spiegler beschaute diese Seele von eben dieser Mentalität her.

Man mißverstehe uns aber nicht! Wir wollen Schnitzler nicht nur nichts von seiner Bedeutung wegnehmen, sondern, im Gegenteil, ihren echten Granit nur noch fester verankern. Aber … an jener geistigen Stelle, aus welcher dieser Block emporwuchs und in welche hinein er organisch gehört. Wir haben nichts dagegen, daß Künstler überschätzt werden; zudem kann Schnitzler hierin kaum Gefahr laufen. Kulturhistorische Pegel aber dürfen nicht verrückt werden; am wenigsten bezüglich eines Geistes, der, wie Schnitzler, bereits kulturhistorisch wirkt. Wir trauen Schnitzler ohneweiters zu, daß er den Atem, der heute auch durch Österreichs Menschen weht, auch in sich selber pulsen fühlt. Mehr noch: Alles trauen wir ihm zu! Warum er uns trotzdem noch immer nur ein Häuchlein schon verrauschten Teillebens schenkt, mag *sein* Geheimnis sein, und wir erklären uns geneigt, es als solches stumm hinzunehmen. *Unser* Geheimnis „Schnitzler“ aber bleibt, solange er noch mit uns lebt: die Hoffnung …

Sagen wir’s zum zweiten Male deutsch: „Du selber, Meister, lächelst über die „Traumnovelle“! Dein Geist steckt sie millionenfach in seine Tasche! Gerade deshalb aber: heraus mit dem Ganzen, was du bist! Nicht: noch einmal! Nein! *Wieder*!

Material 16

Leontion zu Arthur Schnitzlers „Traumnovelle". In „Freie Welt" 7 (1926). Zit. nach: Bertold Heinzelmann: Arthur Schnitzler: Traumnovelle. Erläuterungen und Dokumente, Stuttgart: Philipp Reclam jun. 2006, S. 81–82.

„Schon der Titel dieser eigenartigen Novelle verrät die vielerlei Beziehungen von Traum und Dichtung in wunderbarer Weise und beschäftigt uns auf so besondere Art, wie ein Traum in seiner magischen Verbindung von Naturalismus und Romantik uns begleiten, ja verfolgen kann. Kunstvoll verschlungene Grenzen und Wege von Wunsch, Traum und Wirklichkeit, Symbole voller Poesie und kühler Prosa führt uns Schnitzler in meisterhaftem, an Kleist gemahnendem Stile. Der Dichter und Psychologe deckt mit großer Kunst und Menschenkenntnis die Verwachsungen von Bewußtem und Unbewußtem auf. Gelebte Wirklichkeit ist nicht folgerichtig auch Wahrheit und umgekehrt. Es gibt Stellen in dem Buche, die neben E. Th. A. Hoffmann bestehen können. Diese kleine Novelle ist ein großes Kunstwerk. Wilde, gewagteste Situationen, Lustexzesse, wie sie nur die triebhafte Liebesrauschspannung des Traumes kennt, spielen in erschreckender Traumrealität in den Rahmen der Erzählung und schalten sittliche Wertung des träumenden Menschen aus. Schnitzler löst die Tragik des Erlebnisses bei allem Naturalismus in Traumgegebenheiten auf und steigert eben so die Wirkung auf den Leser; bei dieser aufschließenden Seelenforschung reichen sich der Dichter und der Heilkundige die Hand. Wir sehen, welche gefährliche Verrückung der Wertgrundsätze das Unbewußte hervorrufen kann, und wie es in uns aussehen kann, wenn alle Schleier reißen, die, seien sie auch noch so dünn, Menschliches, Allzumenschliches wohltätig verhüllen. Welche Gefahr, das allein zum Maß aller Dinge des Lebens machen zu wollen! Wir dürfen über den abgründigen Wegen, die uns der Dichter führt, diese seine verkleidete Warnung nicht übersehen. Das ist mit ganz großer, ausgereifter Kunst durchgeführt und kann nicht genug bewundert werden, mit einer Kunst, die in ihrer offensichtlichen Bewußtheit eine große Steigerung in sich schließt. Es erweist sich in diesem echt Schnitzlerischen Meisterwerk, daß die nur geträumten Sünden der Frau so gewichtig sein können, wie die fast durchlebten des Mannes."

Material 17

Lexikon-Artikel *Traum, träumen.*
In: Hartmut O. Häcker, Kurt-H. Stapf (Hg.): Dorsch Psychologisches Wörterbuch, Bern: Verlag Hans Huber, 15., überarb. u. erw. Aufl. 2009, S. 1024–1025.

Traum, träumen (= T.), neben Bedeutungen wie Grenzzustand des Bewusstseins, das Unwirkliche, die Lieblingsvorstellung, das Wunderschöne, bezeichnet T. (in ps. Sicht) das im Schlaf mit der Deutlichkeit von Sinneswahrnehmungen auftretende Erleben. T. lässt sich charakterisieren als besondere Form des Erlebens im Schlaf, häufig von lebhaften Bildern begleitet und oft mit intensiven Gefühlen verbunden, an die sich der Betroffene nach dem Erwachen meist nur teilweise erinnern kann. Das T. geht sehr wahrscheinlich mit einer veränderten elektrischen Hirnaktivität (REM-↗Schlaf) einher. Nach einigen Befunden kann aber auch außerhalb der REM-Phasen geträumt werden. In unterschiedlich spezifizierter Weise wird heute angenommen, dass das Träumen einen Beitrag zur Integration des „psychischen Apparates" leistet. Bezeichnend ist die im Laufe der Geschichte wechselvolle Beantwortung der Frage nach dem Wesen. Während in ältesten Zeiten die T.deutung als Kunst bewertet wurde und der T. als Offenbarung Gottes (Bibel), als Sendbote der Götter (Homer), als göttliche Mahnung (Sokrates) aufgefasst wurde, galt der T. zu Beginn des naturwissenschaftlichen 19. Jh. nur noch als körperlicher, unnützer und vielfach auch krankhafter Vorgang (Binz) oder als Spiegelung der während des Schlafes empfangenen äußeren Sinneseindrücke (Jenssen) und inneren Körpersensationen, wie z. B. der nicht erloschenen Erregungen der Netzhaut (Wundt). Als erster brach Freud mit der Überschätzung der Körperreize für die Entstehung des T. und formulierte, dass der T. „ein sinnvolles psychisches Gebilde" sei, „welches an angebbarer Stelle in das seelische Treiben des Wachens einzureihen ist." Er nahm weiterhin die im Bereich des Unbewussten liegenden infantilen Triebwünsche als die energetische Traumquelle an. Sie haben die zur Traumbildung notwendige Traumarbeit zu leisten. Sie bringen zunächst die einzelnen Bestandstücke des T. (die latenten T.gedanken) hervor und verwandeln dann diese in die manifesten T.bilder, wobei sie außer der Umsetzung der Gedanken in Bilder die Leistungen der ↗ Verdichtung, der ↗ Verschiebung sowie die sekundäre Bearbeitung vollziehen. Diese sekundäre Bearbeitung geschieht dabei im Hinblick auf die Ansprüche des wachen Bewusstseins nach logischer Ordnung und besteht in einer Zusammenfügung der einzelnen T.bilder zu einer sinnvollen Ganzheit und Einheit. Die vorhergehende T.arbeit der Verdichtung und Verschiebung bei der Verwandlung der T.gedanken in T.bilder erfolgt in Hinblick auf den Traumzensor, den Repräsentanten des Über-Ich bzw. der moralischen Instanz im Menschen und besteht in einem Entstellen, Verhüllen und Verbergen des wahren, in den latenten Traumgedanken enthaltenen Triebwunsches, sodass dieser in einer moralisch nicht anstößigen und das Ich nicht beunruhigenden Form im manifesten T.bild in Erscheinung treten kann. Dadurch erhält der T. einen Wunscherfüllungscharakter. Neue Einblicke in das Traumgeschehen brachten die Untersuchungen von Asrinsky und Kleitman, die bei bestimmten EEG-Anzeichen (↗ Enzephalographie) ihre Testschläfer weckten und sich ihre Träume erzählen ließen (↗ Schlaf). So wurde festgestellt, dass das Träumen regelmäßig jede Nacht und in bestimmten Phasen (REM-Phasen, ↗ Schlaf) bei allen untersuchten Personen – auch denen, die angeben, nichts zu träumen – abläuft. Nach unserem gegenwärtigen Kenntnisstand wird die Traumentstehung so gedeutet, dass innerhalb der REM-Perioden die ihnen zugrunde liegende psychisch/geistige Aktivität immer dann besonders intensiv wird, wenn ein momentaner Erregungsanstieg in den visuellen, motorischen und anderen aktivierenden Systemen zu verzeichnen ist. So konnte nachgewiesen werden, dass der Hirnstamm im REM-Schlaf spontan Signale erzeugt, die sensorische Informationen enthalten. Diese Signale stammen aber nicht von Außenreizen wie im Wachzustand, sondern aus eigener Aktivierung. In dem Maße, wie die Sinneskanäle im Cortex durch diese Signale, so wie sonst im Wachzustand durch reale Außenreize, stimuliert werden, werden in ihnen entsprechende Wahrnehmungen (Erinnerungen) hervorgerufen. Diese unverschleierten Gedächtnisinhalte werden eigenständig, aber assoziativ miteinander verbunden (Theorie der Aktivierung und Synthese; Hobson 1990). Die fantastische und kuriose Synthese unvereinbarer Elemente entwickelt sich, weil die Prozesse nicht durch die logischen Regeln des Wachzustandes (Freud sprach von der Kontrolle des Zensors des *Ich*) kontrolliert werden. Außenreize werden dabei nur schwer integriert und spielen im Wesentlichen keine Rolle beim Auslösen oder Strukturieren der Traumerlebnisse. ↗ Schlaf. Becker-Carus 1977, 1981, 2006, Boss 1975, Hobson 1990.

Material 18

Sigmund Freud: Über den Traum. In: Sigmund Freud: Gesammelte Werke. Bd. 2–3 (Die Traumdeutung/ Über den Traum), Frankfurt am Main: Fischer Taschenbuch Verlag 1999, S. 695–697.

Wer an dem Gesichtspunkte der *Zensur* als dem Hauptmotiv der Traumentstellung festhält, der wird nicht befremdet sein, aus den Ergebnissen der Traumdeutung zu erfahren, daß die meisten Träume der Erwachsenen durch die Analyse auf *erotische Wünsche* zurückgeführt werden. Diese Behauptung zielt nicht auf die Träume von unverhüllt sexuellem Inhalt, die wohl allen Träumern aus eigenem Erleben bekannt sind und gewöhnlich allein als „sexuelle Träume" beschrieben werden. Solche Träume bieten noch immer des Befremdenden genug durch die Auswahl der Personen, die sie zu Sexualobjekten machen, durch die Wegräumung aller Schranken, an denen der Träumer im wachen Leben seine geschlechtlichen Bedürfnisse haltmachen läßt, durch viele sonderbare an das sogenannt *Perverse* mahnende Einzelheiten. Die Analyse zeigt aber, daß sehr viele andere Träume, die in ihrem manifesten Inhalt nichts Erotisches erkennen lassen, durch die Deutungsarbeit als sexuelle Wunscherfüllungen entlarvt werden, und daß andererseits sehr viele von der Denkarbeit des Wachens als „Tagesreste" erübrigte Gedanken zu ihrer Darstellung im Traum nur durch die Zuhilfenahme verdrängter erotischer Wünsche gelangen. Zur Aufklärung dieses theoretisch nicht postulierten Sachverhaltes sei darauf hingewiesen, daß keine andere Gruppe von Trieben eine so weitgehende Unterdrückung durch die Anforderung der Erziehung zur Kultur erfahren hat wie gerade die sexuellen, daß aber auch die sexuellen Triebe sich bei den meisten Menschen der Beherrschung durch die höchsten Seeleninstanzen am ehesten zu entziehen verstehen. Seitdem wir die in ihren Äußerungen oft so unscheinbare, regelmäßig übersehene und mißverstandene *infantile Sexulaität* kennen gelernt haben, sind wir berechtigt zu sagen, daß fast jeder Kulturmensch die infantile Gestaltung des Sexuallebens in irgend einem Punkte festgehalten hat, und begreifen so, daß die verdrängten infantilen Sexualwünsche die häufigsten und stärksten Triebkräfte für die Bildung der Träume ergeben.

Wenn es dem Traume, welcher erotische Wünsche zum Ausdrucke bringt, gelingen kann, in seinem manifesten Inhalt harmlos asexuell zu erscheinen, so kann dies nur auf eine Weise möglich werden. Das Material von sexuellen Vorstellungen darf nicht als solches dargestellt werden, sondern muß im Trauminhalt durch Andeutungen, Anspielungen und ähnliche Arten der indirekten Darstellung ersetzt werden, aber zum Unterschied von anderen Fällen indirekter Darstellung muß die im Traum verwendete der unmittelbaren Verständlichkeit entzogen sein. Man hat sich gewöhnt, die Darstellungsmittel, welche diesen Bedingungen entsprechen, als *Symbole* des durch sie Dargestellten zu bezeichnen. Ein besonderes Interesse hat sich ihnen zugewendet, seitdem man bemerkt hat, daß die Träumer derselben Sprache sich der nämlichen Symbole bedienen, ja, daß in einzelnen Fällen die Symbolgemeinschaft über die Sprachgemeinschaft hinausreicht. Da die Träumer die Bedeutung der von ihnen verwendeten Symbole selbst nicht kennen, bleibt es zunächst rätselhaft, woher deren Beziehung zu dem durch sie Ersetzten und Bezeichneten rührt. Die Tatsache selbst ist aber unzweifelhaft und wird für die Technik der Traumdeutung bedeutsam, denn mit Hilfe einer Kenntnis der Traumsymbolik ist es möglich, den Sinn einzelner Elemente des Trauminhaltes, oder einzelner Stücke des Traumes, oder mitunter selbst ganzer Träume zu verstehen, ohne den Träumer nach seinen Einfällen befragen zu müssen. Wir nähern uns so dem populären Ideal einer Traumübersetzung und greifen andererseits auf die Deutungstechnik der alten Völker zurück, denen Traumdeutung mit Deutung durch Symbolik identisch war.

Material 19

Die Erzählungen aus den Tausendundeinen Nächten. Hier: Die Zweihundertsechsundzwanzigste Nacht. In: Vollständige deutsche Ausgabe in sechs Bänden. Zum ersten Mal nach dem arabischen Urtext der Calcuttaer Ausgabe vom Jahre 1839 übertragen von Enno Littmann. Bd. 2., Leipzig: Insel Verlag 1924, S. 526–528.

Hee-Ju Kim untersucht in seinem Beitrag „‚Ehe zwischen Brüdern'. Arthur Schnitzlers „Traumnovelle" im Licht ihrer intertextuellen Bezüge zur ‚Geschichte der Prinzen Amgiad und Assad' aus ‚Tausendundeine Nacht'" (in: Hofmannsthal. Jahrbuch zur Europäischen Moderne 17. Rombach Verlag: Freiburg 2009. S. 253–288), in welcher thematischen Beziehung der Text, den Fridolin zu Beginn der „Traumnovelle" seiner Tochter als Gute-Nacht-Geschichte vorliest, zu den Geschichten 217 bis 249 aus „Tausendundeine Nacht" steht.

Da bemerkte Schehrezâd, daß der Morgen begann, und sie hielt in der verstatteten Rede an. Doch als die *Zweihundertundsechsundzwanzigste Nacht* anbrach, fuhr sie also fort: „Es ist mir berichtet worden, o glücklicher König, daß el-Amdschad und el-As'ad, die Söhne des Königs Kamar ez-Zamân, als sie auf dem Weg zum Gipfel umgekehrt waren und den Weg auf mittlerer Höhe eingeschlagen hatten, den ganzen Tag hindurch auf ihm weitergingen, bis es Abend ward. Da sprach el-As'ad, der von dem langen Wandern müde geworden war, zu seinem Bruder: ‚Lieber Bruder, ich kann jetzt nicht mehr weitergehen; denn ich bin zu schwach.' Doch el-Amdschad erwiderte: ‚Lieber Bruder, nimm deine ganze Kraft zusammen! Allah wird die Not von uns wenden.' Dann gingen die beiden noch eine Weile in der Dunkelheit weiter, bis die Finsternis sie ganz umhüllte; da ermüdete el-As'ad gar sehr, und seine Erschöpfung kannte keine Grenzen mehr, und während er rief: ‚Lieber Bruder, ich bin todmüde vom Gehen', warf er sich auf den Boden und weinte. Nun hob sein Bruder el-Amdschad ihn auf und trug ihn weiter; bald ging er mit seiner Last dahin, bald setzte er sich und ruhte aus, bis daß der Morgen dämmerte. Da trug er ihn auf eine Bergeshöhe, und dort fanden sie eine Quelle fließenden Wassers und daneben einen Granatapfelbaum und eine Gebetsnische. Sie trauten kaum ihren Augen, als sie das sahen; doch alsbald ließen sie sich bei jener Quelle nieder, tranken von ihrem Wasser, aßen von den Früchten des Granatapfelbaumes und ruhten dort, bis die Sonne aufging. Dann richteten sie sich auf, wuschen sich im Quellwasser, aßen wieder von den Granatäpfeln, die auf dem Baume hingen, und ruhten bis zur Zeit des Nachmittagsgebetes. Nun gedachten sie weiterzuwandern; aber el-As'ad konnte nicht mehr gehen, da seine Füße geschwollen waren. So blieben sie dort drei Tage lang, bis sie sich ausgeruht hatten, und dann zogen sie im Gebirge weiter, Tag und Nacht; wie sie aber so über die Berge wanderten, von Müdigkeit und Durst völlig erschöpft, winkte ihnen plötzlich in der Ferne eine Stadt: Hocherfreut zogen sie auf sie zu, und wie sie in ihrer Nähe waren, dankten sie Allah dem Erhabenen, und el-Amdschad sprach zu el-As'ad: ‚Lieber Bruder, bleib du hier sitzen; ich will zu dieser Stadt hingehen und nachsehen, was es für eine Stadt ist, wem sie gehört, und wo in Gottes weiter Welt wir uns befinden. Dann werden wir auch erfahren, durch was für ein Land wir gezogen sind, als wir dies Gebirge da durchquerten; wären wir an seinem Fuße entlang gewandert, so hätten wir diese Stadt in einem ganzen Jahre nicht erreicht. Allah sei gepriesen, daß wir nun gerettet sind!' Aber el-As'ad erwiderte: ‚Bei Allah, Bruder, ich will in diese Stadt hinuntergehen, kein andrer soll es tun; denn ich stehe mit meinem Leben für dich ein. Wenn du mich jetzt allein lässest und hinabgehst und mir fern bist, so mache ich mir tausend Gedanken um dich, die Sorgen um dich werden mich schier ertränken, und ich werde die Trennung von dir nicht ertragen können.' ‚So geh und bleib nicht lange fort!' sprach el-Amdschad. Nun ging el-As'ad zum Fuße des Berges hinab, nachdem er einige Goldstücke mitgenommen hatte, und sein Bruder blieb allein zurück, um auf ihn zu warten. Er ging rasch den Berg hinunter, bis er in die Stadt kam; dort ging er durch die Straßen und traf auf seinem Wege einen alten hochbetagten Mann mit einem langen Barte, der ihm auf die Brust he-

rabwallte und sich dort in zwei Spitzen teilte; in seiner Hand trug der Mann einen Stab, auf seinem Leibe kostbare Gewänder und auf seinem Haupte einen großen roten Turban. Als el-As'ad ihn erblickte, verwunderte er sich über seine Kleidung und sein Aussehen, trat auf ihn zu, grüßte ihn und sprach: ‚Wo ist der Weg zum Markt, hoher Herr?' Wie der Alte die Frage des Jünglings vernahm, lächelte er ihm freundlich zu und sprach: ‚Mein Sohn, mich deucht, du bist ein Fremdling.' El-As'ad gab zur Antwort: ‚Jawohl, ich bin ein Fremdling.' – –"
Da bemerkte Schehrezâd, daß der Morgen begann, und sie hielt in der verstatteten Rede an. Doch als die *Zweihundertundsiebenundzwanzigste Nacht* anbrach, fuhr sie also fort: „Es ist mir berichtet worden, o glücklicher König, daß der Alte, dem el-As'ad begegnete, ihm freundlich zulächelte und sprach: ‚Mein Sohn, mich deucht, du bist ein Fremdling', und daß el-As'ad zur Antwort gab: ‚Jawohl, ich bin ein Fremdling.'

Material 20

Benno von Wiese: Novelle. In: Novelle, Sammlung Metzler, Stuttgart: Metzler, 8., durchgesehene Aufl. 1982, S. 4–9.

Dennoch lassen sich bestimmte Grundzüge des novellistischen Erzählens – ich bevorzuge diesen Ausdruck vor der allzu starren Gattungsbezeichnung ‚Novelle' – hervorheben. Es handelt sich hier um Prosa-, in selteneren und meist früheren Fällen auch um Verserzählungen von geringerem Umfang, die ein bestimmtes, herausgehobenes, mehr oder weniger ungewöhnliches Ereignis berichten. André Jolles definiert in seiner Einleitung (1921) zu Boccaccios „Decameron": „Unter einer Novelle verstehen wir die Darstellung einer Begebenheit oder eines Ereignisses von eindringlicher Bedeutung, die uns als wahr anmutet. Dieses Ereignis führt uns die Novelle in einer Form vor, in der es uns wichtiger erscheint als die Personen, die es erleben. Auf das Geschehene kommt es an; die Psychologie, die Charaktere der Handelnden und Leidenden interessieren uns nicht an und für sich, sondern nur insoweit das Geschehene durch sie bedingt ist. Dadurch unterscheidet sich die Novelle vom Roman. Goethes „Werther" und Merimées „Carmen" zeigen beide inhaltlich, wie ein Mann an seiner Liebe zugrunde geht; aber Goethes Roman schildert den

Mann, Merimées Novelle das Zugrundegehen, der eine gibt einen Menschen und sein Schicksal, der andre das Schicksal und einen Menschen. In dem Roman umgeben die Abenteuer das Bildnis des Helden, die Novelle hat keinen Helden; ihre Personen sind nur wichtig, insoweit sie die Begebenheiten verursachen, nur gut gezeichnet, insoweit uns durch sie das Ereignis den Eindruck des Wahrhaftigen macht. Das gleiche gilt für die Schilderung der Zustände und der Umgebung; auch sie kommen nur in Betracht, sofern sie uns die Ereignisse begreiflicher machen oder dazu beitragen, sie uns als wirklich erscheinen zu lassen."

Charakteristisch für die Novelle ist der grundsätzliche Vorrang des Ereignisses vor den Personen und den Dingen. Das hebt auch GOETHES mehr beiläufige und keineswegs erschöpfende spätere Definition hervor: „… denn was ist eine Novelle anders als eine sich ereignete unerhörte Begebenheit" (Gespräch mit Eckermann vom 29. Jan. 1827). Diese Definition trifft aber dennoch einen zentralen Punkt, und sie geht darin – sei es gewollt, sei es ungewollt – bis auf CERVANTES zurück. Bei CERVANTES, aber auch bei BOCCACCIO, BANDELLO, MARGARETE VON NAVARRA und zahlreichen anderen ist Novelle immer wieder die Darstellung *eines* Ereignisses, dessen Pointe in einer so seltsamen und nicht voraussehbaren Wendung liegt, daß sie ‚novella', das heißt „neu", „noch nie gehört" genannt werden kann. Wahrscheinlich hat auch Goethe das Adjektiv „unerhört" mehr im ursprünglichen Sinne von *noch nicht gehört* gemeint und nicht, wie es die romantische Interpretation der Novelle in Deutschland nahelegt, im Sinne von „außerordentlich", „schaudervoll" oder gar „märchenhaft wunderbar".

Die Novelle bevorzugt im Gegensatz zum Roman den *Einzelfall,* der nicht deutend in einen Weltzusammenhang eingeordnet zu werden braucht. Novellen werden in erster Linie um ihrer selbst willen, um ihres überraschenden Wahrheits- und Wirklichkeitsgehaltes willen erzählt. Daher liebt die Novelle das Zufällige, die Launen des Schicksals, die Paradoxien der Erfahrung. Der *Zufall* als Regent in der Novelle kann in sehr verschiedener künstlerischer Funktion auftreten: einmal als beispielhaft für das Undurchschaubare und Unberechenbare der menschlichen Erfahrungswelt, dann aber auch wieder als sinnbildliches, ja metaphysisches Zeichen des Schicksals oder auch als Ausdruck eines ironischen Spiels des Erzählers mit dem Erzählten. ADALBERT STIFTER hebt in der Urfassung seiner Erzählung „Der beschriebene Tännling“ in den „Studien“ einmal einen „jener Zufälle“ hervor, „die es lieben, die Dinge auf die Spitze zu stellen“. Damit ist ein wesentliches Moment novellistischen Erzählens gesehen, nämlich die Verbindung von Zufall, Spannung und leitendem Spitzenmotiv, dem dann alle weiteren Nebenmotive untergeordnet werden müssen.

Rezensionen zu EYES WIDE SHUT

Material 21

Georg Seeßlen: Eyes Wide Shut (Filmkritik).
(http://www.filmzentrale.com/rezis/eyeswideshutgs.htm)
Zuerst erschienen in: epd Film 9/99, Stand: 7.2.2011.

Arthur Schnitzlers „Traumnovelle“ ist eines dieser hübschen Rätsel der Literaturgeschichte, eine Erfüllung und ein Sonderfall in einem Werk zugleich. 1907 begonnen, hat der Autor die Erzählung erst 20 Jahre später, am Ende seiner Arbeit, vollendet. Dazwischen lagen ein Weltkrieg, der soziale und kulturelle Niedergang eines imperialen und eines bürgerlichen Reiches, und die Entwicklung der Psychoanalyse von einer Wissenschaft zu einem Kulturspiel. So vermischen sich in der „Traumnovelle“ nicht nur die literarischen Methoden, sondern auch die Zeiten; wir befinden uns zugleich in den Unterwelten der K.u.K-Gesellschaft und in der Trümmerlandschaft des Nachkrieges, wir befinden uns in einer Traumwelt und in der bürgerlichen Wirklichkeit. Leicht ist es, die Parallelen zwischen dem literarischen Werk und der psychoanalytischen Methode zu ziehen, zumal Sigmund Freud Schnitzler als jemanden bewunderte, der in künstlerischer Intuition vorwegnahm, was er durch „objektive“ Untersuchung zu Tage förderte.

[…]

Stanley Kubrick und sein Co-Autor Frederic Raphael haben die Handlung der „Traumnovelle“ ins New York von heute, oder auch an einen Ort, der ebenso zeitlos und unwirklich ist wie Schnitzlers Wien, verlegt. Auch hier mag eine Gesellschaft zu beobachten sein, die an ihrer Ungleichzeitigkeit leidet. Das

Alte und das Neue, eine Lockerung der Sitten und ein innerer und äußerer Zwang zur Offenheit, stehen einer nach wie vor fundamentalen Organisation von Liebe und Familie gegenüber. Die Stadt selbst hat ihr eigenes, „neoklassisches" Leben, hat ihre eigenen Untergründe, ihre Labyrinthe, sie lässt auch den besten Bürger gefährliche Wege gehen. Die Projekte der Modernisierungen im Mikrokosmos der Gesellschaft sind gescheitert, die scheinhafte Liberalisierung erweist sich als Phantasma. So wie Full Metal Jacket zugleich ein Film über den Vietnam-Krieg ist und eine Reflexion über das Ende des Industriezeitalters, so ist Eyes Wide Shut zugleich ein Film über ein verlorenes Traumreich der Dekadenz und ein Film über das Ende der achtziger Jahre in New York, das Ende der sexuellen Ökonomie und einer Ästhetik, in der sich, vielleicht, „Kultur" noch einmal dagegen zur Wehr setzte, schiere pulp fiction zu werden. Es ist ein Film über das Ende jenes Bürgertums, das seine Hoffnung auf der Vorstellung von „Liebe" aufgebaut hat, als mythisches Ineinander von Begehren, Offenheit und Planung, oder, um es in Kubricks Kosmologie zu sagen: das Paradox einer vollkommen freiwilligen Gefangenschaft. Die Liebe kann nur funktionieren, wenn sie zugleich Ausdruck des freien Willens und des Schicksals ist.

[…]

So wie Kubrick in allen seinen Filmen die Mythen der bürgerlichen Zivilisationsgeschichte zerlegt hat, so zerlegt er hier auch den letzten: Eyes Wide Shut ist zugleich ein letzter Liebesfilm und ein Film über die Fortsetzung des Krieges in der kleinsten Einheit der Gesellschaft. Dass sich die Verhältnisse zwischen den Geschlechtern doch erheblich geändert hätten seit Schnitzler und Freud, argumentierte der durch Kubricks konsequente Werktreue leidlich frustrierte Frederic Raphael. „Glaubst du? Ich nicht", war die lakonische Antwort des Regisseurs. Genau dies, vermute ich, ist der Punkt, an dem sich „ideologische" Zustimmung oder Ablehnung gegenüber Kubricks letztem Film erweisen werden.

[…]

Ein besonders gemeiner Trick des Regisseurs ist es, die ganze Geschichte zur Weihnachtszeit spielen zu lassen (natürlich gibt es bei Kubrick dabei keinen Schnee), und so werden grell und

hässlich erleuchtete Weihnachtsbäume zu einer Art visuellem Leitmotiv, das nicht nur den Widerspruch zwischen einem sexuellen Traumrausch und der ökonomisch-semiologischen Konstruktion der Familie betont, sondern eine Ebene tiefer auch in die Mythologie der Heiligen Familie führt, die hier auf dem Prüfstand steht. Der Weihnachtsbaum erscheint ein wenig wie der Obelisk in „2001", ein „reminder", dessen Auftauchen, sogar in der Wohnung der Prostituierten, stets zu einer neuen Phase der Entwicklung, und zu einer neuen Form der Entfremdung führt. Auch Bill macht, ausgestoßen aus einer scheinbar sicheren Organisation von Liebe und Familie, eine ganze Menschheitsentwicklung durch, alle Formen von Angst und Begehren, alle Möglichkeiten des Mannes, sich der Frau zugleich zu nähern und sich von ihr zu entfernen: Der Film ist nicht nur eine Reise in einen Traum, oder in ein System der Träume, sondern auch eine Grammatik des Begehrens, einmal mehr in einer Komposition in vier Sätzen gefasst.
[…]

Material 22

Timo Kozlowski: Eine wunderbare Symbiose – Stanley Kubrick verfilmt Schnitzler (http://www.literaturkritik.de/public/rezension.php?rez_id=568), Stand: 7.2.2011.

„Inspired by Arthur Schnitzler's ‚Traumnovelle'" – so steht es im Abspann von Stanley Kubricks neuestem (und letztem) Film: „Eyes Wide Shut". Eine Literaturverfilmung also. Normalerweise, so denkt man zunächst, wird das doch als Werbemittel eingesetzt: Der neue Grisham – eben noch auf der Bestsellerliste, jetzt im Box-Office! Kubricks filmisches Werk ist fast schon auf Literaturverfilmungen abonniert: Von Vladimir Nabokov brachte er als erster „Lolita" auf die Leinwand, er nahm sich Stephen Kings „The Shining" und Anthony Burgess' „Clockwork Orange" vor – und zuletzt eben auch Schnitzlers „Traumnovelle". Weshalb aber wird „Eyes Wide Shut" nicht als Literaturverfilmung in eben jenem Maße wahrgenommen? Sicher, de mortuis nil nisi bene, und wenn Kubrick zum marketingtechnisch perfekten Zeitpunkt von der Bühne abgetreten ist, dann möchte keiner ihm den Ruhm an seinem letzten Werk streitig machen. Sicher, der Autor Kubrick steht in der

Rangliste des Filmbusiness immer unter dem Regisseur Kubrick. Sicher, der Film heißt nun mal „Eyes Wide Shut" und nicht „Traumnovelle" oder ‚Dream Story' oder so ähnlich. Ein Indikator dafür, daß Kubrick eben keine Literaturverfilmung im strengen Sinne gemacht hat. Derlei Versuche laufen ohnehin viel zu oft auf eine Literaturabfilmung hinaus. Aber eben dadurch, daß sich Kubrick von seiner Vorlage zunächst entfernt hat, hat er es geschafft, Schnitzlers Text adäquat auf die Leinwand zu übertragen.

[…]

Eigentlich kein Wunder, daß Kubrick jahrelang plante, die „Traumnovelle" zu verfilmen, da sie in denselben pessimistischen Tönen grundiert ist wie auch sein übriges Filmwerk. So hatte er ja in seiner Verfilmung von „Clockwork Orange" den optimistischen Schluß von Burgess' Roman im Film mit einem sehr dunklen Menschenbild versehen: Der Mensch könne sich nicht ändern und richte sich deshalb selbst zugunde. Zumindest in dieser Hinsicht mußte er bei der „Traumnovelle" bzw. „Eyes Wide Shut" wenig verändern: Er hat Szenerie und Personal vom Wien der 20er Jahre ins New York der End-90er verlegt und die beiden Hauptrollen mit Tom Cruise und Nicole Kidman prominent besetzt. Den Plot jedoch hat Kubrick bis fast zum Ende hin, von ein paar Kürzungen abgesehen, originalgetreu übernommen. Darin zeigt sich die feine Beobachtungsgabe Schnitzlers und die hohe Qualität der „Traumnovelle". Fast möchte man in Schnitzler und Kubrick zwei Brüder im Geiste erkennen, da sowohl Schnitzlers sachlicher Erzählton als auch Kubricks kühle und rationale Bildsprache beidesmal eine unwirkliche Stimmung schaffen, die immer wieder die Möglichkeit offenläßt, daß alles nur ein Traum gewesen sein könnte. Doch dann, unmittelbar bevor bei Schnitzler Friedolin alles gestehen wird, weicht Kubrick entscheidend von seiner Vorlage ab, indem er auf eine Figur zurückgreift, die in Schnitzlers Novelle nicht existiert und die gleich zu Beginn des Films kurz eingeführt wird. Diese Figur, dargestellt von dem US-Regisseur Sydney Pollack, beginnt Bill den Film zu erklären. Genauer gesagt: Diese Figur entpuppt sich als eine Art Strippenzieher, mit deren Hilfe Kubrick versucht, die logischen Löcher im Plot zu stopfen, die er zuvor noch getreu von

Schnitzler übernommen hat. Dies ist insofern bemerkenswert, weil Kubrick dadurch seiner bis zu diesem Zeitpunkt brillianten Konzeption widerspricht, indem er ganz bewußt mit der zuvor aufgebauten Stimmung bricht. Von einem postmodernen Standpunkt aus kann man hier ein selbstreflexives Vorgehen erkennen: Der Film, der seine Vorlage (und damit auch sich selbst) erklärt.

Allerdings trifft „erklären" nicht vollkommen zu. Es legt nahe, daß von außen auf die Geschichte geblickt werde, aber dies trifft auf die von Pollack dargestellte Figur nicht zu; sie ist im Gegenteil sogar direkt in die Handlung integriert, so daß im Endeffekt einige innerfiktionale Gegebenheiten geklärt werden, die für einen Filmemacher der heutigen Zeit als Fehler gelten. Womöglich wollte Kubrick Schnitzlers weiße Stellen in der Geschichte dazu nutzen, um auf die mittlerweile äußerst populäre Verschwörungstheoriewelle im Akte X-Stil abzuheben.

Letztendlich hat Kubrick durch seine modernisierte Szenerie gezeigt, daß Schnitzlers Novelle eine Thematik aufgegriffen und so genau beleuchtet hat, daß das Geschilderte über den Zeitraum seiner Entstehung hinweg Gültigkeit besitzt. Kubricks „Eyes Wide Shut" ist somit eine der wenigen kongenialen Verfilmungen. Bemerkenswert ist vor allem, daß Kubrick es geschafft hat, sinnvoll zu kürzen und mit den ästhetischen Mitteln des Erzählkinos der 80er (man beachte das Dekor) zu arbeiten, ohne Schnitzlers „Traumnovelle" Gewalt anzutun. „Eyes Wide Shut" funktioniert auch als eigenständiger Film, zweifellos, aber kennt man die „Traumnovelle", dann sieht man im Film neue Bedeutungsebenen angelegt. Eine wunderbare Symbiose.

Bildmaterialien

Material 23

Titelabbildung der ersten Buchausgabe. Illustration von Moritz Coschell. Berlin: S. Fischer Verlag 1901.

Material 24

Filmfoto aus „Eyes Wide Shut"

Bildquellenverzeichnis

Seite 9: © ÖNB
Seite 17: akg-images
Seite 164: aus: „Geschichte der deutschen Sprache“,
Wilhelm Schmidt, 10. Auflage 2007, S. Hirzel Verlag,
Stuttgart.
Seite 174: Interfoto/Friedrich
Seite 178: (1) ullstein bild/Imagno;
(2) Verlag Bödeker & Schellenberg
Seite 179: Interfoto/Mary Evans
Seite 207: Philipp Reclam jun.Verlag, Ditzingen
Seite 226: ullstein bild/Imagno
Seite 227: Cinetext Bildarchiv.

Trotz entsprechender Bemühungen ist es nicht in allen Fällen gelungen, den Rechtsinhaber ausfindig zu machen. Gegen Nachweis der Rechte zahlt der Verlag für die Abdruckerlaubnis die gesetzlich geschuldete Vergütung.